Psicopatologia web-mediata

Federico Tonioni

Psicopatologia web-mediata

Dipendenza da internet e nuovi fenomeni dissociativi

Presentazione di Pietro Bria
Prefazione di Luigi Janiri

 Springer

Federico Tonioni
Istituto di Psichiatria e Psicologia
Facoltà di Medicina e Chirurgia
Università Cattolica del Sacro Cuore
Roma

ISBN 978-88-470-2816-6 ISBN 978-88-470-2817-3 (eBook)
DOI 10.1007/978-88-470-2817-3

© Springer-Verlag Italia 2013

Quest'opera è protetta dalla legge sul diritto d'autore e la sua riproduzione anche parziale è ammessa esclusivamente nei limiti della stessa. Tutti i diritti, in particolare i diritti di traduzione, ristampa, riutilizzo di illustrazioni, recitazione, trasmissione radiotelevisiva, riproduzione su microfilm o altri supporti, inclusione in database o software, adattamento elettronico, o con altri mezzi oggi conosciuti o sviluppati in futuro, rimangono riservati. Sono esclusi brevi stralci utilizzati a fini didattici e materiale fornito ad uso esclusivo dell'acquirente dell'opera per utilizzazione su computer. I permessi di riproduzione devono essere autorizzati da Springer e possono essere richiesti attraverso RightsLink (Copyright Clearance Center). La violazione delle norme comporta le sanzioni previste dalla legge.
Le fotocopie per uso personale possono essere effettuate nei limiti del 15% di ciascun volume dietro pagamento alla SIAE del compenso previsto dalla legge, mentre quelle per finalità di carattere professionale, economico o commerciale possono essere effettuate a seguito di specifica autorizzazione rilasciata da CLEARedi, Centro Licenze e Autorizzazioni per le Riproduzioni Editoriali, e-mail autorizzazioni@clearedi.org e sito web www.clearedi.org.
L'utilizzo in questa pubblicazione di denominazioni generiche, nomi commerciali, marchi registrati, ecc. anche se non specificatamente identificati, non implica che tali denominazioni o marchi non siano protetti dalle relative leggi e regolamenti.
Le informazioni contenute nel libro sono da ritenersi veritiere ed esatte al momento della pubblicazione; tuttavia, gli autori, i curatori e l'editore declinano ogni responsabilità legale per qualsiasi involontario errore od omissione. L'editore non può quindi fornire alcuna garanzia circa i contenuti dell'opera.

9 8 7 6 5 4 3 2 1   2013   2014   2015

Layout copertina: Ikona S.r.l., Milano

Impaginazione: Ikona S.r.l., Milano

Springer-Verlag Italia S.r.l., Via Decembrio 28, I-20137 Milano
Springer fa parte di Springer Science+Business Media (www.springer.com)

Presentazione

Nel mondo di Alice...
Quando nel 2011 uscì presso i tipi dell'editore Einaudi il volume *Quando internet diventa una droga* di Federico Tonioni, il contributo fu accolto come una grande novità perché, per la prima volta, veniva posto all'attenzione degli studiosi e della popolazione un fenomeno di estrema attualità, la dipendenza da internet, che si manifesta in modo critico in età adolescenziale e che, in molti casi, può evolvere in una vera e propria *addiction*, o dipendenza patologica, venendosi a collocare nell'area delle cosiddette dipendenze comportamentali che comprendono tra l'altro il gioco d'azzardo patologico, già da tempo sotto nostra osservazione e presa in cura.

Il libro era il frutto di una prolungata indagine sul fenomeno nata e sviluppatasi nell'Unità Operativa di Consultazione Psichiatrica del Policlinico Gemelli sotto la responsabilità del dottor Tonioni e della sua équipe, ma al tempo stesso voleva anche essere una guida – rivolta agli utenti, e in modo speciale ai genitori – che assistevano, senza esserne del tutto consapevoli e privi di adeguati strumenti di comprensione, a un fenomeno generazionale nel quale si trovavano coinvolti e verso il quale si sentivano anche estranei e impotenti; un fenomeno che, pur essendo legato allo sviluppo necessario delle nuove tecnologie mediatiche, finiva per prendere pieghe e percorsi del tutto incompatibili con il normale procedere delle relazioni sociali e degli abituali percorsi di apprendimento dei propri figli, precocemente immessi e connessi con la rete. Una connessione quest'ultima che poteva perdere il suo carattere positivo ed evolutivo e assumere i tratti della compulsività e della necessità patologica.

A distanza di quasi due anni, Federico Tonioni ci propone oggi il suo secondo lavoro sulla "Psicopatologia web-mediata", risultato di un affinamento dell'osservazione e dei sistemi di presa in cura dei fenomeni web-mediati. La novità di questo ritorno sul tema non è solo il dichiarato approccio clinico al fenomeno e la conseguente risistemazione della varietà delle sue espressioni, ma anche il tentativo – e qui trovo la vera novità su cui vorrei brevemente soffermarmi – di fornirne una lettura e un'interpretazione che, pur non trascurando le sue radici neurobiologiche, finisce per collocare la psicopatologia web-mediata al cuore della dinamica psicopatologica, proprio nel punto in cui quest'ultima si è sviluppata a contatto e a partire dalla rivoluzionaria scoperta dell'Inconscio da parte di Freud.

Ciò avviene quando Tonioni fa del fenomeno dissociativo il cuore dinamico dello spazio patologico che sta indagando. La dissociazione viene studiata nel suo percorso storico che parte dalla psicopatologia francese di fine Ottocento e dalla sua indagine sulla natura dei fenomeni isterici con cui viene a contatto Freud, per diventare, nel pensiero psicopatologico tedesco, il nucleo portante della riflessione di Bleuler sulla schizofrenia. Una linea, questa, che parte dalla clinica di Charcot e dagli studi di Janet e arriva a Bleuler, dove si coniugano – come fa con pertinenza notare il nostro autore – due forme di dissociazione: una più di tipo "difensivo" che sarà ripresa e sviluppata da Freud quando collegherà il concetto di Inconscio a quello di rimozione, e un'altra più di tipo "strutturale" che tenta di descrivere la destrutturazione che la coscienza subisce nello stato psicotico.

Questa duplicità concettuale ora messa in evidenza corrisponde nel pensiero del fondatore della psicoanalisi a quella doppia natura del concetto di Inconscio che percorre l'opera di Freud senza mai comporsi o risolversi. È stato il grande psicoanalista cileno Ignacio Matte Blanco[1] a riportare questa problematica cruciale e nucleare all'interno del dibattito psicoanalitico, psichiatrico ed epistemologico. Per suo merito oggi possiamo distinguere, proprio a partire dalle intuizioni freudiane e dalla clinica del pensiero schizofrenico, un *Inconscio rimosso* che si costituisce attraverso un processo difensivo di espulsione dal campo della coscienza di ciò che dalla coscienza è ritenuto o sentito come doloroso o inaccettabile e, quindi, non integrabile, e un *Inconscio emotivo di tipo strutturale* che trova il suo fondamento empirico nell'esperienza emotiva legata al corpo che per sua natura non riesce ad accedere al campo della coscienza se non – come afferma lo stesso Freud – assoggettandosi alle sue leggi. E sono proprio le leggi che vincolano la Coscienza a determinare quello spazio inconscio che alla coscienza appare come estraneo e che Matte Blanco descrive come dotato di una logica propria totalizzante – la logica simmetrica – che si intreccia costitutivamente con la logica della Coscienza che per sua natura produce differenziazione e integrazione. È per questo che l'autore cileno può, a ragione, affermare che noi esseri pensanti e senzienti siamo esseri costitutivamente bi-logici.

Se ora ritorniamo al nostro argomento di partenza ci accorgiamo che nella lettura in termini di psicopatologia dinamica che Tonioni propone dei fenomeni web-mediati il fenomeno dissociativo, sia nei suoi aspetti adattativi o organizzativi sia in quelli più dichiaratamente disadattativi o patologici, si ritaglia alcuni spazi privilegiati d'azione. Primo fra tutti quello della relazione mente-corpo, dove il corpo è sede originaria delle nostre emozioni più basiche attorno a cui si costruiscono l'identità (l'Io – affermava Freud – è primitivamente Io corporeo) e la nostra capacità di pensare e di riempire il mondo di significato. Attraverso il corpo ci riferiamo, così, all'esperienza emotiva originaria: l'oggetto originario concreto di cui parla A. Ferrari[2,3] che subirà una vera e propria "eclissi" per far posto all'attività del pensare che permette l'organizzazione, il governo e la modulazione delle nostre emozioni. E proprio

---

[1] Matte Blanco I (2000) L'Inconscio come insiemi infiniti. Saggio sulla bi-logica. Einaudi, Torino
[2] Ferrari A (1992) L'eclissi del corpo. Borla, Roma
[3] Ferrari A (1994) L'adolescenza: la seconda sfida. Borla, Roma

durante l'adolescenza questa problematica ritorna in cerca di una sua nuova definizione sotto le spinte imponenti e le sollecitazioni che il corpo pone alla mente quando arrivano le trasformazioni dello sviluppo puberale. Ciò ha portato lo stesso Ferrari a parlare per il fenomeno adolescenziale di "seconda sfida" che questa volta si muove, in senso inverso, dal corpo verso la mente che deve prendere nuova "coscienza" del corpo stesso. Naturalmente questo percorso può essere armonico e produrre integrazione ma anche disarmonico ed essere fonte di patologie (come nei casi del panico o dei disturbi anoressici) che sono il risultato di una dissociazione tra la mente e il corpo.

Questo discorso – che tocca in generale la dinamica adolescenziale - sembra essere molto presente al nostro autore quando, a contatto con il mondo di internet in cui si trovano compulsivamente a navigare i suoi giovani pazienti, arriva a parlare, come ho già accennato, di una doppia funzione, difensiva e organizzativa, della dissociazione, che è dissociazione tra esperienza emotiva legata alla concretezza del corpo e virtualità del viaggio mentale operato dai meccanismi di connessione con cui i "nativi digitali" esplorano voracemente e onnipotentemente la realtà e si mettono in contatto con il mondo dell'alterità.

Ciò porta Tonioni ad affermare già nell'introduzione al volume che "in effetti internet favorisce meccanicamente uno stato di lieve dissociazione tutte le volte che si pone come veicolo di emozioni piuttosto che di semplici informazioni (come scrivere qualcosa o controllare la posta elettronica, concentrati e consapevoli del tempo trascorso) [...] ma se navighiamo, chattiamo, o giochiamo, coinvolgendo la nostra emotività, ci scopriremo assorti, in uno stato di astrazione dalla realtà che ricorda il sogno a occhi aperti, ma che a differenza di questo dura molto di più [...]. Dobbiamo quindi accettare una dissociazione basale della mente rispetto al corpo tutte le volte che su internet mettiamo in gioco la nostra emotività".

Questa sorta di dissociazione funzionale, che si rinsalda progressivamente con il trascorrere delle ore di connessione, pur non essendo ancora patologica e riuscendo a svolgere una funzione adattativa e di espansione della coscienza, è significativa nell'età adolescenziale, che è percorsa da fenomeni di idealizzazione, e come avvenne per l'uso delle prime droghe da parte dei poeti della *beat generation*, può diventare matrice ideale in cui lo stato psicopatologico si sviluppa.

Questo percorso trasformativo che porta alla patologia e, con essa, al ritiro sociale e al distacco dalla realtà del corpo (una vera e propria "anestesia emotiva") viene sviluppato in modo veramente innovativo nel corso del libro che entra nella complessità dei vari quadri psicopatologici arrivando a delineare una "separazione decisa tra la clinica correlata alla dipendenza patologica e quella correlata ai fenomeni che possiamo definire dissociativi" e che caratterizzano la dipendenza da internet.

Da parte mia vorrei sottolineare un altro momento creativo del contributo dell'autore che mi sta a cuore: quello in cui egli delinea le "trasformazioni socioculturali che l'era digitale ha generato specialmente nel modo di vivere il tempo e lo spazio e le potenziali ripercussioni sul rapporto che lega il nativo digitale all'ambiente circostante la sua crescita". "In questo mondo globale, frutto dell'era digitale" afferma Tonioni "le variabili spazio-temporali sono vissute in un altro modo", che è anche un altro modo di comunicare e di relazionarsi con il mondo: "i concetti di distanza e vicinanza sono stati stravolti tanto da far sembrare vicino ciò che è concretamente distante e al contrario distante ciò che è potenzialmente vicino. Così come l'idea del tempo e di come viene vissuto: il tempo digitale è più intenso e tende a sovrapporsi rendendoci tutti più compulsivi, perché riduce le attese ma anche la nostra capacità di attendere".

Se ci pensiamo bene, queste non sono altro che le caratteristiche "strutturali" dell'Inconscio freudiano riformulato da Matte Blanco con cui ci svincoliamo dai limiti spazio-temporali della nostra coscienza finita ed entriamo, come Alice, nel mondo della multi-temporalità e della multi-spazialità che è mondo dell'infinito costitutivo dell'esperienza emotiva: problema di un'enorme complessità che forse oggi possiamo indagare meglio a contatto con le nuove tecnologie mediatiche.

Se con questi riferimenti ci mettiamo nei panni del giovane adolescente "nativo digitale" che esplora il mondo della virtualità (che, però, a questo punto, è forma di conoscenza e forma di vita) connettendosi – in modo più o meno compulsivo – nel mondo della rete, siamo forse più in grado di valutare di questa "connessione" non solo gli aspetti più chiaramente "evolutivi" – quelli in cui si espandono i poteri interattivi e integrativi della coscienza che stabilisce relazioni – ma anche quelli "difensivi" che proteggono dall'irruzione di sentimenti o emozioni legate al corpo che non si riescono a integrare e, in ultimo, quelli più dichiaratamente patologici che si connettono ad aspetti compulsivi e che possono essere all'origine di sindromi da disconnessione che funzionano come vere e proprie "depressioni narcisistiche" quando la "connessione idealizzata" viene meno o si sgonfia.

Tutto ciò merita studio e ricerca ulteriore. L'avventura conoscitiva è appena iniziata e questo libro è una prima tappa che ha tra l'altro il pregio di nutrirsi di un continuo riferimento all'osservazione clinica e alle possibilità trasformative della presa in cura.

Per concludere, sono grato a Federico di questo lavoro che nasce anche dalla sua capacità di stare accanto agli adolescenti e da una lunga consuetudine di trattamento dei fenomeni della dipendenza. Esso ha nel tempo molto arricchito la capacità terapeutica della nostra struttura costituendo un vero e proprio lavoro di igiene mentale in quello spazio di passaggio – normalmente turbolento – che è l'adolescenza e che oggi va completamente ridefinito e riletto dal punto di vista cognitivo, percettivo ed emotivo nei suoi nuovi stili (e anche nelle sue nuove patologie web-mediate) come si è tentato di fare in questo volume.

Mi auguro anche che queste mie note introduttive, che sono una lettura personale del suo lavoro di ricerca di cui mi assumo la totale responsabilità, possano aiutare lui e i suoi compagni di viaggio in questo affascinante percorso di vita di cui tutti, operatori, genitori e giovani pazienti, dobbiamo essergli riconoscenti.

Roma, giugno 2013

Pietro Bria
Psichiatra, Psicoanalista, Professore Associato
dell'Istituto di Psichiatria e Psicologia
Università Cattolica del Sacro Cuore, Roma
Direttore dell'Unità Operativa Complessa di Consultazione Psichiatrica
Policlinico Gemelli, Roma

Prefazione

La principale novità che il volume di Federico Tonioni introduce è il concetto di psicopatologia web-mediata che allarga a dismisura il campo, già di per sé in rapida evoluzione negli ultimi anni, dei fenomeni mentali correlati all'uso di internet e all'accesso ai mondi virtuali. L'autore insiste correttamente sulla maggiore pregnanza di quest'area della clinica rispetto alla dimensione della dipendenza: gli *Internet Addictive Disorders*, pur nella loro variegata natura, sono solo una manifestazione dei problemi che un individuo, più spesso un adolescente, rischia di incontrare nella sua pratica di navigazione in rete.

Anche sulla questione della dipendenza, poi, bisognerebbe fare un'attenta riflessione, poiché internet può rappresentare un mezzo facilitante lo sviluppo di diverse forme di *addiction* (gioco d'azzardo patologico, shopping compulsivo, dipendenze relazionali e sessuali, abuso di sostanze psicoattive e dopanti ecc.). Esiste allora una tipologia di dipendenza dalla rete autonoma e differenziata dalle altre tipologie? Sono la *MUD's Addiction* e la *Information Overload Addiction*, per esempio, le patologie peculiari dell'uso di internet, dal momento che non si possono a prima vista ricondurre ad altri oggetti di dipendenza? O piuttosto si tratta di comportamenti che si aprono ad altre realtà psicopatologiche, come le turbe identitarie, la dissociazione, le ossessioni?

Questa zona di transizione, che segnala il passaggio alla psicopatologia classica, finisce per muoversi dal nucleo strutturale dell'*addiction* (il *craving*, l'astinenza o la perdita del controllo), e dirigersi *verso* la sponda dei meccanismi di difesa e di funzionamento, dei processi mentali e delle organizzazioni psichiche in senso più lato. Il rapporto del soggetto con l'oggetto del suo desiderio lascia il posto al rapporto del soggetto con il mondo, con gli altri, con la realtà: la via del largo. Un percorso, quindi, che non si limita all'indagine del disturbo o del fenomeno morboso, ma pretende legittimamente di fondare una sua propria psicologia, nel tentativo di comprendere come una mutata condizione umana, solo apparentemente determinata da fattori esterni (tecnologie del computer, software applicativi), conduca a profondi cambiamenti esistenziali o della realtà interna dell'individuo.

Devo al compianto Prof. Sergio De Risio una stimolazione intellettuale potente e immaginifica: la coscienza estesa. Il concetto di coscienza estesa si ritrova nella teoria di Antonio Damasio che, a partire da stati di coscienza più primitivi e basati su elementi percettivi ed emozionali (proto-Sé, Sé nucleare), indica il livello di consapevolezza più evoluto e gerarchicamente sovraordinato dell'essere umano, in grado di elaborare il passato e progettare il futuro, utilizzando il linguaggio e ricorrendo alla memoria esplicita. È questo l'ambito del Sé autobiografico, capace di raccontarsi e di rappresentare il mondo circostante in modo perspicuo e coerente. Quello che De Risio voleva significare, riprendendo modelli computazionali e confrontandosi con la realtà virtuale, è che esiste la possibilità di ampliare artificialmente la dimensione della coscienza, non solo di quella che è già estesa, ma anche delle forme più elementari e subordinate, a cominciare dalla consapevolezza immediata pre-riflessiva per arrivare alle aree confinanti con l'inconscio. E l'inconscio stesso, rilanciavo dialogando con lui, è suscettibile di estensione nell'interazione con il mondo della rete. Un sogno, quello dell'allargamento della coscienza, che ha permeato la storia del pensiero da Leibniz a Freud e che, nell'epoca dell'esaltazione delle esperienze psichedeliche, qualche decennio fa con Timothy O'Leary e la *beat generation*, soggiaceva all'uso di droghe in grado di aprire le porte della percezione e della conoscenza.

Tuttavia dietro questo sogno o miraggio si cela un rischio, connesso a tutte le situazioni caratterizzate da un eccesso di contenuto (per es. la memoria traumatica): che il contenitore non tenga più o che si rompa. La dissociazione, tema caro a Tonioni fin dai tempi in cui era discepolo di Filippo Maria Ferro, ci offre una chiave di lettura del fenomeno psicopatologico web-mediato, quale meccanismo operante in condizioni di sovraccarico percettivo o emotivo, potenzialmente o già traumatiche. Qui l'eccesso di stimolazione comporta, per evitare rotture più distruttive, la suddivisione della personalità in più entità, alcune delle quali possono essere dotate di autonomia funzionale mentre altre si lasciano cogliere come lapsus della coscienza, schegge impazzite che non si tengono più insieme. Ecco quindi che, accanto ai casi più conclamati e conosciuti di stati dissociativi da videoterminale o a quelli più gravi di ritiro sociale degli hikikomori, gli adolescenti e i ragazzi malati di internet soffrono di depersonalizzazione e di derealizzazione, di angosce somatiche misteriose, di fenomeni intrusivi, di piccole forme isteriche, di disturbi dell'identità personale e psicosessuale, di comportamenti compulsivi, a segnalarci che la "epoché" dell'unità della coscienza, la sua messa in crisi o tra parentesi, investe il rapporto mente-corpo, i vissuti, le condotte. I concetti di spazio, di tempo, di rapporto con la realtà e tra i vari aspetti della realtà sono drammaticamente destinati a cambiare.

È una psicopatologia più strana, subdola e sfuggente quella che Tonioni ci propone nella sua affascinante incursione nei mondi virtuali e nelle menti di chi vi rimane impigliato e davvero si ha l'impressione di essere di fronte a un nuovo e inesplorato universo, le cui porte si aprono dopo che un limite della conoscenza è stato oltrepassato. Del resto la questione dei nativi digitali pone interessanti interrogativi, del tipo: davvero e fino a che punto la loro mente funziona in modo diverso rispetto ai digitalizzati acquisiti? E queste modificazioni dell'assetto mentale sono trasmissibili geneticamente o epigeneticamente? Si tratta di questioni che attengono alle mutazioni antropologiche o all'evoluzione del genere umano (*homo computa-*

tionalis) e che promettono di disegnare scenari inquietanti o fantascientifici, dai quali però sarà impossibile prescindere negli anni a venire.

Tutto ciò naturalmente implica un importante coinvolgimento familiare, una messa in allerta del milieu socioambientale, un'attivazione di risorse assistenziali chiamate a fronteggiare un problema dalla complessità inusitata, una preoccupazione del mondo del lavoro, una curiosità culturale, un obbligo alla ricerca. La clinica diviene un punto di partenza per indagare altre aree e rendere disponibili, in negativo, strumenti per la comprensione delle potenzialità del funzionamento della mente umana. Una coscienza estesa, si diceva poc'anzi, ma in realtà si potrebbe a buon diritto sostenere che la rete convoca a un'estensione, oltre che della mente in toto, anche del corpo, che si declina come virtualità somatica più che come onnipotenza robotica.

La virtualità somatica rinvia a una virtualità della presenza, che è insieme eclissi e fantasia della presenza. Ciò non può che far pensare al corpo relazionale, che in internet viene coinvolto tra le proiezioni e gli sdoppiamenti dei giochi di ruolo, le immagini nei social network e le apparizioni smaterializzate di Skype. Ma si consideri anche soltanto la relazione, per come viene ricercata e vissuta per esempio nelle chatlines: la relazione virtuale chiama in causa un atteggiamento dissociativo tra mente e corpo, con la tensione psichica verso l'altro, ma un contemporaneo trattenimento somatico, una negazione del proprio essere corporeo a favore dell'onnipotenza narcisistica della mente, un po' come accade nell'anoressia, in cui è l'oggetto autopsichico a essere iperinvestito. In una prospettiva psicoanalitica il concetto di pulsione viene a stravolgersi: nell'accezione freudiana della pulsione che origina da una fonte somatica ed è finalizzata al raggiungimento di una meta, viene svalutato il principio del dinamismo pulsionale; nell'accezione della psicoanalisi delle relazioni oggettuali la pulsione, diretta sempre verso un oggetto, perde l'esteriorità fisica del suo naturale destinatario e torna a essere un mediatore intrapsichico tra mente e corpo.

Tonioni ci fa ben capire che è l'illusione del controllo a dominare il quadro clinico e a ostacolare il cammino terapeutico: i malati del web credono di tenere sotto controllo sensazioni, emozioni, relazioni attraverso la protezione della virtualità, che sembra sempre offrire loro una rete in caso di caduta, ma in realtà, come viene rappresentato in una nota metafora, essi stessi restano impigliati in questa rete, che si tratti sia di dipendenza sia di altre forme di psicopatologia. In tali situazioni emerge spesso una clinica del vuoto, della noia, della spersonalizzazione che rende difficile il lavoro riabilitativo, psicoeducazionale e psicoterapeutico. Il fiato sul collo delle famiglie, pur nella loro comprensibile angoscia, è spesso un elemento di perturbazione del setting e del processo di cura, che impone interventi mirati sull'ambiente familiare.

Quanto appena detto mi aiuta a introdurre uno degli aspetti di maggior pregio del volume che sto descrivendo: l'aggancio solido degli assunti teorici e degli spunti speculativi all'osservazione puntuale e alla partecipazione viva della pratica clinica. L'équipe di Federico Tonioni, un team di professionisti di varia provenienza ma tutti molto affiatati e integrati tra loro, incontra e cura pazienti con problematiche web-correlate da non molti anni, avendo tuttavia raggiunto una notorietà e una visibilità nei media ben superiore rispetto a quanto ci si aspetterebbe dalla sua giovane età. Ciò è senza dubbio merito dell'intensa e appassionata attività clinica, diagnostico-valutativa e terapeutica, che questo gruppo sviluppa e coltiva, affinando i suoi strumenti all'interno del Day Hospital di Psichiatria del Policlinico Gemelli, che non a caso nasce con una spiccata vocazione al trattamento delle dipendenze. È merito precipuo di Tonioni aver saputo dirigere e coordinare molto efficacemente i suoi collaboratori e aver intuito, agli esordi dell'epidemia delle problematiche psicopatologiche web-mediate, la rilevanza e la progressione di tale area clinica.

Navigare è una suggestione e una metafora. La neonata scienza della *cyberpsychology* (dal greco "kybernetes": pilota, timoniere) si occupa della psicologia della navigazione in rete. Così come i pazienti descritti in questo libro riconoscono l'origine dei loro disturbi in questa avventura, mediante un comportamento, che come spesso accade nelle dipendenze è di per sé fisiologico e messo in atto dalla maggior parte delle persone (che infatti si definiscono utenti), parimenti nella terapeutica bisognerebbe apprendere a navigare per trattare al meglio tali pazienti. Non solo perché si naviga a vista nelle situazioni nuove e impegnative, non solo perché ci si deve districare tra scogli e secche di varia natura, a cominciare dall'impreparazione dei servizi pubblici ad affrontare le problematiche web-correlate, non solo perché un centro d'eccellenza deve saper mantenere saldamente la rotta del percorso proprio e dei centri per i quali è riferimento. Per come percepisco l'agire terapeutico in questo campo, navigare è anche l'attitudine del bravo psicoanalista che si pone nella relazione con il suo paziente, come ci raccomanda Bion, senza memoria e senza desiderio, offrendogli un ascolto empatico ma necessariamente fluttuante. Un atteggiamento curativo nei confronti di soggetti che forse tendono a sviluppare una coscienza troppo estesa.

Roma, giugno 2013

Luigi Janiri
Psichiatra, Psicoanalista, Professore Associato
dell'Istituto di Psichiatria e Psicologia
Università Cattolica del Sacro Cuore, Roma
Direttore della Scuola di Specializzazione in Psichiatria
Policlinico Gemelli, Roma

Indice

Introduzione 1

1 Il concetto di dipendenza patologica 7
   1.1   Dipendenza 7
   1.2   Craving tra mente e corpo 9
   1.3   Ruolo della coazione a ripetere 11
   1.4   Un modello per pensare 13
   1.5   Multifattorialità delle dipendenze 15
   Bibliografia 17

2 Dipendenze comportamentali 19
   2.1   Introduzione 19
   2.2   Sindrome di dipendenza 20
   2.3   Dipendenza da internet 22
         2.3.1   Definizione e criteri diagnostici 22
         2.3.2   Aspetti clinici 26
         2.3.3   Numeri dell'uso di internet e della dipendenza ... 28
         2.3.4   Predittori 29
         2.3.5   Comorbidità 30
         2.3.6   Questionari 31
   2.4   Dipendenza da cybersesso 33
         2.4.1   Che cosa sono le Online Sexual Activities 33
         2.4.2   Che cos'è il cybersesso 33
         2.4.3   Tipologie di consumatori di cybersesso 33
         2.4.4   Fattori di internet e del cybersesso che potenzialmente attirano gli internauti 34
         2.4.5   Che cos'è la dipendenza da cybersesso 36
         2.4.6   Differenze tra maschi e femmine 38
         2.4.7   Alcune caratteristiche del dipendente da cybersesso 39
         2.4.8   Vi è differenza tra dipendenza da sesso online e offline? ... 40
         2.4.9   Questionari 42
   2.5   Dipendenza da gioco d'azzardo online 42
         2.5.1   Che cos'è il gioco d'azzardo 42

	2.5.2	Che cos'è il gioco d'azzardo patologico (o pathological gambling)	42
	2.5.3	Tipologie di giocatori	44
	2.5.4	Il gioco d'azzardo online	44
	2.5.5	Distorsioni cognitive del GAP	47
	2.5.6	Gioco d'azzardo e giovani	48
	2.5.7	Questionari	49
Bibliografia			50

3 L'era digitale ... 57
- 3.1 Cambiamenti socioculturali ... 57
  - 3.1.1 L'idea di internet ... 59
  - 3.1.2 La comunicazione nel villaggio globale ... 61
- 3.2 Concetto di spazio ... 63
  - 3.2.1 Spazio nell'individuo ... 64
  - 3.2.2 Spazio nella relazione ... 66
  - 3.2.3 Spazio virtuale ... 67
- 3.3 Concetto di tempo ... 69
  - 3.3.1 Tempo percepito ... 70
  - 3.3.2 Tempo nell'individuo ... 71
  - 3.3.3 Tempo nella rete ... 73
- 3.4 I nativi digitali e le loro famiglie ... 75
  - 3.4.1 Struttura della famiglia ... 75
  - 3.4.2 Famiglia e rispecchiamento emotivo ... 77
  - 3.4.3 Famiglia, autorità e conflitto ... 79
  - 3.4.4 Il nostro punto di vista ... 82
- 3.5 Adolescenza e corpo virtuale ... 83
  - 3.5.1 Il corpo virtuale ... 85
- 3.6 Relazioni web-mediate ... 88
  - 3.6.1 Relazioni digitali ... 90
- 3.7 Giochi online ... 94
  - 3.7.1 Storia dei videogiochi ... 94
  - 3.7.2 Psicopatologia associata ... 97
- 3.8 Social network ... 101
  - 3.8.1 Storia dei social network ... 103
  - 3.8.2 Social network e adolescenza ... 107
- 3.9 Ritiro sociale e hikikomori ... 111
  - 3.9.1 La cultura del ritiro sociale nella storia ... 111
  - 3.9.2 Il ritiro sociale oggi: hikikomori ... 113
  - 3.9.3 Ritiro sociale nell'internet addiction ... 117
- Bibliografia ... 119

4 Il nucleo fondamentale della dissociazione ... 123
- 4.1 Introduzione ... 123
- 4.2 Origini del concetto di dissociazione ... 124
  - 4.2.1 Il pensiero psicopatologico francese ... 124
  - 4.2.2 Il pensiero psicopatologico tedesco ... 125
- 4.3 Funzioni della dissociazione ... 126
- 4.4 Dissociazione come difesa ... 127

		4.4.1	Evidenze cliniche	128
	4.5	Dissociazione come organizzazione		129
		4.5.1	Evidenze cliniche	130
	4.6	Trattamento della dipendenza da internet		132
	4.7	Trattamento dei fenomeni dissociativi		135
		4.7.1	Pazienti collaboranti	136
		4.7.2	Pazienti non collaboranti	138
	Bibliografia			139

5 Psicopatologia web-mediata 141
 5.1 Introduzione 141
  5.1.1 Tecnologia e cervello 141
  5.1.2 Studio di internet e delle neuroscienze 142
 5.2 Percezione 143
  5.2.1 Internet, percezione e videogiochi 144
 5.3 Attenzione 146
  5.3.1 Internet e processi attentivi 146
  5.3.2 Leggere in internet 147
  5.3.4 Attenzione e giochi al computer 149
  5.3.5 Attenzione e multitasking 149
  5.3.6 Attenzione e multimedialità 150
 5.4 Memoria 152
  5.4.1 Internet come deposito della memoria 152
  5.4.2 Memoria biologica 153
  5.4.3 Internet come memoria di lavoro 154
 5.5 Pensiero 155
  5.5.1 Internet e quoziente intellettivo 156
  5.5.2 Verso un nuovo profilo cognitivo 156
  5.5.3 Internet e pensiero inconscio 157
  5.5.4 Sviluppo differenziale delle abilità cognitive 158
  5.5.5 Internet, apprendimento e immaginazione 159
  5.5.6 Internet e pensiero paranoide 161
 5.6 Istintualità 161
  5.6.1 Internet, sessualità e aggressività 162
  5.6.2 Distanza fisica e assenza di feedback sensoriale 162
  5.6.3 Attrattiva dei giochi e dopamina 165
  5.6.4 Videogiochi, aggressività e prosocialità 166
 Bibliografia 167

6 Riepilogo e conclusioni 171
 6.1 Riepilogo 171
 6.2 Conclusioni 174
 Bibliografia 176

Coautori

Dott. Massimo Vasale, Psicologo, Psicoterapeuta, Analista transazionale, Docente presso la Facoltà di Scienze dell'Educazione (FSE) dell'Università Pontificia Salesiana (UPS) e Docente presso la Scuola Superiore di Specializzazione in Psicologia Clinica (UPS), svolge attività psicoterapeutica e riabilitativa presso il Day Hospital di Psichiatria Clinica del Policlinico Gemelli di Roma e coordina in qualità di Responsabile il Gruppo di Ricerca Alcolisti dell'Associazione "La Promessa", di cui è consulente (paragrafi 1.1, 1.5, 2.1, 2.2, 5.1, 5.2, 5.3, 5.4, 5.5, 5.6).

Dott. Lucio D'Alessandris, Psicologo, Psicoterapeuta, Analista transazionale, si occupa di clinica e di ricerca nel campo delle dipendenze, Docente presso la Scuola Superiore di Specializzazione in Psicologia Clinica SSPC-IFREP, svolge attività psicoterapeutica e riabilitativa presso l'Ambulatorio "Internet Addiction Disorder" del Policlinico Gemelli di Roma e coordina in qualità di Responsabile il Gruppo di Ricerca Tossicodipendenti dell'Associazione "La Promessa", di cui è consulente (paragrafi 2.3, 2.4, 2.5).

Dott.ssa Gianna Autullo, Psichiatra e Psicoterapeuta, Dottore di Ricerca, Istituto di Psichiatria e Psicologia, Università Cattolica del Sacro Cuore, svolge attività clinica e di ricerca presso il Day Hospital di Psichiatria del Policlinico Gemelli di Roma ed è consulente dell'Associazione "La Promessa" (paragrafi 3.5, 3.6).

Dott. Marianna Mazza, Psichiatra e Psicoterapeuta, Dottore di Ricerca, Istituto di Psichiatria e Psicologia, Università Cattolica del Sacro Cuore, svolge attività clinica e di ricerca presso il Day Hospital di Psichiatria del Policlinico Gemelli di Roma (paragrafi 3.4, 4.3, 5.2, 5.3, 5.4, 5.5, 5.6).

Dott.ssa Chiara Scotto Di Carlo, Psichiatra e Psicoterapeuta, specializzata presso la Scuola di Specializzazione in Psichiatria, Istituto di Psichiatria e Psicologia, Università Cattolica del Sacro Cuore (paragrafi 4.4, 4.5).

Dott. David Martinelli, Scuola di Specializzazione in Psichiatria, Istituto di Psichiatria e Psicologia, Università Cattolica del Sacro Cuore (paragrafi 3.4, 3.9).

Dott.ssa Flaminia Alimonti, Scuola di Specializzazione in Psichiatria, Istituto di Psichiatria e Psicologia, Università Cattolica del Sacro Cuore (paragrafi 3.2, 3.3).

Dott. Stefano Corvino, Scuola di Specializzazione in Psichiatria e Psicologia, Università Cattolica del Sacro Cuore (paragrafi 3.1, 3.7, 3.8).

Dott. Valerio Fiumana, Scuola di Specializzazione in Psichiatria, Istituto di Psichiatria e Psicologia, Università Cattolica del Sacro Cuore (paragrafo 3.8).

Ringraziamenti

Ringrazio di cuore l'Associazione "La Promessa", il Professor Eugenio Mercuri (Direttore dell'Istituto di Psichiatria e Neuropsichiatria Infantile, Università Cattolica del Sacro Cuore), il Dottor Nicola Cerbino (Direttore Ufficio Stampa, Policlinico Gemelli) e il Professor Maurizio Guizzardi (Direttore del Policlinico Gemelli).

Introduzione

Il concetto di *psicopatologia web-mediata* nasce dalla necessità di separare la dipendenza da internet, intesa come dipendenza patologica comportamentale, da dinamiche disfunzionali più complesse che coinvolgono bambini e adolescenti *nativi digitali*. Questo libro, che rappresenta un primo tentativo di comprensione di tali dinamiche, affonda le sue radici nell'esperienza clinica svolta, presso il Policlinico Gemelli di Roma, con pazienti che hanno evidenziato forme morbose "espansive" della clinica psichiatrica classica e che quindi lasciano pensare all'acquisizione di basi mentali diverse.

Può essere paradossale considerare che l'inarrestabile crescita delle relazioni internet-mediate, destinate nel tempo a prevalere sui contatti "dal vivo", abbia moltiplicato le possibilità di comunicare tra i giovani e complicato invece le relazioni con la generazione precedente, quella dei genitori. Forse per la prima volta nella storia dell'evoluzione umana questi sono di fatto meno competenti in un ambito, il *cyberspazio*, tanto importante da rappresentare il futuro di tutti. Non esserne consapevoli equivale ad acuire un pericoloso sentimento di distanza, che spesso viene rimosso, e al contrario riconoscersi impreparati compromette quel ruolo genitoriale di riferimento che la maggior parte degli adulti propone ai figli, come indispensabile elemento di sostegno.

Nicholas Negroponte è il fondatore e il direttore del Media Laboratory del Massachusetts Institute of Technology, un'autentica autorità nell'ambito della rete e nello sviluppo delle nuove interfacce uomo-macchina. In una recente intervista ha dichiarato: "io, come voi, appartengo a una generazione che non è nata nel mondo globale, che conosce anche un prima del computer ed è cresciuta al di fuori di certi input nei quali sono invece immersi i nostri figli che rappresentano una nuova civiltà", descrivendo una divisione assoluta tra chi è digitale e chi non lo è. "Quelli che io chiamo i senza tetto digitali – spiega l'autore – sono molto intelligenti, molto bravi, di solito sono persone benestanti di quarant'anni o più, ma hanno un problema: sono giunti in questo paese troppo presto. Queste persone imparano dai loro figli" (Negroponte, 2010).

In effetti, nella pratica clinica quotidiana e trasversalmente a diversi quadri psicopatologici, la naturale distanza generazionale necessaria a ogni adolescente per crescere e acquisire la propria identità sembra dilatarsi a tal punto da rimandare più a sentimenti contro-transferali di vuoto o assenza che a vissuti di conflitto (Tonioni, 2011). Non si tratta solo di una separazione culturale ma di un processo che passando per un nuovo modo di comunicare e di pensare può, quando si arresta e diventa patologico, configurarsi come dissociazione emotiva.

Definire gli adolescenti di oggi "nativi digitali" equivale a incrementare la fantasia che siano veramente nati in un mondo diverso, dove poi sono cresciuti. L'abbiamo definito mondo globale, frutto dell'era digitale, un mondo dove le variabili spazio-temporali sono vissute in un altro modo. I concetti di distanza e vicinanza sono stati stravolti tanto da far sembrare vicino ciò che è concretamente distante e al contrario distante ciò che è potenzialmente vicino. Così come l'idea del tempo e di come viene vissuto: il tempo digitale è più intenso e tende a sovrapporsi rendendoci tutti più compulsivi, perché riduce le attese ma anche la nostra capacità di attendere. È vero che forse questo è inevitabile e muoversi su quel confine sottile che separa l'evolutivo dal patologico inevitabilmente confonde, ma sappiamo che la mente nelle sue fondamenta si struttura in dialettica con il mondo esterno, circoscritto in origine all'ambiente materno e che vediamo progressivamente ampliarsi nel corso della vita.

Se accettiamo l'assunto di base che il mondo digitale sia diverso nel modo di essere vissuto fuori e quindi rappresentato dentro, dobbiamo considerare che anche il prodotto dell'interazione con esso sia passibile di trasformazioni basali, inizialmente silenti, ma destinate a trovare in adolescenza espressioni più manifeste (Tonioni, 2013). Per capirci, i nostri giovani pazienti passano connessi a internet tutto il tempo che hanno a loro disposizione, hanno nella maggior parte dei casi compromesso il proprio iter scolastico o universitario, presentano stati dissociativi prima rispetto al corpo in senso concreto e poi a carico della propria identità, manifestano un incremento dell'ideazione paranoide, una difficoltà specifica nel vivere le emozioni e quindi la comunicazione non verbale, fino a un progressivo ritiro sociale. Sono *nativi digitali*, quasi sempre inconsapevoli della situazione, a volte stupiti di tanto allarme nei loro confronti. Passano tutto il tempo disponibile connessi a un gioco di ruolo, anche 16 ore al giorno. Comunicano in chat o social network. Sono in prevalenza maschi, di età compresa fra i 12 e i 22 anni, e molti di loro hanno interrotto la scuola o l'università appena iniziata. Al di là di qualche eccezione, sono razionali, logici e intellettivamente maturi, con una chiara difficoltà, a volte impossibilità, a riconoscere e vivere le emozioni. Non si tratta di non riuscire a esprimere un sentimento o di essere preda di uno stato umorale depressivo o di eccitazione, ma piuttosto di un'incapacità specifica a trattenere e a sentire propri gli stati emotivi connessi al vivere e ai quali di rado riescono a dare un nome e quindi un valore. Non sembrano avere un rapporto significativo con il corpo e con le sue funzioni, comprese le attività sportive e la sessualità, rispetto alle quali sembrano impreparati a tal punto da riuscire a stento a immaginarle. Sono evidenti un'aggressività coartata e tanta rabbia rimossa, che esplode solo quando vengono messe in discussione le ore di connessione. A volte sono stati vittime di episodi di bullismo, spesso hanno alle spalle separazioni e conflitti affettivi mai elaborati. Tutti però manifestano in rete il bisogno e allo stesso modo la difficoltà di interagire con gli altri. È questo che li distingue dai pazienti adulti, la loro tendenza all'*interattività*, quasi una fame malcelata di relazioni, sempre in bilico con la negazione stessa di questa necessità e quindi il rischio di ritiro sociale (Tonioni, 2013).

Sappiamo quanto sia profondo il sentimento di solitudine che ogni adolescente tiene dentro di sé. Questo genera il bisogno di compensare fuori, investendo sui gruppi di pari che diventano il vero punto di riferimento per acquisire un'identità propria al di fuori di regole, prescrizioni ed esempi genitoriali, che in questa fase non possono essere accettati.

In un gioco di ruolo o in un social network viene proposta un'identità incerta, che necessita di conferme e di essere rispecchiata in un ambito più protetto rispetto alle relazioni dal vivo, dove gli spunti emotivi non riescono a diventare esperienze. In questo senso il monitor di un PC o di un "iPhone" svolge la funzione di barriera contro stimoli emotivi sentiti come eccessivi (Laplanche e Pontalis, 1995) e come tale può essere usato per crescere o per regredire. È qui che una potenziale evoluzione può diventare una patologia. In questi giovani pazienti esiste un rapporto fra il livello di identità acquisita e il livello di interattività possibile. Mi spiego meglio. È all'interno della relazione con l'ambiente e con l'altro che abbiamo allo stesso modo l'opportunità di crescere o quella di subire traumi, capaci di arrestare o distorcere la crescita stessa.

L'identità è una conquista mai completa e in costante divenire, che si acquisisce in modo direttamente proporzionale alla capacità di presentarci agli altri più attraverso i propri limiti che tramite le proprie potenzialità, essendo il senso del limite l'unico confine all'interno del quale possiamo sentirci reali. Perché questo avvenga, soprattutto in adolescenza, è necessario idealizzare l'immagine di noi stessi ai nostri occhi e a quelli degli altri, passando per livelli crescenti di disillusione fino all'accettazione di come veramente siamo.

Nei più giovani dove esiste una predisposizione, l'abuso di gaming digitale e social network sembra intervenire su questo processo attraverso avatar e profili di immagine che, esaltando aspetti di noi sentiti come mancanti, alimentano relazioni virtuali idealizzate dalle quali diventa, nei casi patologici, difficile uscire. Rappresentarsi all'altro in modo ideale è un'esperienza comune e funzionale alla graduale presentazione dei propri limiti. Fisiologicamente accade nel nostro immaginario, dove possiamo fare e disfare a nostro piacimento senza che nessuno se ne accorga, proponendo nella vita di relazione parti ideali di noi che possono essere modulate rispetto alle circostanze di realtà che si vivono al momento.

Nel social network, al contrario, il profilo idealizzato una volta costruito rimane visibile attraverso il passaggio dall'immaginario al virtuale e viene condiviso da centinaia di amici, che diventano nei casi più gravi figure espulsive e giudicanti, fino a essere persecutorie. Il social network rende visibili aspetti parziali della propria vita e di quella degli altri con modalità più simili a "spiare dal buco della serratura" che a guardare "vis-à-vis". Spiare e guardare non sono la stessa cosa, nel senso che fanno vedere cose diverse, o meglio attribuiscono a ciò che si vede un valore diverso, perché il punto di osservazione di un fenomeno incide sempre sull'interpretazione dei dettagli del fenomeno stesso. Sappiamo che il pensiero paranoide è una forma di pensiero arcaico che in condizioni di salute evolve in pensiero creativo. Questo processo che non si compie mai in senso assoluto giustifica la presenza naturale di spunti paranoidi dentro ognuno di noi, tratti che si riattivano in base agli accadimenti e alle circostanze di cui facciamo esperienza.

Nei social network la possibilità di interpretare il pensiero degli altri letto *a distanza di sicurezza* e non vissuto in un dialogo *vis-à-vis* genera un incremento di quella quota naturale di ideazione paranoide che può degenerare in forme di controllo, quasi sempre tecno-mediate, che fanno male più a chi le compie che a chi le subisce inconsapevolmente (Tonioni, 2013). Nel 1919 lo psichiatra Victor Tausk, paziente e allievo di Freud, descrisse per primo le dinamiche del vissuto delirante di *influenzamento* nei pazienti psicotici, attraverso il concetto di *macchina influenzante* (Tausk, 1919), che a livello speculativo rappresenta la proiezione all'esterno della disgregazione che negli schizofrenici caratterizza il rapporto mente-corpo e che viene giustificata con l'idea di *qualcosa che ci controlla da fuori*. In questo senso internet, potenziale generatore di fenomeni dissociativi (Bernardi e Pallanti, 2009), rappresenta anch'esso una macchina influenzante, configurandosi questa volta non più come elemento allucinatorio, ma come strumento concreto.

In effetti, internet favorisce meccanicamente uno stato di lieve *dissociazione* tutte le volte che si pone come veicolo di emozioni piuttosto che di semplici informazioni. Per questo motivo se compiamo operazioni razionali sotto il controllo dell'Io cosciente, come scrivere qualcosa o controllare la posta elettronica, possiamo definirci concentrati e consapevoli del tempo trascorso, ma se navighiamo, chattiamo, o giochiamo, coinvolgendo la nostra emotività, ci scopriremo assorti, in uno stato di astrazione dalla realtà che ricorda il sogno a occhi aperti, ma che a differenza di questo dura molto di più. Questo accade perché le emozioni sono affetti destinati a passare primariamente per il corpo; pensate al rossore del viso, alla tachicardia, a una lieve dispnea o a un dolore da spasmo e considerate che il corpo fisicamente inteso non esiste su internet. Voglio dire che se non si è a portata di contatto fisico le emozioni non possono essere vissute con naturalità e con esse la comunicazione non verbale sottostante (Tonioni, 2013). Dobbiamo quindi accettare una dissociazione basale della mente rispetto al corpo tutte le volte che su internet mettiamo in gioco la nostra emotività. Per lo stesso motivo due persone in chat reciprocamente visibili attraverso una webcam, anche affrontando argomenti sensibili, non riescono ad arrossire. Questo stato dissociativo transitorio (Caretti, 2000), che si sedimenta progressivamente con le ore di connessione, non si pone ancora come esito patologico, ma come matrice ideale in grado di generarlo.

La complessità dei quadri psicopatologici che ne derivano ha imposto a noi autori di questo testo una separazione decisa tra la clinica correlata alla dipendenza patologica e quella correlata ai fenomeni che possiamo definire dissociativi, nel tentativo di coglierne con maggior lucidità sia gli elementi di separatezza sia le aree di continuità.

Per questo motivo il primo e il secondo capitolo di questo libro tratteranno in modo specifico i concetti di dipendenza sana e patologica, e successivamente la dipendenza da internet inserita nel contesto allargato di altre dipendenze comportamentali, con le quali condivide i caratteri di impulsività e di *coazione a ripetere*. Una riflessione sul concetto di coazione a ripetere, della sua funzione strutturante e del suo rapporto con l'ambiente appare fondamentale per capire perché una pulsione, passando per l'acquisizione progressiva della capacità di *attendere* e di *stare da soli* (Winnicott, 1965), diventa desiderio e perché invece, nell'impossibilità di essere trattenuta, degenera in compulsione. La psichiatria delle dipendenze descrive questo fenomeno con il nome di *craving* e lo correla a trasformazioni nel complesso neurotrasmettitoriale. Il confine invalicabile dove la predisposizione alla tossicomania si struttura è quello della *depressività*, intesa come funzione integrativa della mente e non come esito patologico. La capacità di deprimersi è una cosa diversa dalla depressione e rappresenta per qualsiasi soggetto compulsivo la meta da raggiungere. Ciò rappresenta un elemento comune e di continuità tra le dipendenze da sostanze e le dipendenze comportamentali, ormai integrate nello stesso costrutto teorico. La dipendenza da internet, in accordo con la nostra esperienza clinica, sarà quindi descritta come dipendenza patologica in senso stretto, a carico soprattutto di pazienti adulti, *immigrati digitali*. Così concepita la dipendenza da internet si sovrappone, pur mantenendo determinate caratteristiche, con la dipendenza da gioco d'azzardo e varie forme di dipendenza e perversione delle condotte sessuali.

Il terzo capitolo introduce alle trasformazioni socioculturali che l'era digitale ha generato specialmente nel modo di vivere il tempo e lo spazio e le potenziali ripercussioni sul rapporto che lega il nativo digitale all'ambiente circostante la sua crescita. Ancor più in adolescenza, la presenza e il ruolo della famiglia sono alla ricerca di nuovi significati, spiazzati dall'incertezza di essere vicini ai propri figli, pur sentendosi assenti o poco partecipi nella parte essenziale delle loro vite. La crescita e l'evoluzione della personalità e dell'immagine corporea si giocano nelle relazioni web-mediate dove si confondono aspetti autentici e virtuali nella costituzione dell'identità digitale. Chat, social network e giochi online non vengono inquadrati come dipendenze patologiche perché non sacrificano le relazioni con il mondo, ma anzi sono parte di un modo diverso di comunicare dove entrano in contatto aspetti parziali di noi con aspetti parziali degli altri. Un modo di comunicare che travalica i limiti della comunicazione *vis-à-vis* e, non "esprimendo mai per intero", può alienare dalla realtà o realizzare, come accade nei candidati a sviluppare una psicosi, le uniche relazioni possibili. In questa prospettiva il tema dell'*hikikomori* descrive una grave condotta di ritiro sociale che colpisce gli adolescenti in Giappone, dove gode di una cornice culturale specifica che lo connette a un profondo sentimento di vergogna, quasi punitivo, nato dall'idea di aver in qualche modo fallito nelle relazioni dal vivo. I pazienti hikikomori vivono rigorosamente all'interno della propria stanza, in comunicazione con il resto del mondo attraverso chat, social network e *gaming online*, in uno stato di alienazione mentale e impoverimento affettivo. La nostra attenzione è centrata all'espansione del fenomeno, spesso in forme attenuate, che si verifica anche in altri ambienti e culture, dove in assenza di disturbi psicotici primari e pur mantenendo un carattere difensivo, il ritiro sociale non sacrifica le relazioni con gli altri ma le rende possibili, quasi legittimando un nuovo modo di stare al mondo.

Il concetto di dissociazione come nucleo fondante della maggior parte delle manifestazioni cliniche internet-correlate prende forma nel quarto capitolo, dove si pone alla base sia delle patologie da dipendenza, sia dei disturbi in fase adolescenziale, pur con sostanziali differenze. La dissociazione viene trattata da un punto di vista storico, culturale e psichiatrico, partendo dalla descrizione delle forme assunte nella psicopatologia del passato, fino a quelle che caratterizzano la psicopatologia del presente.

Anche qui le ipotesi di cura e trattamento separano il trattamento degli stati di dipendenza comportamentale, *cybersex* e *gambling online*, dal trattamento degli stati dissociativi in adolescenza e dalla relativa comprensione di limiti e risorse sottostanti. La dissociazione emotiva, che si manifesta, nel corso della pratica clinica, come vuoto contro-transferale, riduce l'importanza del corpo e della fisicità nelle relazioni e rappresenta un ostacolo decisivo per chi è chiamato a prendersi cura di questi pazienti, che, essendo dissociati, sono lontani dalla possibilità di potersi sentire depressi e quindi affettivi.

Il quinto capitolo evidenzia una *psicopatologia web-mediata* già in atto nella clinica psichiatrica attuale. Maggiormente coinvolte sembrano essere le aree della percezione, dell'attenzione, della memoria, del pensiero e dell'istintualità, fino alla costituzione di un *nuovo profilo cognitivo*, frutto di un diverso modo di apprendere, comunicare e pensare. Le aree coinvolte sono anche quelle più indagate dalla ricerca e i risultati dei più importanti studi clinici sull'argomento confermano la formulazione di nuove ipotesi eziopatogenetiche.

Nel sesto capitolo riepilogheremo quanto detto, sottolineando i passaggi chiave delle nostre riflessioni, fissandone i punti salienti e i nessi reciproci. Il profilo psicodinamico di questo testo non vuole in nessun modo imporre un modello di pensiero, ma piuttosto promuovere la tendenza a pensare che, al di sopra di ogni teoria, scaturisce dal confronto di saperi diversi. Immaginare nel prossimo futuro la nosografia psichiatrica, che risente inevitabilmente delle contingenti trasformazioni ambientali e sociali, diventa un esercizio stimolante e necessario, considerando che la psicopatologia ha origine nell'incontro tra un individuo con il mondo che lo circonda e si declina su diversi livelli di interazione. Le relazioni digitali potrebbero, nel tempo, modificare il rapporto tra disturbi del pensiero e disturbi dell'umore, alla luce dell'incremento di particolari *fenomeni dissociativi*, che si impongono come fondanti di nuove psicopatologie articolate sul concetto di identità digitale. Questa, rispetto alla realtà di ognuno di noi, appare sempre più come una *parte aggiunta*, piuttosto che un'identità alternativa, aprendo a riflessioni destinate ad arricchire quei modelli della psicopatologia classica, a cui da sempre facciamo riferimento.

Bibliografia

Bernardi S, Pallanti S (2009) Internet addiction: a descriptive clinical study focusing on comorbidities and dissociative symptoms. Compr Psychiatry 50:510-516

Caretti V (2000) Psicodinamica della trance dissociativa da videoterminale. In: Cantelmi T, Del Miglio C, Talli M, D'Andrea A (eds) La mente in internet. Piccin, Padova, pp 125-131

Laplanche J, Pontalis JB (1995) Enciclopedia della psicoanalisi. Economica Laterza, Bari

Negroponte N (2010) Intervista a Il Giornale, venerdì 15 gennaio

Tausk V (1919) Sulla genesi della "macchina per influenzare" nella schizofrenia. In: Scritti psicoanalitici. Astrolabio, Roma (1979), pp 150-180

Tonioni F (2011) Quando internet diventa una droga. Einaudi, Torino

Tonioni F (2013) Definire la dipendenza da internet. Riv Psichiatr 48:96-99

Winnicott D (1965) The maturational process and the facilitating environment. Studies in the theory of emotional development (trad. it. Sviluppo affettivo e ambiente. Armando Editore, Roma, 1995)

Il concetto di dipendenza patologica   1

1.1 Dipendenza

La parola *dipendenza* non è sinonimo di debolezza costituzionale o malattia. La dipendenza è uno stato della mente e in origine anche del corpo, che sottende al movimento delle nostre pulsioni verso una meta (Freud, 1915a) e che attesta la nostra capacità di legarci agli altri e alle cose. Quando non si esprime in modo patologico, la dipendenza è l'essenza stessa delle relazioni umane e appare, peraltro, naturale. Sappiamo dipendere da figli e genitori per innumerevoli aspetti, dagli amici più cari, dal lavoro che svolgiamo, dalla società e persino dagli atti routinari della nostra vita la cui interruzione è fonte di malessere e disarmonia. In termini evolutivi una relazione di dipendenza è finalizzata all'acquisizione delle competenze che consentono di diventare se stessi e di esplorare con fiducia il mondo. Dipendiamo per poter apprendere, esplorare e successivamente diventare creativi, sentendo di poter contare su una base sicura (Bowlby, 1989) prima esterna e poi introiettata.

La capacità di legame comporta il rischio della perdita connessa prima all'ansia e poi al dolore mentale, che a loro volta generano difese adattive o condotte reattive, per evitare quel *sentimento di non esistenza* che coglie chiunque abbia vissuto un abbandono. Si tratta di un'*angoscia primaria* (Freud, 1925) che viene prima della possibilità di essere consapevoli di una perdita, perché è antecedente alla capacità di riconoscerla ed è questo il motivo per cui tale angoscia non può essere vissuta come *lutto e malinconia* (Freud, 1915b).

Il sentimento di non esistenza lo vediamo tutte le volte che un paziente psicotico rimane impassibile di fronte a una separazione; qui *impassibile* vuol dire *inespressivo* o *incomunicabile*, al di là dell'intensità dei contenuti che albergano nella sua mente. Dentro di lui il sarcasmo, la rabbia e i comportamenti infantili regressivi rivelano livelli di angoscia che spaventano troppo chi li prova per poter essere espressi. Questo accade quando è venuta a mancare la soddisfazione dei bisogni primari e quindi una sana dipendenza con l'ambiente post-natale, in genere la madre, configurando una sana dipendenza come l'unico terreno fertile per crescere con sufficiente armonia.

Nel corso della nostra vita le relazioni significative si fondano su un rapporto di reciproco legame, dove entrano in gioco sentimenti spesso conflittuali, perché articolati tra opposte tendenze: il bisogno di legarsi senza compromettere il proprio senso di identità e il timore di perdere ciò che per noi è importante e che non possiamo controllare. È come accettare di essere costantemente in bilico, ma con la possibilità di resistere a questo senso di precarietà con la creatività e l'acquisizione di nuove competenze. È vero per esempio che le separazioni fanno crescere, come è vero che gli abbandoni arrestano la crescita e il confine che li separa è sfumato a tal punto da rendere ogni separazione anche un abbandono.

È necessario fare riferimento a un concetto ampiamente condiviso: una dipendenza diventa patologica quando la natura del vincolo che lega una persona a una sostanza o a un comportamento ha i caratteri della compulsività. In altre parole, quando i pensieri e gli agiti di un individuo si svolgono su uno sfondo di incoercibile *coazione a ripetere* (Freud, 1920), dove il bisogno sta al posto del desiderio e il dolore mentale impedisce l'accesso alla creatività e alla possibilità di vivere le attese e la solitudine. Ciò a conferma che non è il tipo di comportamento, la sua frequenza o l'accettabilità sociale a determinare se un tipo di condotta sia qualificabile come *addiction*, ma è come questo modello si riferisce e influisce sulla vita dell'individuo. Nell'ambito della nosografia psichiatrica il termine addiction fa maggiore riferimento agli aspetti psicologici e comportamentali della dipendenza da sostanza (Maddux, 2000), rispetto al termine *dependence*, che invece più ne richiama i substrati biologici legati alla dipendenza fisica e alla crisi d'astinenza.

Il termine addiction appare strettamente legato all'idea della mancanza di libertà (dal latino "addictus", che indicava lo schiavo assegnato a un padrone) e si usa trasversalmente per descrivere qualsiasi forma di dipendenza, da sostanza o comportamentale, interpretandone la psicopatologia in chiave dimensionale. In altre parole, la condotta compulsiva si configura come "fuori controllo" e descrive una forte, improvvisa e improcrastinabile spinta verso l'assunzione di una sostanza o l'attivazione di un comportamento, che si traduce in un sostanziale salto di qualità nelle rappresentazioni mentali dei pazienti. In questo senso è presente nei tossicomani, come nei giocatori d'azzardo, nei cleptomani o nei bulimici, e ci rimanda alla trasformazione delle pulsioni istintive (*Triebe*) in forme di mania appetitiva (*Sucht*) che Karl Jaspers (1913) nella sua *Psicopatologia generale* distingue da quegli istinti naturali, generati da impulsi somatici e che mirano all'autoconservazione della specie. L'*appetizione maniaca* è sostenuta da una sensazione di vuoto che può essere dovuta tanto alla natura quanto allo stato attuale di un individuo e viene percepita come estranea, coercitiva e sopprimibile solo con la soddisfazione del bisogno. Ogni forma di patologia compulsiva trova nella *ripetizione appetitiva* la sua reale connotazione che, come accade per gli *uomini di impulso* descritti da Kurt Schneider (1959) o per gli affetti da *bramosia morbosa* di Binswanger (1973), non può essere modificata qualitativamente dalla forza di volontà perché antecedente allo sviluppo di un Io cosciente. Possiamo collocarne l'origine nella percezione di un'assenza nell'*holding* materno-ambientale correlata a un conseguente deficit strutturale, evidente nella capacità di pensare, nell'attività della fantasia e nella capacità di sopravvivere alle separazioni (Abadi, 1995). La compulsività nasce come complementare a questa mancanza e agisce in un sistema chiuso in sé, dove viene momentaneamente sospesa la continuità del vissuto interiore. Il compulsivo è sempre dissociato dall'ambiente che lo circonda e sembra vivere di *momento in momento* attraverso la persistenza di atteggiamenti dipendenti, anche mascherati, fino all'adesione esagerata a *cose concrete* o a quei comportamenti autolesivi che caratterizzano le dipendenze patologiche.

1.2 Craving tra mente e corpo

Tecnicamente questa spinta all'agito prende il nome di *craving*, termine il cui significato comprende sia i comportamenti impulsivi sia quelli compulsivi. In questo senso è necessario operare una distinzione realizzata non sulla base delle manifestazioni comportamentali comuni, ma sulle dinamiche mentali connesse a entrambi. L'*impulso*, strettamente legato all'istinto, è di solito ego-sintonico, nel senso che non è vissuto da chi lo agisce con opposizione e sofferenza; questo perché la sua natura è prevalentemente inconscia, pur generando a tratti profondi sensi di colpa. La *compulsione* invece è primariamente ego-distonica ed è accompagnata da resistenza e senso di frustrazione come accade nei casi di nevrosi ossessiva, dove il dolore passa per la consapevolezza di se stesso. Impulsi e compulsioni hanno in comune il sentimento di perdita di controllo, ma in questo caso mantenere una separazione tra dinamiche che hanno radici diverse può aiutare a orientarsi in tutte quelle situazioni dove prevale la tendenza a reprimere i sintomi, al di là del senso della loro esistenza. Il concetto di *doppia diagnosi*, per esempio, troppo spesso confonde ambiti clinici che dovrebbero essere meglio definiti e quindi diversamente trattati, evitando pericolose semplificazioni. Voglio dire che uno schizofrenico che attraversa una fase di tossicomania o compulsività comportamentale rimane uno schizofrenico che cerca di sopravvivere facendoci vedere "dove sta meglio", cioè provando a vivere l'illusione di essere diverso da come si sente, o meglio *non si sente*. Al contrario, la fenomenologia psicotica, correlata all'abuso di sostanze o a comportamenti craving-indotti, non ha la processualità e la pervasività dei disturbi psicotici primari, ma sembra collocarsi in *sacche psicotiche* circoscritte che, pur restando attive, sono confinate rispetto a parti della mente sostanzialmente indenni e complianti alle performance sociali.

Il craving coinvolge allo stesso modo il corpo e la mente, e può avere radici psicodinamiche come rimandi costituzionali o neurobiologici. Dobbiamo abituarci a pensare la mente e il corpo come fossero un *tutt'uno* e non come adesione o sovrapposizione di parti diverse. Sappiamo che la mente nasce dal corpo differenziandosi da uno "psichismo di base" (Gaddini, 1984) come organizzazione mentale vera e propria e prosegue la sua evoluzione in modo concomitante allo sviluppo somatico, con il quale ha un rapporto complementare e di interdipendenza. Il livello basale di questo rapporto è la *psicosomatica* dove mente e corpo sono in pieno corso di differenziazione e dove tutto ciò che non si realizza come mentale rimane espresso come somatico, senza possibilità di risoluzione. Infatti le malattie a eziologia psicosomatica (asma, psoriasi, morbo di Crohn ecc.) risentono senza dubbio di un condizionamento psicologico rispetto alle remissioni e alle riacutizzazioni dei quadri clinici, senza possibilità di intervenire sulle fondamenta del processo morboso che rimangono ancorate al corpo e lì necessitano di essere curate. Le malattie psicosomatiche si decidono all'origine della nostra esistenza quando il mentale emerge dal somatico attraverso dinamiche che Eugenio Gaddini (1980; 1981), nel corso della sua importante opera, ha chiamato *fantasie nel corpo*.

Le fantasie nel corpo precedono le *fantasie sul corpo* che sono successive e ne rappresentano un'evoluzione, perché se il corpo può essere oggetto di fantasia vuol dire che ne è stata acquisita un'immagine mentale, e a questo punto mente e corpo sono diventati, pur facendo parte di un tutt'uno, funzioni separate. Le fantasie sul corpo sono i fondamenti dell'*ipocondria*, che rappresenta un livello di interazione più evoluto rispetto alla psicosomatica e necessita di essere curata nel mentale e non nel somatico, anche se il corpo e le sue funzioni, almeno all'inizio, sono il contenuto esclusivo delle relazioni terapeutiche. Il terzo livello, quello più emancipato, è la *conversione*, meccanismo tipico dell'isteria ma poi descritto come trasversale a strutture mentali diverse e considerato una forma di dissociazione, che nel tempo ha assunto sempre più i caratteri di un meccanismo che non quelli di una malattia. La conversione prevede l'esistenza di un Io sufficientemente organizzato, è passibile di *restitutio ad integrum* una volta risolto il conflitto che a essa sottende, e spesso è correlata a precedenti *dismorfofobie* (Semi, 1989).

Il craving, così come la dipendenza e la psicopatologia a essa correlata, risente dell'influenza e dei richiami sia mentali sia fisici, e questo è particolarmente evidente nelle manifestazioni cliniche legate all'astinenza. Sarebbe meglio dire che il craving nasce dall'astinenza e si configura come complementare a essa. La *crisi di astinenza* è nella sua accezione più ampia uno stato di insopportabile mancanza che necessita di soddisfazione immediata. È dunque mossa da un bisogno e non da un desiderio. Accade in ogni dipendenza patologica, dalla crisi d'astinenza da eroina, dove lo starter sono i sintomi fisici, alle forti pulsioni dei cocainomani, fino agli stati di agitazione psicomotoria, a volte incontenibili, che pervadono giocatori d'azzardo, bulimici o sesso-dipendenti qualora venga impedita la possibilità di *scarica*.

Nelle dipendenze comportamentali il craving sembra attivarsi con l'irruzione di una rappresentazione mentale specifica, connessa all'azione patologica successiva, che compare improvvisamente e fuori dal controllo della coscienza. Nel campo mentale ciò che irrompe non può per definizione essere previsto, perché non nasce da un processo di elaborazione, che al contrario ha origine successivamente. È la stessa distanza strutturale che separa le fantasie dall'immaginazione o le intuizioni dai ragionamenti. Fantasie e intuizioni provengono dall'inconscio, immaginazione e ragionamenti passano per la coscienza. Il craving, pur con un certo livello di consapevolezza che chiamiamo *coscienza di malattia*, si attiva inconsapevolmente al di là della forza di volontà. Per questo motivo una delle basi terapeutiche è proprio l'accettazione di sentirsi impotenti, risorsa che si acquisisce grazie alle *ricadute*. La ricaduta, che rappresenta l'esito finale del craving, è un evento inevitabile, e chi opera nel settore delle dipendenze patologiche conosce la sua importanza, sia come occasione per condividere i sentimenti di fallimento dei pazienti, sia come opportunità per coglierne i movimenti affettivi, spesso appena accennati, sotto forma di sensi di colpa. Se la ricaduta di un paziente coincide con la definitiva interruzione della relazione, noi *curatori* abbiamo fallito prima di lui. Nella relazione terapeutica la ricaduta rappresenta l'interruzione di una continuità, tanto violenta quanto colma di informazioni, altrimenti inespresse, sulla struttura mentale dei pazienti e sull'attivazione delle loro difese. Ogni dipendenza patologica nasconde sempre un'angoscia più profonda e rappresenta verso di questa un tentativo di soluzione (Tonioni, 2011). Da qui deriva il diritto del paziente a ricadere e il dovere dei curatori di rispettare questo limite, posto innanzitutto ai nostri, inevitabili, sentimenti di onnipotenza. Per questo motivo l'uso di farmaci nella cura delle dipendenze patologiche, quando è necessario, deve essere pensato come elemento concreto di empatia e contenimento e mai come alternativa alla dipendenza patologica stessa, sia essa da sostanza o da comportamento.

Il craving, proprio come Freud (1915a) descrive le pulsioni, si colloca tra mente e corpo forte di tutto quello che le neuroscienze hanno ormai acquisito rispetto alla neuroplasticità cerebrale, dalla teoria materialistica della coscienza e del ruolo di interazione con il mondo esterno (Edelmann, 2000) a quella sui *neuroni specchio*, che spiega fisiologicamente la nostra capacità di metterci in relazione con gli altri (Rizzolati, 2006). In altre parole la ripetizione di determinati comportamenti e le operazioni mentali connesse strutturano circuiti neuronali preferenziali dotati di memoria biologica e riattivabili con uno stimolo anche minimo, come parti di un automatismo più complesso.

Il fine ultimo di questa dinamica non sembra essere il piacere ma la necessità di porre una distanza di sicurezza da contenuti mentali connessi a esperienze troppo dolorose per poter essere pensate. Ciò può essere particolarmente evidente se consideriamo in ambito tossicomanico la tendenza ad assumere sostanze di natura diversa, correlandole a dipendenze comportamentali, con il risultato di un reciproco rinforzo. Questo comportamento definito *poliabuso* rappresenta una realtà consolidata nell'ambito delle dipendenze e pone più attenzione al concetto di abuso che a quello di dipendenza. L'abuso, come qualsiasi esperienza di *binge* ("abbuffata"), comporta episodi dissociativi acuti che, lontani da ogni logica, appaiono afinalistici. Al contrario, la nostra naturale *tendenza a ripetere*, operando inconsapevolmente, determina e mantiene organizzati i ritmi e gli atti routinari della nostra esistenza.

1.3 Ruolo della coazione a ripetere

Nelle dipendenze patologiche il piacere legato alla gratificazione appare più l'esito finale di un cortocircuito destinato a ripetersi, che un modello esistenziale, frutto di una scelta consapevole. Visto dall'alto, chi soffre di una patologia compulsiva riduce progressivamente attività vitali e istintuali come alimentazione e sessualità, circoscrivendo sempre più il proprio raggio di azione, che rimane finalizzato esclusivamente alla soddisfazione di un bisogno che si ripete incessantemente. Proprio l'osservazione della ripetizione dei sintomi nei pazienti fu in linea generale uno dei dati fenomenologici che spinsero Freud, inizialmente, a ipotizzare l'esistenza di una tendenza di coazione a ripetere, che poi si rivelerà trasversale al funzionamento della mente sana e patologica. Nel saggio del 1920 *Al di là del principio di piacere*, la coazione a ripetere è descritta come una *forza demoniaca* (Freud, 1920) al centro della dicotomia tra l'istinto di vita e l'istinto di morte e pur essendo, nel senso descrittivo di eventi o processi che si ripetono, un'esperienza comune e costante, è stata tra le concezioni più avversate e allo stesso modo meno sviscerate della psichiatria psicodinamica (Garella, 1991). Passando dall'impulso alla compulsione, tutti gli atti routinari della nostra vita la cui sospensione provoca l'accumulo di una tensione crescente e la cui esecuzione produce piacere o sollievo, sono manifestazioni di una tendenza alla ripetizione che affonda le sue radici nella funzione strutturante che i *ritmi* hanno nell'esistenza di ognuno di noi, dal ritmo delle *poppate* fino ai vissuti di *routine quotidiana*. Freud nella sua ricerca speculativa descrisse la coazione a ripetere come non individuabile allo stato puro, ma necessariamente al servizio della ripetizione dei sintomi che, pur mirando alla soddisfazione inconscia di un desiderio, sono esperienze manifestamente spiacevoli. Ciò che non viene affrontato è perché in modo concomitante alla *ripetizione dei bisogni* esista radicalmente distinto un *bisogno di ripetizione* che la psicopatologia psicoanalitica pone come elemento primario nell'evoluzione sana di corpo e mente.

Già nel 1943 Edward Bibring, cresciuto culturalmente nella società psicoanalitica viennese, in una delle riflessioni più pertinenti sul tema propone un'idea della coazione a ripetere più trasversale e comprensiva sia della tendenza *ripetitiva* asservita alle pulsioni inconsce sia di una tendenza *restituiva* che rappresenta invece una funzione dell'*Io*. Egli affronta il problema della localizzazione della coazione a ripetere, se cioè essa sia *al di qua* o *al di là* del Principio del Piacere (Bibring, 1943). Freud ha identificato i fenomeni ripetitivi con l'espressione dell'inerzia della materia vivente e della tendenza conservativa a mantenere la tensione psichica pulsionale sotto un valore soglia, secondo una dinamica minimale. Bibring invece coglie nella ripetizione anche un meccanismo restituivo fondato sul bisogno di *riparazione*, strettamente legato all'Io e in parte sottratto alle dinamiche inconsce (Garella, 1991). Questo giustifica, all'interno delle relazioni terapeutiche, la separazione e allo stesso modo la coesistenza della ripetizione dell'esperienza traumatica con la restituzione dello stato pre-traumatico. La coazione a ripetere è ormai perfettamente integrabile all'interno della teoria pulsionale e dei principi regolatori annessi, Piacere e Realtà, rilevandone un aspetto ripetitivo-riproduttivo con qualità conservativa e con carattere di passività e un altro restituivo con qualità progressivo-evolutive e con carattere di attività. Se poi consideriamo la funzione *autopoietica* della mente nella tendenza a realizzare se stessa attraverso i propri elementi o contenuti, senza fini evolutivi o richiami regressivi, il concetto di coazione a ripetere verrebbe a esprimere il vincolo che tale organizzazione ha di mantenersi, resistendo agli stimoli e alle perturbazioni che la sollecitano a variare (Garella, 1991).

Un noto principio cibernetico, la *legge della variazione minima necessaria* (Ashby, 1956), afferma che la gamma di variazioni che un sistema può affrontare senza disorganizzarsi è proporzionale alla gamma di variazioni interne al sistema stesso. Se questa legge viene rispettata, le trasformazioni a cui va incontro l'organizzazione possono essere di tipo costruttivo e progressivo, nel senso di crescita della complessità dell'organizzazione stessa. La coazione a ripetere è una legge regolatrice dei processi inconsci e tende sia all'integrazione e alle capacità di contenimento della mente, sia alla distruttività, per l'incapacità di reperire eccitazione o per la possibilità di tollerare un'eccessiva *fame di stimoli* (Freud, 1914). Da un punto di vista dinamico ciò ha risvolti importanti, considerando che ogni patologia compulsiva è una difesa poco adattiva rispetto alla condizione di sofferenza che la precede, ma che un individuo è in grado di percepire più chiaramente e si illude di controllare. In un'organizzazione di questo tipo il craving e in senso più ampio la tendenza alla ripetizione svolgono il ruolo del segnale difensivo mancante nella mente di certi pazienti, assolvendo a una funzione simile a quella dell'*angoscia segnale*, legata a un sentimento di non integrazione dell'identità che esperienze *interne* o eventi della vita di relazione possono evocare (Garella, 1991).

1.4 Un modello per pensare

La compulsività non può essere concepita come *lineare* nel tempo ed evoca al contrario un sentimento di *circolarità* che fa sentire un individuo bloccato al centro del suo tempo immanente. Durante un atto compulsivo "non ci si accorge del tempo che passa", così come appare compromessa o del tutto mancante la capacità di attendere. Ciò, abbiamo detto, rende l'esperienza compulsiva più simile alla soddisfazione di un bisogno che alla realizzazione di un desiderio. Infatti, se i bisogni prevedono un'immediata soddisfazione, i desideri necessitano invece di tempo per compiersi e la capacità di desiderare si fonda sulla capacità di attendere. Tale capacità si acquisisce, in una fase precisa dello sviluppo in cui i bambini sono *in transito* bidirezionale dalla relazione onnipotente con la madre alla relazione reale con essa e con il mondo intorno. Contemporaneamente si definiscono i confini che separano ciò che è interno da ciò che è esterno e quindi la fantasia dalla realtà. La caratteristica saliente di questa separazione sta nella possibilità di dilatarne il confine fino a farlo coincidere con un'*area di sovrapposizione* delle parti separate che Donald Winnicott (1971) ha chiamato *spazio transizionale*. Lo spazio transizionale, che nelle patologie compulsive è deficitario o assente, si struttura su fenomeni detti appunto *transizionali* che, nel loro svolgersi o meno, determinano gran parte dei disturbi dell'area borderline della personalità, ovvero l'area che abbraccia a sua volta tutto ciò che nasce dalla sovrapposizione di nevrosi e psicosi.

Procediamo con ordine: in origine la dipendenza assoluta del neonato è un dato incontrovertibile e la sua immaturità è compensata dalla presenza di una madre. Progressivamente si acquisiscono risorse proprie per fare a meno dell'appoggio ambientale grazie all'introiezione di buone esperienze, all'accumulo di ricordi, alla comprensione intellettuale, alla fiducia dell'ambiente fino alla capacità di attendere connessa a quella di stare da solo. Tale capacità, che rappresenta uno dei concetti chiave della teoria sui *fenomeni transizionali*, è un segno importante di maturità ed è *transizionale* nella misura in cui vengono conservate sia la relazione con il mondo interno sia la connessione con gli altri e con la realtà. I fenomeni transizionali descritti da Winnicott (1971) sono tutta quella costellazione di eventi che portano gradualmente il bambino a riconoscere la madre come separata da se stesso, mantenendo con essa e dunque con il mondo esterno, una relazione affettiva non articolata sul *controllo* reciproco, ma sulla possibilità di vivere livelli crescenti di separatezza. L'organizzazione mentale di un bambino all'inizio è *magicamente autosufficiente*, come se fosse egli stesso a creare il mondo e percepisse questo soltanto come limite funzionale di se stesso. Questo è consentito dalla disponibilità di una madre *sufficientemente buona* (Winnicott, 1965; 1971) che collude con la necessità del bambino di sperimentare sentimenti di onnipotenza, adattandosi attivamente a tutti i suoi bisogni. Animata da un senso di profonda devozione, descritto da Winnicott (1965) come *preoccupazione materna primaria*, si farà trovare via via dove il bambino la cerca sostenendo il paradosso che è stato lui a crearla ogni volta. In questa fase a nessuna madre verrebbe naturale fare aspettare un figlio che piange perché ha fame, al contrario la sua tendenza sarà quella di avvertire quasi in anticipo il suo pianto. La sperimentazione dell'onnipotenza si basa sulla sua tempestività che rende reale dal punto di vista del bambino l'idea di evocare la madre piuttosto che chiamarla e quindi di concepire prima ancora di percepire, in un movimento dal dentro al fuori che, nel caso di gravi psicosi, dà un'idea della genesi psicodinamica di sintomi proiettivi come "le voci" o le allucinazioni visive. Con la crescita l'adattamento attivo della madre diminuisce spontaneamente fino a favorire nel bambino la consapevolezza di essere separato da lei e che il mondo è altro da sé. Questi accadimenti coincidono con la *posizione depressiva* teorizzata da Melanie Klein (1940; 1946) e da questo momento in poi ogni frustrazione posta dalla madre o dall'ambiente aiuterà il bambino a crescere nella misura in cui potrà essere tollerata. Già in questa fase possono cominciare a comparire i precursori dei fenomeni transizionali, ovvero tutte quelle dinamiche che mediano le esperienze di separatezza e i fantasmi di abbandono, che invadono i bambini tutte le volte che la madre scompare dal loro controllo visivo, compresi i movimenti per fare loro cambiare di posizione. *Succhiare un dito* per ricreare uno stato fusionale con il seno materno e contemporaneamente usare il resto della mano per accarezzarsi la bocca consente a un bambino di avere il controllo di qualcosa, la mano, che è posta fuori di lui e che non fa parte del suo mondo interno. Questa esperienza progressivamente coinvolge oggetti di varia natura, dal lembo di un lenzuolo ai cuscini, fino a estendersi alla scelta di un oggetto (bambole, orsacchiotti ecc.) dal quale il bambino non si separa mai e sul quale *sente di avere dei diritti* (Winnicott, 1971). Sono gli *oggetti transizionali* che si collocano in un'*area transizionale* ovvero un'area intermedia di esperienza che non appartiene completamente né alla realtà interna né alla realtà esterna, pur rimanendo connessa con entrambe (De Benedetti, 1987). Più precisamente l'area transizionale delimita uno spazio condiviso dove il mondo interno e quello esterno sono sovrapposti e dove al bambino è consentito promuovere l'illusione di poter avere comunque un controllo sulla madre in continuità con i vissuti di onnipotenza infantile.

Gli oggetti transizionali vengono offerti dalla madre e scelti dal bambino per favorire la transizione reciproca tra interno ed esterno attraverso la doppia funzione di sostituire e contemporaneamente di rappresentare la madre *quando non c'è*. Gli elementi che separano il loro uso positivo o negativo sembrano determinare allo stesso modo la separazione tra il gioco, la creatività e la fantasia da un lato e il feticismo, i furti e le dipendenze patologiche dall'altro (Abadi, 1995). Quando attraverso l'uso dell'oggetto transizionale la madre assente sarà sostituita fuori e allo stesso tempo rappresentata dentro, anche la sua mancanza e l'angoscia a essa associata saranno elaborate; al contrario, se l'oggetto transizionale viene usato per negare e non per rappresentare ciò che è assente, perde la sua funzione originaria, viene disinvestito e si feticizza. L'uso transizionale o feticizzato dell'oggetto è determinato dal livello di partecipazione attiva dell'ambiente circostante la crescita. Se il ritmo delle presenze e delle assenze della madre accompagnerà i tempi maturativi (interni) del bambino, ovvero se le frustrazioni poste saranno tollerabili, il bambino imparerà a usare gli oggetti in modo transizionale e quindi in modo transitorio e provvisorio. Se invece l'esperienza di frustrazione non potrà essere tollerata, la tendenza prevalente sarà quella di *aggrapparsi* patologicamente a un oggetto, concretizzandone il rapporto. Ciò contribuisce a dare vita a forme cliniche caratterizzate dal bisogno di negare livelli evoluti di dipendenza affettiva, per il timore della sofferenza e dell'abbandono, che, non essendo *rappresentabili*, rimandano alla possibilità di rapportarsi con oggetti concreti e comportamenti compulsivi, attraverso l'illusione di controllarli, sfruttarli e usarli volontariamente. Il processo simbolico non avviato o interrotto porta alla concretizzazione del vincolo con la realtà e con gli altri, circoscrivendo al *fare* e al *possedere* le uniche modalità di rapporto con il mondo esterno senza un contatto significativo con il mondo interno e con la fantasia (Abadi, 1995).

1.5 Multifattorialità delle dipendenze

La teoria dei fenomeni transizionali, come tutti i modelli speculativi, non vuole porsi come riferimento assoluto, ma rappresentare soltanto un modo per mantenere organizzato il pensiero nelle relazioni con i pazienti. Un modo come ce ne sono tanti che va usato più per pensare che per spiegare. Del resto sappiamo che la dipendenza include molto di più delle componenti biologiche della tolleranza e dell'astinenza (Carroll et al., 1994) e anche che si tratta di una condizione che non può più essere compresa all'interno di modelli riduzionistici che facciano riferimento a una sola disciplina sia essa psicologica, sociale o biologica.

Il modello biopsicosociale delle cause del comportamento dipendente costituisce la base della maggior parte delle risposte terapeutiche (Marlatt e VandenBos, 1997) e ciascun livello di spiegazione – genetica, psicologica, socioculturale – è supportato dalla ricerca empirica, ma manca un modello di dipendenza più generale che integri questi vertici di osservazione al suo interno (Teesson et al., 2006) e quindi un'eziologia di tipo multifattoriale sembra l'ipotesi più ragionevole.

Il dialogo tra scoperte delle neuroscienze e principi esplicativi psicologici si sta facendo sempre più stretto: cominciamo a capire qualcosa di più sull'importanza e sul coinvolgimento dell'apprendimento e della memoria, della regolazione delle emozioni e del controllo degli impulsi nello sviluppo e nel mantenimento dell'addiction. Sappiamo che, con l'uso cronico delle sostanze e con la ripetizione di determinate attività additive, si verificano modificazioni dell'equilibrio cerebrale e della funzione dei neurotrasmettitori. Il neuroadattamento comprende quei processi con cui gli effetti di una sostanza vengono potenziati o attenuati da ripetute esposizioni alla stessa. Le esperienze legate al piacere sono mediate nello spazio intersinaptico da un neuromediatore, la *dopamina*, che sta alla base dell'attivazione del craving. La dopamina è coinvolta in tutti gli stati di eccitazione che portano alla soddisfazione di un bisogno, all'interno di un circuito neurocerebrale mesolimbico, definito *reward system*. Le strutture centrali di questo sistema si articolano a partire dai neuroni dopaminergici dell'area ventro-tegmentale del mesencefalo e delle loro proiezioni che coinvolgono il *nucleus accumbens*, l'amigdala e la corteccia pre-frontale (Di Chiara, 2002). L'aumento della concentrazione extracellulare di dopamina fa seguito non solo a stimoli gratificanti, ma anche alla presentazione di stimoli appetitivi e di esperienze nuove percepite come salienti. La dopamina, infatti, svolge un'importante funzione nell'attribuzione della salienza, ovvero del valore motivazionale, a stimoli di varia natura, nell'indirizzare i comportamenti motivati, nel predire la gratificazione e nel consolidamento del ricordo di esperienze significative (Volkow, 2009).

Anche la *vulnerabilità* all'addiction sembra multifattoriale e in essa giocano un ruolo importante fattori genetici, fattori ambientali e problemi comportamentali ed emotivi manifesti in giovane età. Tra le componenti di vulnerabilità neurobiologica e psicologica la ricerca ha individuato aspetti relativi alla disregolazione degli affetti e al costrutto dell'alessitimia, ai disturbi dell'attaccamento e al ruolo delle esperienze traumatiche, ai tratti impulsivi-compulsivi e alle tendenze alla dissociazione. Autori come Dodes (2002), Goodman (2005), Khantzian (1999) e Taylor (Taylor et al., 2000) considerano la disregolazione degli affetti uno dei fattori nucleari che accomunano dipendenze da sostanze e altri comportamenti compulsivi (gioco d'azzardo patologico, dipendenze sessuali ecc.).

Talvolta una sequenza comportamentale cessa di produrre godimento, ma si mantiene ugualmente per evitare il disagio che deriverebbe dalla sua interruzione. I fenomeni dell'apprendimento e del *rinforzo* interpretano la dipendenza come l'effetto del condizionamento che le sostanze generano, come accade negli stati di eccitazione connessi a tutte le forme di craving, ovvero come una tendenza appresa attraverso l'associazione tra uno stimolo e una determinata risposta. Quando uno stimolo incondizionato (la sostanza d'abuso) o condizionato (il luogo in cui viene consumata la sostanza) determina una risposta positiva piacevole, questo rappresenta un elemento di rinforzo, che favorisce il consumo ulteriore della sostanza. Per questo motivo i comportamenti, gli stati corporei, le percezioni e i sentimenti all'interno della risposta ambientale possono diventare inconsapevolmente *fattori rinforzanti* e quindi essere alla base dell'imprevedibilità delle ricadute.

Da un punto di vista *motivazionale*, l'addiction si colloca tra ricerca del piacere ed evitamento del dolore e consiste nella ripetizione di qualsiasi comportamento che assuma rilevanza psicologica sia nel ridurre stati emotivi percepiti come negativi, sia nell'intensificare stati positivi di percezione di sé e del mondo. I comportamenti appetitivi sarebbero accomunati dalla possibilità di alterare lo stato dell'umore e la coscienza e di offrire una prospettiva di cambiamento positiva al proprio stato d'animo. I comportamenti di dipendenza, così come le droghe, provocano stati soggettivi di piacere e di euforia e procurano alterazioni nello stato di coscienza ordinario che costituiscono la motivazione principale che alimenta il comportamento di dipendenza (Lesieur, 1984; Peele, 1985). La natura *dissociativa* dei comportamenti additivi sembra offrire una "soluzione", seppur disfunzionale, all'emergere di emozioni dolorose e intense che minacciano l'integrità dell'identità. Droghe e comportamenti dipendenti costituirebbero un tentativo disfunzionale di regolare contenuti emotivi in soggetti con carenti competenze metacognitive di identificazione e distinzione delle emozioni traumatiche. L'idea che i comportamenti additivi siano tentativi disfunzionali di contrastare l'emergere incontrollato di vissuti traumatici infantili e delle emozioni correlate, che sono state escluse, è la base della *self medication hypothesis* di Khantzian (1985; 1990; 1997), che propone di vedere la dipendenza patologica come un tentativo di autoterapia dell'Io. Modelli operativi interni di tipo insicuro e disorganizzato possono, infatti, impedire lo sviluppo di strategie adeguate per l'autoregolazione degli stati affettivi e portare a ridotte capacità di rappresentare gli stati mentali.

Bibliografia

Abadi S (1995) L'origine precoce delle patologie della dipendenza. Relazione presentata al II Simposio brasiliano sull'osservazione della relazione madre-bambino. Porto Alegre, Brasile
Ashby WB (1956) An indroduction to cybernetics. Chapman and Hall, London
Bibring E (1943) The conception of the repetition compulsion. Psychoanal Quart 12:486-519
Binswanger L (1973) Il caso Ellen West e altri saggi. Bompiani, Milano
Bowlby J (1989) Una base sicura. Raffaello Cortina Editore, Milano
Carroll KM, Rounsaville BJ, Bryant KH (1994) Should tolerance and withdrawal be required for substance dependence disorders? Drug Alcohol Depen 36:15-22
De Benedetti R (1987) Indagini sulle radici della sofferenza mentale. In: Le radici della sofferenza mentale. Borla, Roma
Di Chiara G (2002) Nucleus accumbens shell and core dopamine: differential role in behavior and addiction. Behav Brain Res 137:75-114
Dodes LM (2002) The heart of addiction: A new approach to understanding and managing alcoholism and other addictive behaviors. Harper Collins, New York
Edelman GM, Tononi G (2000) Un universo di coscienza. Come la materia diventa immaginazione. Einaudi, Torino
Freud S (1914) Ricordare, ripetere e rielaborare. In: Opere, vol. 7. Bollati Boringhieri, Torino (1966)
Freud S (1915a) Pulsioni e loro destini. In: Opere, vol. 8. Bollati Boringhieri, Torino (1966)
Freud S (1915b) Lutto e melanconia. In: Opere, vol. 8. Bollati Boringhieri, Torino (1966)
Freud S (1920) Al di là del principio di piacere. In: Opere, vol. 10. Bollati Boringhieri, Torino (1966)
Freud S (1925) Inibizione, sintomo e angoscia. In: Opere, vol. 10. Bollati Boringhieri, Torino (1966)
Gaddini E (1980) Note sul problema mente-corpo. In: Scritti. Raffaello Cortina Editore, Milano (1989), pp 470-502
Gaddini E (1981) Fantasie difensive precoci e processo psicoanalitico. In: Scritti. Raffaello Cortina Editore, Milano (1989) pp 508-521
Gaddini E (1984) La frustrazione come fattore della crescita normale e patologica. In: Scritti. Raffaello Cortina Editore, Milano (1989), pp 603-617
Garella A (1991) Coazione a ripetere e memoria. Riv Psicoanal 3:517-561
Goodman A (2005) La dipendenza sessuale. Un approccio integrato. Astrolabio, Roma
Jaspers K (1913) Trattato di psicopatologia generale. Il Pensiero Scientifico, Roma (1964)
Khantzian EJ (1985) The self-medication hypothesis of additive disorders. Am J Psychiatry 142:1259-1264

Khantzian EJ (1990) Self-regulation and self-medication factors in alcoholism and the addictions. Similarities and differences. Recent Dev Alcohol 8:255-271

Khantzian EJ (1997) The self-medication hypothesis of substance use disorders: a reconsideration and recent applications. Har Rev Psychiatry, 4:231-244

Khantzian EJ (1999) Treating addiction as a human process: a plea for a measure of marginality. Jason Aronson, New York

Klein M (1940) Il lutto e le sue connessioni con gli stati maniaco-depressivi. Scritti 1921-1958. Bollati Boringhieri, Torino (2006)

Klein M (1946) Note su alcuni meccanismi schizoidi. Scritti 1921-1958. Bollati Boringhieri, Torino (2006)

Lesieur HR (1984) The chase: the career of the compulsive gambler. Schenkman, Rochester

Maddux JF, Desmond DP (2000) Addiction or dependence? Addiction 95:661-665

Marlatt GA, VandenBos GR (1997) Addictive behaviors: readings on etiology, prevention and treatment. American Psychological Association, Washington

Peele S (1985) The meaning of addiction. Compulsive experience and its interpretation. Lexington Books, Lexington

Rizzolati G, Sinigaglia C (2006) So quel che fai. Raffaello Cortina Editore, Milano

Schneider K (1959) Clinical psychopathology. Grune and Stratton, New York

Semi A (1989) Trattato di psicoanalisi. Raffaello Cortina Editore, Milano, vol. 2, pp 902-991

Taylor G, Bagby RM, Parker JDA (2000) I disturbi della regolazione affettiva. L'alessitimia nelle malattie mediche e psichiatriche. Giovanni Fioriti Editore, Roma

Teesson M, Degenhardt L, Hall W (2006) Le tossicodipendenze. Il Mulino, Bologna

Tonioni F (2011) Quando internet diventa una droga. Einaudi, Torino

Winnicott D (1965) The maturational process and the facilitating environment. Studies in the theory of emotional development (trad. it. Sviluppo affettivo e ambiente. Armando Editore, Roma, 1995)

Volkow ND, Fowler JS, Wong GJ et al (2009) Imaging dopamine's role in drug abuse and addiction. Neuropharmacology 56:3-8

Winnicot D (1971) Playing and reality. Tavistock Publications, London (trad. it. Gioco e realtà. Armando Editore, Roma, 2005)

Dipendenze comportamentali 2

2.1 Introduzione

Da diverso tempo è in corso un dibattito sulla definizione e concettualizzazione della dipendenza. La domanda che sta alla base di queste riflessioni è se esistano dei caratteri distintivi delle dipendenze e in che modo le forme classiche, legate all'uso compulsivo e reiterato di sostanze psicoattive, possano accomunarsi alle nuove dipendenze comportamentali.

In questo contesto più di un autore ha cominciato a parlare di dipendenza patologica o, al plurale, di dipendenze patologiche, espressione che consente di mettere insieme le dipendenze da sostanza, già ampiamente riconosciute in ambito clinico e di ricerca, con un insieme eterogeneo di altre "dipendenze", che alcuni chiamano "dipendenze senza sostanza" e altri "dipendenze comportamentali", che include il gioco d'azzardo patologico, lo shopping compulsivo, la dipendenza affettiva, la dipendenza sessuale e, più recentemente, la dipendenza da internet e quella da lavoro. Il mondo scientifico sta prendendo atto che la dipendenza è qualcosa che può coinvolgere il rapporto dell'individuo con diversi *oggetti* e che può riguardare la messa in atto con modalità compulsive e reiterate di comportamenti diversificati. Del resto l'utilizzo dello stesso termine per questioni che la nosografia pone come diverse rimanda all'idea che così diverse non siano (Maddux e Desmond, 2000).

Storicamente, nel 1968, all'interno delle nomenclature diagnostiche dell'OMS (ICD-8) e dell'APA (DSM-II), *drug dependence* ha sostituito *addiction*, indicando nello specifico la sindrome di dipendenza. Tuttavia, nel corso del tempo, si è continuato a utilizzare il termine addiction, che molte riviste scientifiche riportano tuttora nel titolo.

Volendo operare una distinzione sintetica, potremmo dire che dependence richiama più facilmente la dipendenza fisica e la sindrome da astinenza (bisogno fisico della sostanza), mentre addiction risulta associato maggiormente al disturbo comportamentale e alla dipendenza psicologica (bisogno psicologico della sostanza).

Una traduzione letterale del termine inglese addiction rimanda al significato di "dedizione, inclinazione", ma, etimologicamente, addiction è un termine di derivazione latina (dal sostantivo *addictio* e dal verbo *addicere*, cioè abbandonarsi a qualcosa, dedicarsi, vincolarsi), legato strettamente all'idea di sottomissione e mancanza di libertà. Nella sua evoluzione (Maddux e Desmond, 2000) il concetto di addiction ha incluso l'aspetto della perdita di controllo dell'uso di una sostanza e suggerisce in modo più chiaro un disturbo del comportamento rispetto al termine dependence, consentendo una distinzione più chiara tra le differenze comportamentali legate all'uso compulsivo di droga e la dipendenza fisica, con cui è meno probabile che venga confuso.

È evidente che la scelta del termine per indicare la dipendenza come disturbo non rimanda semplicemente a diatribe terminologiche, ma, racchiudendo in sé una questione più ampia, abbia a che fare con la concezione stessa della dipendenza e con il peso che si vuole dare agli aspetti biologici e legati alle proprietà delle sostanze (dependence), piuttosto che agli aspetti di tipo psicologico e comportamentale (addiction).

2.2 Sindrome di dipendenza

L'idea di un concetto unificato di dipendenza (sindrome) è dovuta alla necessità di tenere conto di alcuni dati ed evidenze empiriche già da tempo conosciuti. La somiglianza fenomenologica tra dipendenza da sostanze e alcuni comportamenti compulsivi, concepiti come dipendenze comportamentali, appare evidente da tempo e ha portato i clinici in modo quasi naturale a trasporre i suoi modelli di cura nel trattamento delle dipendenze senza sostanza. La perdita di controllo (*loss of control*) rappresenta il craving ed è considerata la caratteristica essenziale dell'addiction, anche se il termine perdita può apparire eccessivo o prestarsi a diverse letture. Il controllo, piuttosto che essere concepibile in termini dicotomici, sembra, infatti, variare lungo un continuum e sarebbe forse più corretto parlare di compromissione del controllo (*impaired control*), adottandone una concezione dimensionale.

In ogni caso le dipendenze sembrano condividere tutte la progressiva percezione di perdita della capacità di esercitare controllo sul comportamento dipendente, la sensazione di impossibilità di resistere all'impulso di mettere in atto il comportamento, la compromissione della vita sociale, familiare e lavorativa (Pani e Biolcati, 2006).

A proposito di somiglianza fenomenologica, già nel 1997 Griffiths aveva provato a delineare le caratteristiche condivise dalle tossicodipendenze e dalle dipendenze comportamentali, evidenziando: la dominanza; le alterazioni del tono dell'umore; la tolleranza e l'astinenza; il conflitto; la ricaduta. Nella dipendenza l'attività o la droga dominano il pensiero e il comportamento della persona; l'eccitazione iniziale o la diminuzione della tensione legate all'intraprendere l'attività o all'assunzione della sostanza provocano cambiamenti del tono dell'umore; aumenta il bisogno di incrementare progressivamente la quantità di droga o l'attività per ottenere l'effetto desiderato e la persona prova malessere psichico e/o fisico quando interrompe o tenta di limitare il comportamento o l'uso della sostanza. Nella proposta di Griffiths trovano spazio anche il concetto di conflitto, inteso sia in termini interpersonali, tra il soggetto e l'ambiente, sia intrapsichici, legato all'ambivalenza verso il comportamento dipendente, e il concetto di ricaduta, la tendenza a riprendere l'attività o l'uso dopo averli interrotti.

Alle somiglianze fenomenologiche si accompagnano alcune interessanti evidenze empiriche.

Accade frequentemente, per esempio, che pazienti in corso di riabilitazione passino da una dipendenza all'altra. Questo fenomeno, definito *hopping*, è concepito come una cross-dipendenza, è alla base del poliabuso e giustifica il fatto che un alcolista o un cocainomane possano nello stesso momento o in momenti diversi diventare giocatori d'azzardo patologici, suggerendo la presenza di una radice comune.

La non specificità dei trattamenti, sia farmacologici sia psicosociali, è un ulteriore dato a favore di una concezione unificata delle dipendenze. Spesso trattamenti farmacologici specifici per sostanze psicoattive riducono anche l'uso smodato di altre droghe o attività; diversi trattamenti psicosociali vengono usati in modo intercambiabile ed efficacemente per espressioni sia chimiche sia comportamentali della dipendenza. Un esempio concreto sono i trattamenti riabilitativi dei gruppi di dipendenti *anonimi*, tutti basati sulla teoria dei *12 passi* (AA, 1999) a prescindere dalla natura specifica della dipendenza. La somiglianza tra dipendenze da sostanze e comportamentali passa anche per evidenze che riguardano gli stessi antecedenti neurobiologici (Shaffer et al., 2004), in particolare il sistema dopaminergico della ricompensa, stimolati in forme di dipendenza diverse.

Lo stesso accade in ambito biopsicosociale, dove lo stato di dipendenza patologica (Zinberg, 1984) sembra diminuire le differenze di personalità tra le persone e rendere i *dipendenti* molto simili tra loro. Ciò significa che differenti espressioni della dipendenza danno origine a simili conseguenze, tra cui fenomeni di neuroadattamento (tolleranza e astinenza), depressione, disonestà ecc.

Un ulteriore aspetto che segnala la somiglianza, non solo fenomenologica, tra dipendenze da sostanze e comportamentali riguarda i loro modelli di sviluppo nel tempo: sembra esserci una sorta di storia naturale nelle dipendenze che non cambia significativamente tra le diverse sostanze, con un andamento di tipo cronico, caratterizzato da temporanee sospensioni e ricadute. L'addiction si configura in questo modo come *una sindrome di dipendenza con espressioni multiple opportunistiche* (Shaffer et al., 2004).

Le possibilità di lettura di questi fenomeni sono ovviamente diverse. Il passaggio da una dipendenza all'altra, per esempio, potrebbe essere la conseguenza di un disturbo sottostante (depressione o disturbo della personalità) che, nel corso del tempo, se non adeguatamente curato, trova diverse forme di espressione.

Del resto l'elevata comorbidità delle tossicodipendenze con altri disturbi mentali è un effetto della prospettiva categoriale adottata dai manuali diagnostici, che favorisce la rilevazione indipendente di più disturbi sia all'interno dello stesso asse sia su assi diversi. Gli attuali sistemi diagnostici, che hanno il merito di facilitare la comunicazione tra esperti e di risultare affidabili (nel senso che osservatori diversi riescono a fare la stessa diagnosi sullo stesso paziente), sono basati sulla condivisione di criteri descrittivi che mettono in secondo piano la validità dei costrutti, più curata all'interno di un sistema diagnostico basato sull'eziologia. Una mancata concezione unificata delle dipendenze potrebbe avere risentito di questo processo di *frammentazione diagnostica*, che non ha favorito la progettazione di studi di ampio spettro, capaci di mettere in relazione disturbi considerati distanti e appartenenti a diverse categorie diagnostiche.

2.3 Dipendenza da internet

Fino a vent'anni fa sarebbe stato difficile immaginare l'avanzante e immenso progresso tecnologico che stiamo vivendo, e che inevitabilmente già da domani sarà preistoria tecnologica, assieme ai suoi numerosi pregi e a qualche ombra. Era poi impensabile concettualizzare addirittura un disturbo psichiatrico oggi noto con il nome inflazionato di Dipendenza da Internet o *Internet Addiction Disorder* (IAD).

La Dipendenza da Internet è descritta dagli esperti del settore come un fenomeno estremamente complesso, in continuo divenire e privo di una definizione comune ovvero dotata di criteri condivisi e standardizzati. Essa fa riferimento a uno strumento che moltiplica le possibilità di fruizione e interazione e come tale può rappresentare un livello intermedio nell'evoluzione di disturbi di dipendenza comportamentali.

2.3.1 Definizione e criteri diagnostici

A metà degli anni Novanta lo psichiatra americano Ivan Goldberg definì quasi per gioco i criteri diagnostici dell'*Internet Addiction Disorder*, postando sul web la neoformazione di un Gruppo di Sostegno per Dipendenti da Internet. Rifacendosi ai criteri della Dipendenza da Sostanze del *Manuale Diagnostico e Statistico dei Disturbi Mentali* (DSM), riportò online i seguenti criteri per consentire ai possibili "dipendenti" una veloce autodiagnosi (Goldberg, 1996):

> Internet Addiction Disorder (IAD), modalità maladattiva nell'utilizzo di internet, che porta a una compromissione o a un disagio clinicamente significativo, come manifestato da tre (o più) delle seguenti condizioni, e ricorrenti entro un periodo di 12 mesi:
> 1) Tolleranza, come definita da ciascuno dei seguenti:
>   a. Il bisogno di usare internet per periodi di tempo sempre più lunghi al fine di ottenere la stessa soddisfazione
>   b. Un effetto notevolmente diminuito con l'uso continuativo di internet per lo stesso periodo di connessione
> 2) Ritiro, come definito da ciascuno dei seguenti:
>   a. La caratteristica sindrome d'astinenza:

- cessazione (o riduzione) dell'uso di internet che è stato pesante e prolungato
- due (o più) dei seguenti, sviluppatisi da alcuni giorni a un mese dopo il criterio 1):
  - agitazione psicomotoria
  - ansia
  - pensieri ossessivi su cosa succede su internet
  - fantasie o sogni su internet
  - movimenti volontari o involontari delle dita come per digitare una tastiera
- i sintomi del criterio 2) causano afflizione o danno al funzionamento sociale, professionale o a un'altra importante area funzionale

b. L'uso di internet o di un analogo servizio online ha lo scopo di alleviare o evitare i sintomi di astinenza

3) L'accesso a internet è spesso più frequente o per periodi di tempo più lunghi di quanto previsto
4) Vi è un desiderio persistente o tentativi infruttuosi di ridurre o controllare l'uso di internet
5) Una grande quantità di tempo viene spesa in attività correlate all'uso di internet (per es. l'acquisto di libri su internet, provare i nuovi browser www, ricercare fornitori di internet, organizzare i file dei materiali scaricati)
6) Importanti attività sociali, professionali o ricreazionali vengono abbandonate o ridotte a causa dell'uso di internet
7) L'uso di internet continua nonostante la consapevolezza di avere un problema fisico, sociale, occupazionale o psicologico persistente o ricorrente che possa essere stato causato o aggravato dall'uso di internet (deprivazione del sonno, difficoltà coniugali, ritardi agli appuntamenti del mattino, negligenza dei doveri professionali o sentimenti di abbandono dei propri cari) (Suler, 1998).

In seguito al clamore provocato, l'autore suggerì che il termine più adatto per definire la patologia caratterizzata da un uso eccessivo di internet con conseguenze negative sulla propria vita fosse non tanto *Internet Addiction Disorder*, quanto *Pathological Computer Use* (Uso Patologico del Computer) (Suler, 2004a), spostando chiaramente il focus del problema dal mezzo "internet", capace potenzialmente di condurre a una dipendenza, all'uso del computer e di internet che può essere o divenire patologico.

Già in quegli anni il disturbo, in parte concettualizzato da Goldberg, era al centro di numerose ricerche scientifiche e molti esperti stavano osservando e si accingevano a raccogliere dati su quello che oggi sembra essere sì un disagio accertato, ma privo di una chiara e univoca definizione.

Si può giungere a tale conclusione solo riflettendo sui numerosi nomi che negli anni l'hanno caratterizzata, e ai pochi e insufficienti dati clinici prodotti, indispensabili invece per poter affermare che la Dipendenza da Internet è un disturbo a se stante e non un sintomo di altri disagi mentali sottostanti e preesistenti.

Le denominazioni che negli anni hanno contrassegnato l'uso eccessivo e patologico di internet sono numerose: *Internet Addiction Disorder* (IAD) (Goldberg, 1996), *Internet Dependency* (Scherer, 1997), *Cyber Addiction* (Orzack e Orzack, 1999), Uso Compulsivo del Computer (Black et al., 1999), Uso Patologico di Internet (Davis 2001), Uso Problematico di Internet (Caplan, 2003), *Unregulated Internet Usage* (LaRose et al., 2003) e diverse altre ancora.

A oggi non esiste ancora una diagnosi condivisa e sembra che non sarà presente nemmeno nella prossima uscita del nuovo DSM-V.

D'altra parte anche le definizioni del disturbo risultano essere molteplici (Shaw e Black, 2008). Volendo trovare un denominatore comune capace di integrare i costrutti cardine delle varie definizioni, potremmo azzardare dicendo che la dipendenza da internet è stata principalmente definita come un Disturbo del Controllo degli Impulsi non altrimenti specificato, con riferimento all'incapacità da parte del soggetto di controllare le proprie azioni anche se ha la consapevolezza che l'atto in questione è dannoso per sé e/o per gli altri (DSM-IV-TR) (APA, 2000). In questa tipologia di disturbo rientrano per esempio il gioco d'azzardo patologico, la cleptomania, la piromania ecc.

Tra i ricercatori che sostengono tale tesi ricordiamo Kimberly Young, fondatrice nel 1995 negli Stati Uniti del primo "Centro di recupero per dipendenti da internet". La Young (1996; 1998) per prima ha pensato e proposto un inquadramento diagnostico, secondo cui per essere considerata dipendente da internet la persona deve aver posseduto 5 (o più) delle seguenti 8 caratteristiche nel corso dei precedenti ultimi 6 mesi (e che non siano sintomi di una fase maniacale):

1. È eccessivamente assorbita da internet (pensa alle attività online tenute in precedenza o anticipa quelle che farà nel suo prossimo collegamento).
2. Ha bisogno di usare internet sempre più frequentemente e per periodi sempre più lunghi per ottenere la stessa soddisfazione.
3. Ha ripetutamente tentato senza successo di controllare, ridurre o interrompere l'uso di internet.
4. È irrequieta, lunatica, depressa o irritabile quando tenta di ridurre o interrompere l'uso di internet.
5. Rimane su internet un periodo di tempo più lungo di quello che aveva preventivato.
6. Ha messo a repentaglio o rischiato di perdere una relazione significativa, il lavoro, lo studio, e opportunità di avanzamento professionale, a causa dell'uso di internet.
7. Ha mentito ai familiari, al terapeuta, o ad altri per occultare l'entità del coinvolgimento con internet.
8. Usa internet come un modo per fuggire dai problemi o per alleviare il proprio umore disforico (per es. senso d'impotenza, senso di colpa, ansia, depressione).

I criteri della Young (1998), concepiti sul modello di quelli relativi al gioco d'azzardo patologico, hanno rappresentato a lungo un punto di riferimento, pur essendo stati sottoposti a critiche costruttive. Perché si possa formulare una diagnosi di dipendenza da internet un individuo deve manifestare tutti i primi cinque sintomi della lista sopra riportata oltre ad almeno uno degli ultimi tre (Beard e Wolf, 2001). Questa riflessione parte dalla considerazione secondo cui anche una mamma può riconoscersi negli stessi primi cinque criteri se riferiti al suo neonato e che pertanto i soli primi cinque sintomi non sono sufficienti in sé a diagnosticare un disturbo da "dipendenza patologica" (Beard e Wolf, 2001). Il rischio è quello di generalizzare un fenomeno più complesso e di attribuire la diagnosi di dipendenza da internet a individui che non sono propriamente *dipendenti*. Immaginando un futuro sempre più digitale, dove il web avrà uno spazio crescente nella vita di ognuno di noi, lo status di dipendenza dovrebbe appartenere alla maggioranza della popolazione della terra. Per questo uno degli obiettivi della ricerca in psichiatria e scienze affini dovrebbe essere quello di riconsiderare o almeno ridiscutere il concetto generale di dipendenza patologica, alla luce dei nuovi modelli d'uso/abuso e delle tecnologie e forme di comunicazione digitali.

La Young (1998; Young K et al., 2000b) evidenziò come in rete possano essere messi in atto diversi comportamenti compulsivi relativamente ai contenuti/applicazioni fruiti, e propose con l'intento di poter specificare e studiare meglio il fenomeno, cinque tipologie che possono essere così riassunte:

1. *Cybersexual addiction*: dipendenza che comprende tutti coloro che frequentano siti per adulti (.xxx) visionando immagini pornografiche e/o scaricando filmati porno, e i fruitori di chat erotiche.
2. *Cyber-relational addiction*: dipendenza che annovera tutti coloro che manifestano un eccessivo coinvolgimento nelle relazioni affettive e/o adultere nate e mantenute in rete tramite chat, e-mail, social network.
3. *Net compulsions*: comportamenti compulsivi messi in atto online, tra cui il gioco d'azzardo online (gambling online), lo shopping compulsivo online compreso il commercio/aste online. Simili comportamenti possono essere praticati senza limiti di distanza e orario, e sono spesso caratterizzati da perdite ingenti di denaro con le relative ripercussioni finanziarie, relazionali, lavorative o scolastiche.
4. *Information overload*: ricerca compulsiva di informazioni online (*web surfing*); il materiale così raccolto viene collezionato e organizzato.
5. *Computer addiction*: dipendenza caratterizzata da un uso eccessivo di giochi online (gaming online).

Nella nostra esperienza clinica abbiamo incontrato più frequentemente quattro delle cinque tipologie sopra elencate: la dipendenza da giochi online e social network, quasi esclusivamente tra i giovani; il cybersex e il gioco d'azzardo online quasi esclusivamente tra gli adulti.

Davis (2001) fu tra i primi a puntare l'attenzione sull'analisi delle cognizioni che potevano essere alla base del disturbo, partendo dall'ipotesi che esistono due tipologie di Uso Patologico di Internet: a) *specifica* e b) *generalizzata*.

La prima forma comprende coloro che sono dipendenti da un'attività specifica online (per es. gioco d'azzardo o fruizione di materiale pornografico) e che verrebbero comunque praticate nella vita "reale" (offline). In questa tipologia internet rappresenta solo un semplice mezzo capace di ridurre le possibili difficoltà e tempi di fruizione. La seconda è caratterizzata da un uso patologico della rete a volte con fini sociali (per es. uso di chat e di e-mail), altre volte a-finalistico (per es. web surfing), che di frequente affonda le sue radici su disturbi psicologici preesistenti.

Secondo Davis il disturbo poggia le sue fondamenta sulle distorsioni cognitive patologiche del soggetto che servono a mantenerlo o ad aggravarlo. È possibile individuare due tipi di cognizioni: a) *pensieri distorti su di sé*, b) *pensieri distorti sul mondo*.

La persona che utilizza in maniera patologica internet pensa di essere e si percepisce di poco valore; questo assunto contribuisce allo spostamento del proprio focus d'attenzione da sé al mondo virtuale, ricercando continui rinforzi positivi e pensando in maniera ossessiva e ripetitiva a tutto quello che accade online. Parliamo quindi di persone con scarsa stima di sé, che si mettono molte volte in dubbio, e pensano e agiscono come se non avessero certezze, se non quelle che riescono a ricavare dalla rete e dai suoi "abitanti". Tali pensieri inducono ad avere alterazioni anche nella visione del mondo, quindi portano spesso a: *generalizzare*, ovvero estendere "a legge universale" l'esito di uno specifico evento, a *catastrofizzare* ("andrà tutto male!") e, infine, ad avere *pensieri del tipo tutto o nulla* (pensiero dicotomico: "o è tutto bianco o è tutto nero!") (Beck, 1967; Davis, 2001).

Altri ricercatori concordano con la teoria dell'Uso Patologico di Internet Specifico di Davis, spingendosi addirittura oltre, ovvero affermando che non si può parlare di dipendenza da internet in questi casi, poiché i soggetti "dipendono" dalle sue applicazioni, come il gioco d'azzardo, il gaming, lo shopping online (Ceyhan, 2008).

Gli studi susseguitisi numerosi negli anni non hanno prodotto definizioni o criteri diagnostici della dipendenza da internet sostanzialmente diversi da quelli finora esposti.

Per esempio, Block (2007) ha identificato almeno tre sottotipi – gioco eccessivo, cybersex, chat o e-mail – e nel 2008 suggerì come condizioni indispensabili per la diagnosi di dipendenza da internet i seguenti quattro elementi:
1. Un *uso eccessivo* di internet, spesso collegato con la perdita della cognizione temporale o la trascuratezza dei bisogni di base.
2. Il *ritiro sociale*, con la presenza di sentimenti di rabbia, tensione e/o depressione quando non è possibile accedere al computer.
3. La *tolleranza*, inclusa la necessità di procurarsi un miglior equipaggiamento informatico, ulteriori software e un maggior numero di ore di navigazione.
4. Le *conseguenze negative*, comprese discussioni, bugie, peggioramento dei risultati scolastici o professionali, isolamento sociale e affaticamento.

2.3.2 Aspetti clinici

Potremmo scrivere ancora molto, cercando di essere il più possibile esaustivi nella descrizione dettagliata dei diversi criteri diagnostici adottati, ma preferiamo riferire le caratteristiche dell'esperienza clinica e di ricerca con i pazienti giovani e adulti, che in questi anni hanno varcato la soglia del nostro ambulatorio.

Il dipendente da internet usa il mezzo in maniera esclusiva e totalizzante, instaurando un legame così forte che il computer diventa la nuova relazione primaria della sua vita (Orzack, 1999).

Da un punto di vista fenomenologico, soprattutto gli adolescenti hanno manifestato tratti disfunzionali o sintomi psichiatrici, legati apparentemente a disturbi d'ansia o dell'umore e sembravano usare il web per sopportare un pesante stato di angoscia. Questo sintomo è solitamente correlato all'estrema preoccupazione di non riuscire a sostenere le richieste di perfezionismo che percepiscono arrivare dall'esterno, come *essere sempre bravissimo a scuola*. È superfluo dire che la soluzione adottata per alleviare tale pressione esterna, giudicante e a volte quasi persecutoria, ovvero il tentativo di sostituire il mondo reale con quello virtuale, è risultata inefficace. Anzi, molti di loro hanno raccontato che alla fine del tempo di connessione, i sentimenti "allevianti" provati online erano seguiti da rimprovero autoriferito e senso di colpa per avere disubbidito ai familiari o più semplicemente per non essere riusciti a fare i compiti. L'uso scorretto o patologico di internet crea in genere la tentazione o la necessità di una vita parallela più o meno segreta, che meno si fa conoscere agli altri e più rende possibile la gestione dell'angoscia. I giovani, pur non sentendosi *dipendenti*, riconoscono che ciò che compiono non è socialmente accettato, specialmente nel proprio ambito familiare, ma non possono permettersi un'alternativa perché tale comportamento rappresenta l'epifenomeno di un bisogno e non di una scelta consapevole. Di conseguenza la percezione del tempo speso online e la piena consapevolezza dei link visitati appaiono distorte. Anche i pazienti adulti sperimentano l'incapacità di essere offline, limitando il numero delle connessioni o la loro durata e descrivendo una vera e propria mancanza di controllo sul mezzo, che incrementa l'impulsività e il senso di colpa.

In caso di brusca interruzione dell'uso, provocata in genere da un genitore o un familiare preoccupato dalle conseguenze sociali che ogni dipendenza patologica determina, possono manifestarsi stati d'ansia, agitazione, rabbia e comportamenti aggressivi, esattamente come accade in una crisi d'astinenza.

L'aggressività manifestata è da alcuni ricercatori perfino associata alle applicazioni fruite dai pazienti, come accade per i giochi di ruolo o i siti pornografici (Ko et al., 2009).

Il ritiro sociale progressivo a cui si va incontro, più o meno consapevolmente, equivale a una tendenza a rinunciare alle relazioni *dal vivo*, che si riducono numericamente e, nella migliore delle ipotesi, vengono rimpiazzate da quelle online. In situazioni più compromesse l'unica forma di relazione fa riferimento a un generico rapporto con il web. Le attività sportive o gli hobby che prevedono l'uso del corpo fisico non sono più fonte di interesse e vengono trascurate o abbandonate. Possono aumentare, invece, tutte quelle attività definibili internet-correlate, come per esempio dedicare molto tempo alla ricerca di computer o periferiche sempre più tecnologiche e capaci quindi di velocizzare e facilitare la connessione alla rete. L'interesse per il mondo virtuale, compresi i sistemi operativi e i software, sembra sostituire quello per la vita reale, che diventa un luogo dove *non si riesce più a stare*.

Solitamente alla base della sintomatologia sopra descritta sottendono dinamiche dissociative che si correlano a rimandi strutturali diversi, raggiungendo nei casi più gravi stati di derealizzazione o depersonalizzazione (Caretti, 2000), la cui intensità è proporzionale al tempo trascorso online. Abbiamo rilevato pochi tratti di co-dipendenza nei pazienti adulti e raramente nei giovani, anche se studi recenti sottolineano come i giovani americani, che sono soliti far uso di alcol mentre navigano in internet, presentano in concomitanza anche il sospetto di dipendenza da internet (Wolfe, 2012). In aggiunta ai sintomi ricordati finora è stata osservata la presenza di sintomi fisici associabili allo stile di vita tenuto da molti dipendenti da internet. I più noti sono: problemi alimentari (iperfagia o anoressia), difficoltà circolatorie a carico degli arti inferiori, mal di schiena, dolori muscolari al braccio, sindrome del tunnel carpale, affaticamento e/o arrossamento degli occhi, vertigini, mal di testa e, infine, insonnia (Young K, 1996).

2.3.3 Numeri dell'uso di internet e della dipendenza

Internet ha cambiato la vita delle persone in tutto il mondo, basti pensare alla Primavera Araba, alimentata e sostenuta attraverso il web come grande e democratico facilitatore di trasmissione di messaggi contraddistinti da "idee libere e di libertà".

Analizzando i numeri dell'uso di internet, si scopre che per esempio in Europa, fino al 31 dicembre 2011 si contavano più di 500 milioni di utenti della rete, con una crescita del 376% solo negli ultimi 10 anni (Internet World Stats, 2012)! In Italia non siamo da meno; infatti, più della metà della popolazione, ovvero circa 36 milioni di abitanti, è online e ben 21 milioni di persone sono iscritti al famoso social network Facebook (dati del 31 marzo 2012; Internet World Stats, 2012)!

Per questo e altri motivi una delle domande che sorge quando si parla di internet e dipendenza da internet è: "quanto è esteso il fenomeno di abuso"?

Dare ora una risposta precisa risulta difficile, proprio alla luce delle difficoltà di diagnosi e alla natura della popolazione studiata nelle ricerche effettuate, spesso quella studentesca e quindi poco rappresentativa. Al fine di dare un'idea della portata del fenomeno in esame, riporteremo alcuni dati riguardanti la dipendenza da internet ottenuti tramite la somministrazione di questionari autovalutativi, tra i quali l'Internet Addiction Test (Young K, 1998), di cui forniremo maggiori informazioni più avanti.

Più del 60% della popolazione del vecchio continente è online (Internet World Stats, 2012) e i tassi di prevalenza di uso eccessivo di internet o dipendenza da internet raccolti sono diversi. Per esempio: in Italia i dipendenti da internet, considerando insieme i livelli di gravità severo e moderato, sono circa il 6% (Poli e Agrimi, 2012); in Grecia i dipendenti sono l'8,2% (Siomos et al., 2008); in Norvegia l'1% è dipendente e il 5% a rischio di esserlo (Bakken et al., 2009); in Gran Bretagna il 18% degli studenti usa internet in modo eccessivo (Niemz et al., 2005); in Finlandia circa il 5% è dipendente (Kaltiala-Heino et al., 2004).

I tassi di prevalenza delle ricerche svolte in Asia illustrano un quadro della situazione piuttosto allarmante e soprattutto tra i giovani. Per esempio, in Cina Liu et al. (2010) asseriscono che il 7% degli studenti delle scuole elementari e medie è dipendente da internet, mentre per Lam et al. (2009) ben il 16% degli adolescenti ha livelli di dipendenza gravi o moderati! Simile è la situazione in Corea del Sud, dove si registrano tassi intorno all'11% (Park et al., 2008) e a Taiwan dove invece i giovani universitari dipendenti da internet sono circa il 18% (Tsai et al., 2009) e addirittura il 25-30% degli studenti dei college (Chou, 2001)! Infine, negli Stati Uniti le stime sulla prevalenza del fenomeno sembrano aggirarsi su numeri simili, dal 6% (Greenfield, 1999) al 25% (Forston et al., 2007).

Il quadro complessivo delle prevalenze della dipendenza da internet, ottenute da ricerche epidemiologiche effettuate negli anni in quasi tutto il mondo, rappresenta uno scenario vario e complesso caratterizzato da un'ampia gamma di tassi che va dall'1 al 25%.

2.3.4 Predittori

È stato osservato che esistono alcune caratteristiche tipiche dei dipendenti da internet tali da far pensare a possibili *predittori* del disturbo, strumenti indispensabili per prevenirlo.

Come abbiamo potuto vedere, un'evidenza del fenomeno è la difficoltà di inquadrarlo a livello diagnostico, ma è altrettanto evidente che tale fenomeno esiste, e in un futuro prossimo venturo potrebbe diventare un problema socialmente esteso. Proprio per tale motivo, già oggi vengono impiegati numerose risorse e fondi pubblici per la realizzazione di progetti di ricerca e d'intervento a livello sia nazionale sia europeo sia internazionale, aventi l'obiettivo di conoscere a fondo il fenomeno e la sua incidenza/prevalenza nella popolazione, nonché quello di prevenire il disturbo soprattutto tra gli adolescenti e i giovani adulti.

Secondo la Young (2007) sono riconoscibili alcuni fattori e/o eventi che influiscono in modo indiscutibile sulla vita e sull'umore del potenziale "futuro dipendente", tra cui la separazione (per es. divorzio o lutto) e i problemi personali (per es. difficoltà legate al passaggio alla vita adulta o cambiamenti di ruolo sociali o lavorativi). Ecco che secondo l'autrice subentrerebbe la cosiddetta "fuga illusoria", una sorta di "tana virtuale" dove trovare rifugio e serenità, avente la capacità di allontanare le preoccupazioni, le angosce e i problemi della vita reale. Le persone che risultano maggiormente vulnerabili a sviluppare una dipendenza da internet sembrano essere coloro che si apprezzano poco (bassa autostima), che sono timidi, che soffrono d'ansia sociale, che sono soli o depressi (Morahan-Martin, 2008). La rete permetterebbe loro di relazionarsi più facilmente poiché "l'altro virtuale" verrebbe percepito "meno minaccioso e più lontano", e un loro potenziale rifiuto farebbe molto meno male. Le relazioni così nate permetterebbero di controllare le emozioni e le reazioni emotive, andando inoltre a colmare una mancanza nella vita reale (Caplan e High, 2007).

La stragrande maggioranza delle ricerche condotte finora mostra che i maschi dipendenti da internet sono molti di più rispetto alle femmine. I dati sembrano confermare quindi che vi è una maggiore propensione da parte dei maschi a cadere più facilmente nella trappola della rete. Sarebbe interessante studiare approfonditamente, su grandi numeri e con campioni rappresentativi, molti dei predittori presi in esame. Rispetto al legame esistente tra l'età e la dipendenza da internet vi sono invece diverse contraddizioni e non sempre risulta che vi sia una stretta correlazione tra "l'essere giovani", compresi i nativi digitali, e "l'essere dipendenti da internet".

Alcune ricerche descrivono un fenomeno che sembrerebbe essere trasversale, altre no. La maggioranza però studia e attesta la presenza del fenomeno soprattutto tra i giovani, proprio partendo dall'ipotesi che le "dipendenze" in generale compaiono tipicamente nella fase adolescenziale o post-adolescenziale (Van der Stel e Voordewind, 2001).

L'adolescenza rappresenta un periodo durante il quale i ragazzi attraversano una fase di crescita e di relativa vulnerabilità, terreno fertile per la trasgressione e i meccanismi alla base della dipendenza. Tale ipotesi viene in parte confermata dai numeri delle richieste che pervengono al nostro ambulatorio, che provengono per la maggior parte da adolescenti o giovani adulti. Questa riflessione tiene aperto l'interrogativo e sottolinea ancora di più l'esigenza di studiare alla base il fenomeno, per esempio indagandolo suddiviso per tipologia d'abuso su un campione eterogeneo rispetto all'età. È ipotizzabile che non tenere conto delle diverse applicazioni di abuso della rete o tipologie (siti per adulti, chat, giochi online, gioco d'azzardo online) appiattisca le differenze eventualmente esistenti.

Chi trascorre molto tempo collegato alla rete sembrerebbe correre un rischio più elevato di avere una dipendenza da internet. Un notevole numero di ore trascorse online (né per lavoro né per studio) rappresenta, ma non sempre, più un segno della dipendenza da internet, che un sintomo distintivo e necessario per la sua diagnosi. Quindi, la frequenza e la durata della connessione, presi come predittori, sembrano avere dei seri limiti. Il tempo trascorso davanti al terminale video (sia esso uno smart- phone, un tablet o un monitor di PC) sembra essere diventato (e lo diventerà sempre più in futuro) molto "relativo" e poco distintivo e misurabile. Ormai molte persone, tra cui i più giovani, sono collegate 24 ore su 24 o con la rete fissa o con quella mobile (tramite smartphone), elemento che complica l'individuazione di una popolazione più a rischio di un'altra. Infine, la Young et al. (2011) affermano che i soggetti con una precedente vita da dipendenti da sostanze o da alcol, sarebbero predisposti alla dipendenza da internet, in quanto più portati ad affrontare i problemi o i periodi di forte stress in generale utilizzando i processi cognitivi per loro abituali e quindi mettendo in atto comportamenti di "dipendenza". Nella nostra personale casistica abbiamo rilevato il contrario. Nessun caso di co-dipendenza è emerso nei pazienti adolescenti e pochi sono stati quelli nei pazienti adulti. Questo avvalora l'idea che la dipendenza da internet coinvolga in modo diverso immigrati e nativi digitali e sia considerata, in una prospettiva diversa, un disturbo dissociativo.

2.3.5 Comorbidità

Uno degli interrogativi ancora privo di una risposta univoca è se la dipendenza da internet sia un disturbo a se stante o uno dei sintomi di chi è affetto da un ulteriore disturbo concomitante e primario (Shaffer et al., 2000). Sono state documentate diverse comorbidità, tra cui: sindrome da deficit dell'attenzione-iperattività – ADHD – (Yen et al., 2007; Young J, 2008), depressione (Ko et al., 2008), disturbo bipolare (Shapira et al., 2000), ansia (Black et al., 1999), fobia sociale (Caplan, 2007), disturbo ossessivo-compulsivo – DOC – (Shaw e Black, 2008), abuso di sostanze (Bai et al., 2001), parafilie, dipendenza sessuale (Cooper et al., 1999a, b), gioco d'azzardo patologico (Greenberg et al., 1999), disturbo del controllo degli impulsi (Young K, 1998), disturbi di personalità (Black et al., 1999), o altre patologie psichiatriche. Inoltre, la dipendenza da internet è stata osservata in concomitanza con alcune altre caratteristiche di personalità come: bassa autostima (Armstrong et al., 2000), impulsività (Cao et al., 2007), timidezza (Chak e Leung, 2004) e, infine, con sintomi psichiatrici importanti come l'ideazione suicidaria (Kim et al., 2006).

Neanche i primi studi sui fattori genetici aiutano a discriminare i disturbi tra loro, infatti sembra che soggetti che usano internet in maniera eccessiva abbiano caratteristiche genetiche e tratti di personalità similari ai soggetti depressi (Lee et al., 2009).

Nel tentativo di dare una risposta, si potrebbe ipotizzare che l'uso di internet "slatentizzi" patologie psichiatriche preesistenti (come lo shopping compulsivo, il gioco d'azzardo patologico, le parafilie, le psicosi) e che in assenza di un intervento per tali disturbi, solo il semplice uso della rete possa innescare una dipendenza (Kelleci e Inal, 2010).

I dipendenti da internet inizialmente si presentano ai centri ospedalieri con sintomi legati ai disturbi dell'umore, ansia, e/o tendenze ossessivo-compulsive, e solo dopo colloqui clinici mirati il professionista scopre e riconosce i tipici sintomi del disturbo (Shapira et al., 2000). Quando lo stato patologico è manifesto e i sintomi sono rilevanti, sono i familiari a chiedere aiuto prima dei pazienti stessi. Il ritiro sociale progressivo è un sintomo dissociativo che impedisce ai pazienti di farsi aiutare spontaneamente. Da qui nasce l'apparente scarsa consapevolezza o negazione della malattia di solito razionalizzata da una svalutazione del problema: "in fondo giocare con i videogiochi è legale, così come giocare a poker online o avere la pagina di Facebook aperta per tutto il tempo che sono collegato... in fondo non sto facendo uso di droga... non sto facendo niente di male, anzi, così facendo, rimango a casa ben protetto e non compio che comportamenti socialmente accettati, e poi diciamocelo, lo fanno tutti ormai!".

Non esiste una risposta alla domanda: "la dipendenza da internet è un disturbo a se stante o un sintomo di altri disturbi psichiatrici?". In fondo non vi è ancora una diagnosi condivisa, si moltiplicano gli studi sul fenomeno, ma pochi vengono concepiti con l'intento di supportare scoperte precedenti e indagando popolazioni che non siano quella studentesca, unica via percorribile per consentire a un'evidenza scientifica di essere coerente e consolidata.

2.3.6 Questionari

Gli strumenti di self-report utilizzati per conoscere il fenomeno della dipendenza da internet sono numerosi, ma l'*Internet Addiction Test* (IAT) è stato il più utilizzato dalla comunità scientifica. Di seguito descriveremo brevemente alcuni questionari creati per misurare il fenomeno e che negli anni hanno contribuito da una parte ad ampliare i dati sulla dipendenza da internet e dall'altra a confondere leggermente le idee; non avendo il fenomeno in questione una diagnosi condivisa, i test misuravano un fenomeno simile, ma non esattamente lo stesso.

Meritano di essere ricordati, tra gli altri, i seguenti questionari:

a. *Internet-Related Addictive Behaviour Inventory* (IRABI) (Brenner, 1997), test composto da 32 item con risposta dicotomica (vero/falso), costruito per misurare i comportamenti correlati alla dipendenza da internet.
b. *Pathological Internet Use scale* (PIU) (Morahan-Martin e Schumacher, 2000), scala formata da 13 item con risposta chiusa (sì/no) che misura l'uso patologico di internet.
c. *Internet Behaviour and Attitude Scale* (IBAS) (Morahan-Martin e Schumacher, 2000), scala a 25 item con 4 livelli di risposta che misura i comportamenti e l'atteggiamento nei confronti di internet.
d. *Internet Related Problem Scale* (IRPS) (Armstrong et al., 2000), scala a 20 item a cui bisogna rispondere su una scala Likert a 10 livelli e che misura gli elementi dell'uso dipendente di internet letto in un quadro sintomatologico simile all'abuso di sostanze, come il ritiro sociale, la tolleranza, il craving e le conseguenze negative avute con l'abuso.
e. *Online Cognition Scale* (OCS) (Davis et al., 2002), scala composta da 36 item a cui bisogna rispondere su una scala Likert a 7 livelli, creata per misurare i pensieri avuti online quando vi è un uso eccessivo di internet, tra cui il procrastinare, l'impulsività e il rifiuto sociale.
f. *Problematic Internet Use Questionnaire* (PIUQ) (Thatcher e Goolam, 2005), questionario formato da 20 item a cui bisogna rispondere su una scala Likert a 5 punti e che misurano tre fattori: pensiero riferito a internet, effetti avversi dovuti all'uso di internet e, infine, la preferenza delle relazioni online rispetto a quelle "dal vivo".

Una menzione a parte, come dicevamo, merita lo IAT, strumento del quale esistono diversi studi di validazione (Widyanto e McMurran, 2004; Ferraro et al., 2007; Khazaal et al., 2008). La Young, utilizzando i criteri diagnostici da lei elaborati e citati in precedenza, propose il *Questionario Diagnostico* per la dipendenza da internet (*Diagnostic Questionnaire*, DQ) (Young K, 1996), costituito da 8 domande che ricalcavano precisamente i suoi otto parametri. La valutazione diagnostica di dipendenza da internet avveniva nel caso in cui il soggetto cui era stato somministrato il questionario avesse risposto positivamente ad almeno cinque delle otto domande suddette, caso in cui si può parlare di persona dipendente da internet. Successivamente, partendo da questa base di 8 item, la Young elaborò e aggiunse ulteriori 12 nuovi item, creando così lo IAT, questionario autovalutativo che misura i livelli di uso di internet, formato da 20 item relativi a comportamenti associati all'uso di internet, alla dipendenza da internet e all'uso compulsivo, e che esplorano anche problemi che possono presentarsi a scuola, nel sonno, nelle relazioni familiari e nella gestione del tempo. Al soggetto si chiede di rispondere in base a una scala Likert a 5 livelli (mai, raramente, occasionalmente, spesso, sempre) a cui corrispondono rispettivamente punteggi che vanno da 0 a 5. Il punteggio totale del test si ottiene dalla somma delle risposte a tutti gli item. La Young indicò tre fasce di punteggi con la loro relativa spiegazione clinica. Brevemente: i punteggi totali che vanno da 40 a 69 denotano un uso problematico di internet, mentre quelli al di sotto di 40 rappresentano la "norma" e, infine, i punteggi da 70 a 100 rivelano dipendenza da internet, con problemi significativi a scuola o al lavoro, nel ciclo sonno-veglia, nelle relazioni familiari, nella gestione del tempo, e con la formulazione di numerosi pensieri riferiti all'attività svolta online.

2.4 Dipendenza da cybersesso

2.4.1 Che cosa sono le Online Sexual Activities

Le attività sessuali online, in inglese *Online Sexual Activities* (OSA), si riferiscono alle attività sessuali e alle loro relative applicazioni che vengono realizzate e fruite su internet (Doring, 2009).

Tali pratiche possono altrimenti essere definite come quei comportamenti collegati al mondo della sessualità che hanno la peculiarità di essere praticati online.

La rete è uno spazio *virtuale*, o meglio *digitale*, dove è possibile trasporre la maggior parte delle azioni della "vita reale", ma con pensieri e vissuti emotivi in parte differenti. Quindi, tra le varie possibilità che internet consente vi sono anche le attività sessuali e per esemplificarle ne ricordiamo alcune: ricercare informazioni sul sesso e la sessualità (per fini preventivi, conoscitivi e/o educativi), ricercare partner sessuali, guardare materiale pornografico, acquistare materiale erotico dai sexy shop, e altro ancora.

La sessualità online assume diverse forme, ma non tutte sono ascrivibili tra quelle correlate alla *dipendenza da cybersesso*, che saranno comprese, invece, nei contenuti di questo capitolo.

2.4.2 Che cos'è il cybersesso

Quando due o più persone praticano attività online per ottenere piacere e/o gratificazione sessuale tramite le moderne tecnologie di comunicazione di cui internet dispone, parliamo distintamente di una tipologia di OSA definita *cybersesso* o, in inglese, *cybersex* (Daneback et al., 2012).

Le nuove scienze tecnologiche permettono a coloro che praticano cybersesso (li potremmo definire gli "internauti del cybersesso") di condividere e/o esaudire specifiche e/o generiche fantasie sessuali, tramite la "simulazione del sesso reale" praticabile in diversi modi: scambiandosi e-mail dai contenuti erotici, chattando (ovvero scrivendosi in maniera sincrona), "vedendosi" per intero o esibendo solamente alcune parti del proprio corpo tramite webcam, e infine, scambiandosi filmati a contenuto pornografico.

La fruizione "solitaria" di materiale porno online (il cosiddetto *cyberporn*, che va dalla lettura di storie erotiche alla visione di immagini e filmati porno), rientra convenzionalmente nella macro-categoria del cybersesso. Tutti questi comportamenti (o attività sessuali online) possono, ma non nella totalità dei casi, coinvolgere o culminare con la masturbazione.

2.4.3 Tipologie di consumatori di cybersesso

Nel 2006 il 12% dei siti web era di natura pornografica e le pagine web con materiale vietato ai minori erano 420 milioni (Family Safe Media, 2006).
   Nella classifica dei 100 siti più visitati nel 2011 quelli porno vantavano piazzamenti rilevanti a partire dalla cinquantesima posizione in poi (Alexa, 2011). Pertanto i dati a nostra disposizione mettono in evidenza che il mondo della pornografia è radicato in rete già da diverso tempo e rappresenta un argomento tuttora in voga tra gli internauti. Le tematiche della pornografia e della masturbazione sono da sempre molto dibattute e si aprono a diversi risvolti come quello educativo, morale e religioso, ma non saranno oggetto della nostra trattazione.
   Relativamente alle ricerche sul cybersesso sono state studiate (Cooper et al., 1999b) le possibili tipologie di internauti del cybersex e ne sono state descritte tre: a) l'utilizzatore cosiddetto ricreativo (*recreational user*), ovvero colui che naviga nei siti per adulti occasionalmente e per puro intrattenimento o semplice curiosità; b) l'utilizzatore compulsivo (*sexual-compulsive user*), colui che in precedenza ha presentato comportamenti sessuali patologici e pratica il cybersesso in modo compulsivo; infine, c) colui che solamente con la scoperta del variegato mondo del cybersesso è a rischio di diventarne dipendente (*at-risk user*). Ulteriori ricerche sono state compiute (Carnes et al., 2001) per analizzare il fenomeno, fino alla conferma di due distinte categorie di utilizzatori: a) i *ricreativi*, caratterizzati dall'assenza di compulsione nell'uso e dalla mancanza di importanti problemi relazionali e/o sessuali e b) i *problematici*, che manifestano al contrario un uso compulsivo, nel caso di alcuni con un rapporto difficile con la sessualità anche prima dell'avvento di internet, mentre per altri solo dopo il primo approccio online.

2.4.4 Fattori di internet e del cybersesso che potenzialmente attirano gli internauti

La spinta sessuale rappresenta in sé una fondamentale pulsione per l'essere umano. Se a questa le si affianca uno strumento capace di "facilitare" talune sue forme di soddisfazione e gratificazione, tale combinazione può rappresentare per un certo target di persone una miscela detonante capace di esacerbare comportamenti compulsivi sessuali, fino alla dipendenza.
   Le caratteristiche oggetto di studio e in grado di rendere internet (*in primis*) e il cybersesso (nello specifico) "più attraenti" sono numerose.
   Per spiegare e descrivere le capacità *seduttive* della rete, Kimberly Young (1998) propose il modello ACE (*Accessibility, Control and Excitement*), caratterizzato da tre variabili che a suo dire possono favorire l'insorgere della dipendenza da internet, ovvero:
1. L'accessibilità (*accessibility*): la rete permette di soddisfare in poco tempo, e

24 ore su 24, "qualsiasi bisogno" grazie alla sua rapida e agevole accessibilità. Questa capacità è rafforzata in modo crescente dallo sviluppo delle nuove tecnologie, oggi con il wi-fi è possibile "connettersi" tramite un semplice smartphone o tablet.
2. Il controllo (*control*): la rete consente di esercitare un rigido controllo su tutte le attività svolte in essa, compreso, anche se limitatamente, il controllo sulle persone con cui si interagisce. Tale caratteristica solitamente dà all'utente un forte senso di "onnipotenza".
3. L'eccitazione (*excitement*): la rete con i suoi numerosi stimoli (dalle immagini ai suoni) attiva ed "eccita" il navigatore in modo rapido.

Nel 2000 la Young adegua il suo modello ACE per spiegare similarmente la dipendenza da cybersesso (*cybersexual addiction*), ponendo però l'attenzione su altri e specifici fattori:
1. L'anonimato (*anonimity*): il poter fare cybersesso senza necessariamente dare il proprio nome reale o mostrare il proprio volto è un elemento tipico della rete che permette di rimanere "nascosti" con la percezione di non essere scoperti da nessuno.
2. La convenienza (*convenience*): la rete consente di contattare tramite le sue applicazioni diverse persone anche contemporaneamente (per es. le chat).
3. La fuga (*escape*): la rete permette di "scappare velocemente" e "a bassi costi" dai problemi di tutti i giorni compresi quelli coniugali e/o familiari.

Secondo l'autrice le suddette variabili e le altre caratteristiche di internet in generale rappresentano uno "scivolo" sufficiente per condurre rapidamente a un uso compulsivo (Young K, 1998).

L'*anonimato* (Cooper, 1998; Young K et al., 2000b; Carnes et al., 2001) è uno dei fattori, se non quello cruciale, in grado di "attirare" gli utenti nel praticare attività sessuali online. La stessa attenzione è posta sull'*effetto disinibente* (Suler, 2004b) sperimentato da chi usa internet, contrariamente alla più classica "inibizione sociale" vissuta nella comunicazione *face to face* di ogni giorno.

È possibile accedere o registrarsi a numerose applicazioni della rete usando un semplice *nickname* (soprannome) o fornendo una o più "rappresentazioni virtuali di sé" (o *avatar*). Ciò consente di identificarsi o presentarsi come si desidera essere immaginati, senza una doverosa corrispondenza con i dati reali. Mostrarsi agli altri sotto mentite spoglie riduce nell'utente il timore di essere riconosciuto e favorisce una percezione di sé stesso come maggiormente disinibito: non si sentono "gli occhi degli altri addosso" e ciò facilita potenzialmente la messa in atto di comportamenti sessuali (e non) che sono esclusi dal mondo reale e in parte dalla propria consapevolezza. Questo aspetto è e rimane solo una percezione, perché ogni utente della rete è potenzialmente rintracciabile tramite il proprio indirizzo *ip* e per questo perseguibile dalla Polizia Postale qualora compisse azioni illegali (pedo-pornografia, cyberstalking ecc.). Si deduce facilmente come la privacy su internet (compreso il mondo del cybersesso) sia di fatto un concetto relativo e ciò può incrementare sentimenti di colpa o spunti persecutori non sempre giustificati. È sufficiente immaginare, per esempio, l'eventualità che un atto di sessualità simulata (e-mail, trascrizioni delle chat, filmati realizzati tramite webcam ecc.) sia stata registrato da uno dei due partner all'insaputa dell'altro perché questo pensiero non possa dissolversi nella mente, come accade fisiologicamente con le *fantasie*.

Come abbiamo in parte descritto, la rete consente la soddisfazione di molti desideri compresi quelli legati a comportamenti sessuali patologici (per es. le parafilie), illegali, oppure "non sicuri" (Schneider, 2000). Internet dà la possibilità di mettere una "*distanza* tra sé e gli altri" e quindi anche "tra il proprio corpo e quello degli altri". Si assiste così alla messa in atto di comportamenti che sono lontani dall'essere realizzati dal vivo e questo a volte rappresenta un elemento di rinforzo, perché consente di evitare il rischio di contrarre malattie trasmissibili o di commettere infrazioni di leggi.

La sessualità rappresenta un'indispensabile funzione della mente prima ancora che del corpo e in questo senso, in rete, le capacità dei *motori di ricerca* tendono a saturare l'immaginario di un individuo riducendone le fantasie.

A tale proposito, infatti, uno studio sull'argomento (Carnes et al., 2001) sottolinea due aspetti inediti rispetto agli elementi presi in esame finora, l'*isolamento* e la *fantasia*. Viene messa in evidenza la possibilità di "isolarsi dal resto del mondo", creando una propria realtà virtuale dove ognuno può dettare le regole e dove è possibile mettere in atto qualsiasi fantasia senza il rischio di essere rifiutati o giudicati negativamente.

La sessualità patologica rimane senza dubbio un argomento controverso. In un'ottica diversa, per esempio, si introduce il concetto di *normalizzazione* (Schneider e Weiss, 2001): internet dà la possibilità all'utente di non sentirsi solo e unico, bensì di trovare altre persone che hanno le medesime fantasie sessuali comprese quelle che solitamente vengono socialmente bollate come riprovevoli. Infine, secondo il modello "*CyberHex*" (Delmonico et al., 2001) internet possiede sei principali attributi o proprietà: l'intossicazione (*intoxication*) – gli effetti del cybersesso sull'individuo sono accostabili a quelli provati con l'uso di sostanze; l'isolamento (*isolating*); l'integralità e l'imposizione (*integral* e *imposing*) – con il passare del tempo la rete assume sempre più la caratteristica di "indispensabilità", se non la usi "stai fuori dal mondo"; l'economicità (*inexpensive*) e, tra le più innovative, l'interattività (*interactive*).

2.4.5 Che cos'è la dipendenza da cybersesso

Si parla di dipendenza da *cybersesso* (*cybersex addiction* o *cybersexual addiction* o *internet sex addiction*) quando le attività sessuali praticate su internet diventano "compulsive" e "fuori dal controllo" al punto tale da determinare importanti "conseguenze" nella vita della persona che le pratica (Goodman, 2001; Griffiths, 2004). È possibile individuare due tipologie di tale disturbo: a) la *porno-dipendenza* (o *cyberporn*), caratterizzata da masturbazione compulsiva connessa a uso di materiale pornografico online; b) la *dipendenza da sesso online* (o *chatsex addiction*), caratterizzata da relazioni sessuali compulsive ricercate e praticate online.

La suddivisione presentata è relativa principalmente alla diversa modalità di utilizzo. Ferree (2003) ne osservò due: a) *solitaria*, che comporta un uso senza nessuna relazione virtuale e riferibile alla porno-dipendenza; b) *interattiva*, in cui almeno due utenti sono connessi tra loro, requisito che indica la presenza di una "relazione" (anche se virtuale), e riferibile alla dipendenza da sesso online.

Il parametro distintivo "relazionale" consente di definire la porno-dipendenza come una modalità *asociale* e *passiva*, caratterizzata esclusivamente dal binomio uomo-computer, mentre la dipendenza da sesso online può essere definita come una modalità sociale e attiva dove è presente un coinvolgimento *relazionale virtuale*: un'altra persona collegata online tramite la "macchina" (Marcucci e Lavenia, 2004). Nel primo caso è possibile ipotizzare un contesto autistico, dove l'altro, mancando l'interazione, non esiste se non come prodotto delle nostre fantasie. Nel secondo, nonostante l'altro venga vissuto come "qualcosa" più che come "qualcuno", il contesto è interattivo e prevede comunque un approccio e un coinvolgimento relazionali, solitamente orientati verso forme di strumentalizzazione perversa dell'altro. Infine, rispetto al tempo speso online, i dipendenti da cybersesso si distinguono dai porno-dipendenti per un maggior numero di ore passate in chat, anche per la necessità di mantenere le relazioni attivate.

Entrando nello specifico, è importante fornire una breve descrizione dei due "contesti-online" in cui più frequentemente avvengono e si mantengono le manifestazioni comportamentali prese in esame:

1. Il *sito per adulti* (o cosiddetto *sito porno*), raffigurabile come un enorme "scatolone online" in cui è possibile trovare immagini, foto, videoclip, film, giochi, storie narrative e fumetti dai contenuti sessualmente espliciti e vietati ai minori.
2. La *chat erotica*, un'applicazione che consente di comunicare in tempo reale con altri utenti, simulando una "conversazione" su temi essenzialmente di carattere "sessuale". Il sistema comunicativo (chat) dà la possibilità a chi lo desidera di condividere in maniera sincrona con l'altro il medesimo scopo (più o meno esplicitato): quello di avere piacere e gratificazione sessuale. Il contesto virtuale così creato permette agli utenti interessati di riunirsi in apposite "stanze virtuali" (*chatroom*) per ricercare partner online e soddisfare le proprie fantasie sessuali. Possono così scriversi (chattare) e/o conversare (tramite microfono) e/o "vedersi" (tramite webcam), o tutte e tre le modalità assieme. In altre parole, la chat intesa genericamente risulta essere la trasposizione (o "simulazione virtuale") più vicina possibile a un incontro reale tra persone sia per parlare "insieme" sia per tenere conversazioni intime. Quella *erotica* si contraddistingue per il tema di interesse comune dei suoi partecipanti, quello "erotico" appunto, che prevede la ricerca di cyberpartner fino allo scambio di informazioni su prodotti e materiali dei "sexy shop".

Per riconoscere la dipendenza da cybersesso, non avendo a disposizione una definizione diagnostica condivisa, è importante valutare alcuni aspetti connessi all'incontrollabilità della messa in atto dei comportamenti sessuali online, nella fattispecie: l'incapacità di trattenersi nonostante le consapevoli conseguenze sulla propria vita (Schneider, 2004), il tempo che viene loro dedicato, l'intensità di tali comportamenti (Griffiths, 2004), il significato che ha e il ruolo che ricopre il comportamento sessuale nella vita della persona e l'eventuale presenza di preesistenti e concomitanti disturbi. La dipendenza è stata osservata in presenza di altre patologie: disturbi d'ansia, disturbi dell'umore, disturbo ossessivo-compulsivo, disturbo narcisistico di personalità, deficit dell'attenzione e dipendenza da alcol (Kafka, 2000; Cooper et al., 2001; Kafka ed Hennen, 2003).

Le conseguenze che il dipendente da cybersesso vive sono numerose e hanno un diretto impatto sulla sua vita sociale (relazioni d'amicizia, familiari e di coppia), scolastica e/o lavorativa.

Egli dedica una grande quantità di tempo della giornata (spesso progressivamente crescente) alle attività sessuali online rubandolo alla vita "offline", e ciò determina notevoli ripercussioni: sulla vita lavorativa e/o scolastica (peggiorano le prestazioni a causa della scarsa attenzione al proprio compito), sullo stato emotivo (ansia, angoscia, rabbia e impulsività aumentano, fino a comportare cambiamenti sostanziali dei tratti caratteriali), sullo stato di salute fisica (a causa soprattutto del ridotto riposo notturno), sui rapporti sociali (diminuiscono le uscite mentre aumenta l'isolamento) e sul rapporto con i figli, con la famiglia e con il partner, con quest'ultimo nella vita sia sessuale sia emotiva (Schneider, 2000; Young K et al., 2000a; Carnes, 2001; Manning, 2006).

Rispetto alla vita di coppia, i dipendenti da cybersesso riferiscono una riduzione o la completa scomparsa del piacere connesso nell'intrattenere rapporti sessuali con il proprio partner, associate talvolta alla comparsa di disturbi sessuali (Young K et al., 2000a). Ciò è riferibile sia ai single che intrattengono rapporti più o meno occasionali sia a chi ha una relazione stabile. In quest'ultimo caso, come detto, il dipendente mostra una perdita di interesse per la relazione in generale, determinando effetti significativi sul partner e ampiamente descritti in letteratura: perdita di autostima, depressione, rabbia, sentimento di inadeguatezza sessuale e una profonda sfiducia nell'altro e nelle relazioni di coppia (Cooper et al., 1999b; Young K et al., 2000b; Schneider, 2001; Schneider e Weiss, 2001).

2.4.6 Differenze tra maschi e femmine

A oggi la letteratura scientifica è concorde nel tracciare una netta differenzazione tra le modalità e le rispettive applicazioni usate per il cybersex dai due sessi. Premettendo che i dati a nostra disposizione sono sbilanciati in termini numerici, a causa della maggiore predisposizione osservata nel sesso maschile, sembra comunque che gli uomini prediligano la pornografia online, mentre le donne le chat erotiche (Carnes, 1991; Cooper et al., 1999b, 2000a, b, Ferree, 2003). Per cercare gratificazione sessuale online, l'uomo preferisce un contesto solitario e autistico dove è presente una forte componente di fantasia: egli immagina di "possedere e conquistare" l'attrice del filmato pornografico tramite una sorta di legame creato e mantenuto con il contatto oculare (Cavaglion e Rashty, 2010). La donna, diversamente, preferisce un contesto relazionale anche se virtuale, dove dall'altra parte della connessione c'è comunque una persona reale.

Entrambi i sessi sembrano comunque trovare un luogo virtuale in cui è possibile esercitare un controllo e un potere realisticamente impensabili sulla propria sessualità (Ferree, 2003). In linea con tale ipotesi, la Young afferma che in modo diverso sia gli uomini sia le donne aggirano più agevolmente su internet le loro difficoltà e problematiche; per esempio, un uomo può superare con la masturbazione praticata guardando immagini pornografiche ansie da prestazione o eiaculazione precoce o impotenza, mentre le donne possono nascondere le proprie insicurezze personali legate all'aspetto fisico oppure svicolare dal pregiudizio negativo e prettamente maschilista che scaturisce dalla donna che esprime la propria libertà e il piacere sessuale (Young K et al., 2000a).

2.4.7 Alcune caratteristiche del dipendente da cybersesso

In base ai dati di un importante studio condotto su larga scala sulle caratteristiche degli *internauti del cybersesso* (Cooper et al., 1999a) è stato possibile stilare il primo "identikit del *consumatore di sesso online*": maschio trentacinquenne, acculturato e con una relazione stabile. Sempre nella stessa ricerca pionieristica emergeva che coloro che spendevano più di 11 ore alla settimana in attività sessuali online rispetto a coloro che rimanevano al di sotto di questa soglia, riferivano maggiori conseguenze sulla propria vita *offline*. Nel corrispondente studio di follow-up (Cooper et al., 2000a), gli autori scomposero il medesimo campione in quattro sottogruppi in base ai punteggi ottenuti nel test somministrato per misurare il livello di compulsione sessuale. Dal sottogruppo formato da circa 100 soggetti (l'1% del campione totale) che praticavano cybersesso in maniera compulsiva (ovvero con i punteggi più alti al test), emergeva il potenziale profilo del *consumatore compulsivo di sesso online*: maschio (per circa l'80% dei casi), con un'età media di 33,5 anni, eterosessuale (63%), sposato o fidanzato (53%). Confrontando i dati sociodemografici suddetti non emerge una differenza significativa tra il primo profilo (il "consumatore tipico") e il secondo ("il compulsivo"), bensì risultano maggiori le somiglianze.

Un ulteriore studio compiuto su un campione clinico di pazienti che abusavano di cybersesso è quello condotto da Schwartz e Southern (2000). Dalle caratteristiche emerse colpisce il fatto che molti di essi avevano subito abusi sessuali e presentavano sintomi depressivi. Un aspetto aggiuntivo e in linea con il nostro modello è rappresentato dal fatto che anche secondo gli autori le persone con un uso compulsivo di cybersesso coinvolgono lo stesso *processo dissociativo* che viene messo in atto per la regolazione delle emozioni, solitamente usato per "non sentirle". Il fenomeno psichico della dissociazione, insieme con quello della depersonalizzazione, viene descritto anche dai soggetti del campione patologico osservato da Chaney e Dew (2003). I compulsivi sessuali dello studio riferivano ulteriori sintomi associabili ai precedenti quando erano online: disconnessione del pensiero, delle emozioni e del comportamento cosciente e una perdita del senso del tempo e della propria identità.

Il porno-dipendente tramite le applicazioni della rete si sente potente, soddisfatto e soprattutto non frustrato, poiché esaudisce il proprio bisogno di *conquistare* e *controllare* una donna come se fosse un oggetto (Cavaglion e Rashty, 2010). Nel mondo virtuale, rispetto a quello reale, risulta più facile vivere relazioni *feticiz-*

zanti, attraverso dinamiche perverse basate sul controllo dell'altro. Ciò accade con alcuni pazienti, per esempio, che abusano di forme "light" di prostituzione praticate tramite webcam e soddisfano la propria sessualità strumentalizzando partner disponibili, magari attraverso una carta di credito. Da un punto di vista psichico questi pazienti sono sovrapponibili a chiunque usufruisca compulsivamente della prostituzione offline, pur non correndo i rischi legali e di salute connessi agli incontri dal vivo.

Per loro le relazioni create nelle chat erotiche sono troppo durature nel tempo e complicate nel percorso di acquisizione del potere sui comportamenti dell'altro. Nelle chat erotiche, la trattativa per la gestione del potere nella relazione virtuale è più strategica e quindi mai immediata. Il piacere sembra essere quello di *portare lentamente qualcuno a fare ciò che si vuole*, al di là della dicotomia attivo-passivo.

Lo stesso gioco di potere e controllo, anche se del tutto immaginifico, viene compiuto dai porno-dipendenti quando scelgono i video pornografici basandosi su determinate caratteristiche. In certi casi perdersi nelle fantasie sessuali significa confondere i confini della propria identità e oltrepassarne i limiti.

Nell'applicazione del processo suddetto in tutti e tre i diversi contesti descritti vi è una forte componente di "fantasia" che si aggrava fino al raggiungimento di uno "stato alterato di coscienza". Alcuni dipendenti hanno riferito che quando non sono davanti al monitor e riflettono sul dato di fatto che il filmato porno non è altro che una finzione cinematografica e che l'attrice porno non è da loro "posseduta", perdono momentaneamente l'interesse sessuale verso tale strumento. Come se il loro mondo autistico venisse svelato dalla consapevolezza dei dati di realtà.

La nostra esperienza clinica avvalorata dalla letteratura scientifica sull'argomento (Young K et al., 2000a; Cavaglion e Rashty, 2010) ci porta ad affermare che la maggior parte dei dipendenti da sesso online di entrambe le tipologie ha problemi relazionali e di coppia preesistenti all'esordio del disturbo. Nello specifico, più della metà dei pazienti porno-dipendenti che si recano al nostro ambulatorio è spinta dalla compagna o moglie ad affrontare il problema e prendersi, quindi, cura di sé. La partner indica il trattamento come base indispensabile affinché possa essere recuperato il rapporto ormai "incrinato" dalla scoperta dei comportamenti sessuali compulsivi messi in atto furtivamente a casa o al lavoro. Dall'altra parte invece, la maggior parte dei dipendenti da *relazioni sessuali online e/o offline* richiede il nostro aiuto clinico solo dopo che la propria compagna o moglie li ha messi alla porta o direttamente avviato le pratiche per il divorzio.

Dai racconti di questi ultimi, emerge che le relazioni avute fino a un momento prima della scoperta fortuita da parte della compagna o moglie della loro "doppia vita" online, siano percepite come puramente virtuali. Sembra che mentre le perseguono o le intrattengono in modo compulsivo non abbiano la chiara consapevolezza delle possibili conseguenze "reali" e pragmatiche che potrebbero avere nella loro vita di coppia. Non sembrano leggere i dati di realtà per quelli che sono come se fossero "dissociati" appunto, fino ad affermare che: "ho preso la cosa all'inizio come un gioco... solo dopo mi sono reso conto che non lo era più... stavo ore e ore al PC a cercare donne in chat, senza pensare che oltre la parete della stanza c'era mia moglie che dormiva... e che poteva scoprirmi!".

2.4.8 Vi è differenza tra dipendenza da sesso online e offline?

Si parla di *dipendenza da sesso offline* (o *sexual addiction*) (Carnes, 1983; 1991) ogni qual volta il comportamento sessuale compulsivo praticato nel mondo reale (e non virtuale) interferisce con la vita di tutti i giorni fino a diventare incontrollabile (Carnes, 1999). La perdita del controllo è caratterizzata dall'incapacità a limitare o interrompere il comportamento compulsivo legato all'aumento progressivo dello stesso per raggiungere la medesima soddisfazione sessuale provata in precedenza (tolleranza). Tale situazione determina gravi conseguenze per sé e per gli altri: perdita di relazioni significative, difficoltà relazionali e familiari, problemi al lavoro, esposizione a malattie sessualmente trasmissibili e altro (Carnes, 1999). Si evince che tali caratteristiche del dipendente da sesso offline possono essere riferite anche al dipendente da sesso online.

Attualmente nel DSM-IV-TR (APA, 2000), come abbiamo già detto, non vi è alcun disturbo riferibile alla dipendenza da internet né tantomeno alla dipendenza sessuale compresa quella da cybersesso, e sembra che non cambieranno le cose neanche nel prossimo DSM-V, tranne probabilmente per la diagnosi di "disturbo da ipersessualità" (Kafka, 2010). Il disturbo a oggi diagnosticabile è il Disturbo Sessuale Non Altrimenti Specificato che racchiude tutti quei disturbi che non possono essere identificati né come Disturbi Sessuali specifici né come Parafilie né come Disfunzioni Sessuali. Tali disturbi sessuali aspecifici hanno alcune caratteristiche che vengono esemplificate da tre aspetti chiave; noi riportiamo il secondo di essi che dice: "disagio connesso a un quadro di ripetute relazioni sessuali con una successione di partner vissute dal soggetto come cose da usare" (DSM-IV-TR) (APA, 2000). Dalla letteratura e dalla nostra esperienza clinica tale comportamento è ascrivibile ai dipendenti da sesso sia online sia offline. Inoltre, quest'ultimo ha un alto tasso di comorbidità come nel caso del dipendente da sesso online: ansia, depressione, tentativi di suicidio e difficoltà relazionali (Weiss, 2004).

È quindi difficile tracciare un confine preciso tra coloro che dipendono da comportamenti sessuali messi in atto online e quelli, invece, che li realizzano nella vita reale (o offline). Per entrambe le tipologie di cybersesso neanche l'uso esclusivo dello "strumento internet" è ormai chiaramente distintivo; sembra che attualmente i dipendenti sessuali che poi consumano rapporti sessuali offline contattino online l'altro/a e spesso proprio tramite chat erotiche. Neppure i porno-dipendenti sembrano contraddistinguersi per il mezzo usato; infatti, i nostri pazienti riferiscono che i loro vani tentativi di "controllare" la masturbazione compulsiva (per es. portando il PC da amici o installando filtri specifici), fallivano in quanto ricorrevano alla visione di pubblicità di linee telefoniche erotiche in onda nelle ore tarde e su canali televisivi minori o di un dvd porno. Altri pazienti di entrambe le tipologie riferiscono esperienze precedenti lo sviluppo di internet, come la frequentazione di cinema a luci rosse oppure la fruizione di materiali pornografici acquistati in edicola o noleggiati. Gli strumenti utilizzati si evolvono con il tempo e per alcuni aspetti sembra farlo anche il disturbo in sé. Facendo un azzardato parallelismo con la dipendenza da sostanze, è come se il tossicodipendente prendesse accordi via mail su come e dove reperire la sua dose giornaliera, pagandola online con carta di credito e facendosela spedire a casa; allo stesso modo il dipendente da sesso riproduce un processo similare nelle chat erotiche.

Alla luce delle tesi discusse sembra che per alcuni aspetti internet abbia reso più facile e "praticabile" il processo disfunzionale messo in atto dal dipendente, ma che non ne sia stato l'unica causa. Si fa largo l'ipotesi ulteriore che internet abbia favorito lo "stato dissociativo" connesso ai comportamenti compulsivi.

La *dipendenza da internet*, la *dipendenza sessuale* e la *dipendenza da sesso online* (entrambe le tipologie), nonostante le non esaustive ricerche a nostra disposizione, potrebbero potenzialmente rientrare nella categoria delle nuove *dipendenze comportamentali*, come il gioco d'azzardo patologico, a oggi diagnosticabile come Disturbo del Controllo degli Impulsi Nas (si veda anche più avanti il paragrafo 2.5 "Dipendenza da gioco d'azzardo online", dedicato alla spiegazione della tipologia di dipendenza da internet nota come *gambling online*).

2.4.9 Questionari

Gli strumenti testistici utilizzati per misurare la dipendenza da cybersesso o i comportamenti sessuali compulsivi sono diversi; ne ricordiamo brevemente un paio: a) *Internet Sex Screening Test* (ISST) (Delmonico e Miller, 2003), un questionario autosomministrato costituito da 34 item che esplora il comportamento sessuale compulsivo sia online (25 item) sia offline (9 item); b) l'intervista semi-strutturata *Internet Assessment Quickscreen* (IA-Q) (Delmonico e Griffin, 2005), specifica per valutare la cybersex addiction. Lo strumento è costituito da due sessioni di domande, la prima esplora specificatamente i comportamenti del cybersex, mentre la seconda gli aspetti sociali e psicologici di tali pratiche.

Infine, rammentiamo il *Cybersex Addiction Quiz* (CAQ) (Young K, 1998) e il *Cybersexual Abuse Test* (CAT) (Greenfield, 2001): entrambi sono brevi questionari self-report a risposta dicotomica (sì/no), rispettivamente di 10 e 11 item.

2.5 Dipendenza da gioco d'azzardo online

2.5.1 Che cos'è il gioco d'azzardo

Nella lingua italiana si definisce *gioco d'azzardo* (dall'arabo "az-zahr", che significa "dado") quella tipologia di gioco in cui si scommettono somme di denaro e la vincita è soggetta esclusivamente al "caso" e non a particolari regole o a specifiche abilità del giocatore.

2.5.2 Che cos'è il gioco d'azzardo patologico (o pathological gambling)

L'ICD-10 (WHO, 1992) inserisce il Gioco d'Azzardo Patologico (GAP) tra i *disturbi delle abitudini e degli impulsi*, e lo stesso vale per il DSM-IV-TR (APA,

2000) che fa rientrare il GAP nella categoria del *disturbo del controllo degli impulsi non classificati altrove*.

Per diagnosticare una sindrome da GAP devono essere soddisfatti due criteri: uno di inclusione, "persistente e ricorrente comportamento maladattivo legato al gioco d'azzardo che compromette le attività personali, familiari e lavorative", e uno di esclusione, "il comportamento di gioco d'azzardo non è meglio attribuibile a un episodio maniacale". Una volta analizzati questi aspetti chiave, il soggetto deve possedere almeno cinque delle dieci caratteristiche qui riportate (Fonte: DSM-IV-TR; APA, 2000):

1. È eccessivamente assorbito dal gioco d'azzardo (per es. il soggetto è continuamente intento a rivivere esperienze trascorse di gioco, a valutare o pianificare la prossima impresa di gioco, a escogitare i modi per procurarsi denaro con cui giocare).
2. Ha bisogno di giocare somme di denaro sempre maggiori per raggiungere lo stato di eccitazione desiderato.
3. Ha ripetutamente tentato di ridurre, controllare o interrompere il gioco d'azzardo, ma senza successo.
4. È irrequieto o irritabile quando tenta di ridurre o interrompere il gioco d'azzardo.
5. Gioca d'azzardo per sfuggire problemi o per alleviare un umore disforico (per es. sentimenti di impotenza, colpa, ansia, depressione).
6. Dopo aver perso al gioco, spesso torna un altro giorno per giocare ancora (rincorrendo le proprie perdite).
7. Mente ai membri della propria famiglia, al terapeuta, o ad altri per occultare l'entità del proprio coinvolgimento nel gioco d'azzardo.
8. Ha commesso azioni illegali come falsificazione, frode, furto o appropriazione indebita per finanziare il gioco d'azzardo.
9. Ha messo a repentaglio o perso una relazione significativa, il lavoro, oppure opportunità scolastiche o di carriera per il gioco d'azzardo.
10. Fa affidamento sugli altri per reperire il denaro per alleviare una situazione economica disperata causata dal gioco (una "operazione di salvataggio").

Per diversi anni si è discussa apertamente la corretta classificazione del GAP, come *disturbo del controllo degli impulsi* o come *dipendenza comportamentale o senza sostanza*.

Diverse ricerche hanno avvalorato l'idea, formalizzata nel DSM-IV, che il gioco d'azzardo sia una forma di discontrollo degli impulsi (Griffiths, 1993; Blaszczynski et al., 1997; Steel e Blaszczynski, 1998). L'ipotesi alternativa secondo cui il GAP rientrerebbe nelle *dipendenze comportamentali*, anch'esse caratterizzate da fenomeni di *tolleranza*, *astinenza* e *craving* (Zuckerman, 1994; Alonso-Fernandez, 1999; Del Miglio e Vallecoccia, 2003), sembra avere prevalso e nella prossima nosografia del DSM-V, il GAP verrà incluso nella categoria *Substance Use and Addiction Disorder* (Chimienti e De Luca, 2012).

L'oggetto di dipendenza in questo caso è un'attività socialmente accettata, svolta in maniera compulsiva e sostenuta da dinamiche inconsce (Pini, 2003).

Al di là delle questioni nosografiche, è necessario considerare il GAP un fenomeno patologico in crescente aumento, intensamente compulsivo e in grado di generare conseguenze profonde nella vita dei pazienti e delle loro famiglie.

Il *Libro Verde* (l'insieme dei documenti scritti e pubblicati dalla Commissione Europea su fenomeni di interesse europeo) del 2011 dedicato al gioco d'azzardo *online* riporta i tassi di dipendenza da gioco d'azzardo che oscillano tra lo 0,3 e il 3,1% della popolazione campionaria di sette Stati membri. Sembra che la dipendenza da GAP abbia un esordio post-adolescenziale, con un'incidenza maggiore nel sesso maschile, mentre in quello femminile si verifica un'insorgenza più tardiva (Griffiths, 2009).

Alla sua diagnosi si accompagnano con elevata frequenza altre patologie, tra cui il disturbo depressivo maggiore, quello bipolare, i disturbi di personalità, i disturbi d'ansia, i disturbi correlati a sostanze, il disturbo ossessivo-compulsivo, i disturbi da deficit dell'attenzione (Lorenz e Yaffee, 1986; Smeraldi, 2003; Whelan et al., 2010). Inoltre, sembra che i giocatori siano alessitimici (Toneatto et al., 2009). Infine, uno dei sintomi più gravi del GAP è il tentativo di suicidio (Balestrieri et al., 2007).

2.5.3 Tipologie di giocatori

Il gioco d'azzardo affonda le sue radici nel passato. Già nell'antico Egitto, in Giappone, in Cina e in India esistevano, come testimonia una serie di manoscritti, scommesse con dadi e corse dei carri (Dickerson, 1993; Lavanco, 2001). Di questi tempi, la crisi economica che l'Europa sta attraversando evidenzia il fenomeno paradossale secondo il quale, quando una società vive una condizione economica produttiva, il gioco diventa un'attività poco praticata; viceversa, in periodi di profonda crisi economica, gli individui si avvicinano maggiormente al gioco, richiamati dall'attrattiva della vincita che, comunque, rimane legata unicamente al caso (Fiasco, 2001).

Alla luce dell'estensione di questo fenomeno, negli anni sono stati compiuti diversi studi per distinguere le possibili tipologie di giocatori (Shaffer et al., 1994; Blaszczynski et al., 1991; Blaszczynski e Nower, 2002). Ogni classificazione prodotta tramite l'uso di un parametro distintivo corre potenzialmente il rischio di includere una categoria all'interno di un'altra o di escluderne talune (La Barbera e La Cascia, 2008).

Sono state identificate (Alonso-Fernandez, 1999) quattro diverse tipologie di giocatori: a) il *giocatore sociale*, colui che gioca per divertirsi o per rilassarsi, che è in grado di esercitare un buon controllo sul gioco e non presenta squilibri nel funzionamento della vita quotidiana; b) il *giocatore problematico*, che riversa tutte le sue risorse nel gioco, sente il bisogno di giocare somme di denaro crescenti per raggiungere l'eccitazione desiderata (tolleranza), usa qualsiasi mezzo pur di giocare (per es. commette atti illegali, mente ai familiari), non accetta la perdita e l'interruzione del gioco e, a volte, può reagirvi con irritabilità e aggressività; c) il *giocatore patologico "leggero"*, che presenta una malattia psichiatrica (per es. un disturbo depressivo) e per il quale il gioco diventa uno dei sintomi di una patologia sottostante; infine, d) il *giocatore dipendente*, colui che ha sviluppato una vera e propria dipendenza nei confronti del gioco, che può presentarsi in comorbidità con altri disturbi.

2.5.4 Il gioco d'azzardo online

Il termine *gioco d'azzardo online* (o *pathological gambling online* o *internet gambling*) è riferibile a quelle attività ludiche che prevedono una posta monetaria e caratterizzate da giochi che, come abbiamo già detto, dipendono dal caso (per es. giochi da casinò, bingo, scommesse sportive, lotterie) e che sono disponibili "a distanza" (online) attraverso strumenti elettronici (per es. computer, notebook, tablet, telefoni cellulari ecc.) che dispongono di una piattaforma tecnologica interattiva, che consente di attivare, in prima persona, una richiesta di gioco online senza dover ricorrere ai classici intermediari commerciali (per es. il personale del punto vendita ecc.).

Le tipologie di gioco online sono diverse e la popolazione che gioca sembra preferire in primis le *scommesse sportive* (32%) e i *casinò virtuali* (23%), mentre l'altra metà si distribuisce in giochi come il *poker* (18%), le *lotterie dello Stato* (15%) e il *bingo* (12%) (Libro Verde, 2011).

L'esistenza delle dipendenze comportamentali fa sì che l'oggetto e il comportamento a esso associato, che ha la capacità di "ricompensare positivamente", possano dominare gli stati psicologici delle persone. Ciò rende lo "scommettere" un potenziale comportamento di dipendenza, come d'altronde numerose altre attività (Shaffer, 1997; 1999).

L'era digitale, fondata su una tecnologia che travalica i limiti spazio-temporali convenzionali, rappresenta un terreno fertile per l'intensificarsi di questo disturbo emergente. I giochi d'azzardo online sono quasi accessibili a tutti, in qualsiasi luogo e a qualunque ora. Per farci un'idea, dai pochi casinò "reali" esistenti in Italia, si è passati al "casinò online" che, essendo potenzialmente sempre disponibile, si trova ovunque ci sia un mezzo digitale in grado di connettersi. Nel mercato del gioco d'azzardo online sono stati registrati, solo nel 2008, proventi annui superiori a 6,16 miliardi di euro, ossia il 7,5% del totale del mercato del gioco d'azzardo, cifra che secondo le stime dovrebbe raddoppiare entro il 2013 (Commissione Europea, 2012).

Come confermano ricerche specifiche, i pazienti che giocano d'azzardo su internet possono avere problemi ancora più seri rispetto a quelli che giocano con altre modalità (Grant e Potenza, 2010).

Chiunque può giocare con un semplice "clic" senza doversi recare in luoghi specifici adibiti al gioco. Anche la modalità di pagamento cambia: le carte di credito, quelle prepagate e i bonifici si sostituiscono ai contanti; ne consegue una diversa percezione delle perdite di denaro, avvertite anch'esse come virtuali. Di solito un giocatore "offline" ha con sé una quantità limitata di denaro e difficilmente gli operatori delle agenzie di gioco accettano crediti sulla parola. Nel mondo online, dove non esiste una dimensione concreta della realtà e del denaro, ogni limite diventa valicabile e *cadere in disgrazie economiche* è molto più facile.

Possiamo ipotizzare che le caratteristiche dei nuovi giochi online incrementino la possibilità di sviluppare una dipendenza da gioco e quindi è necessario prestare attenzione ad alcune variabili caratteristiche.

L'incremento del numero dei giocatori d'azzardo online potrebbe essere dovuto fondamentalmente a tre fattori principali: l'anonimato del giocatore (*anonymity*), la prossimità del gioco (*proximity*), ovvero la possibilità di poter giocare in qualsiasi luogo, e l'illusione di controllo (*sense of control*) (Griffiths, 2003).

Mentre per esempio i *giochi tradizionali* sono caratterizzati da un sentimento di attesa (mischiare le carte, attendere l'estrazione di un numero ecc.), i *giochi digitali* (soprattutto quelli online) sono caratterizzati da un senso di immediatezza, che rende il tempo del gioco sempre immanente, e dalla velocità nell'esecuzione (Croce, 2001). Questo incide favorendo la compulsività e intervenendo nello specifico sulla *capacità di attesa*, che abbiamo già considerato come una conquista fondamentale nel percorso dello sviluppo. In questo senso il futuro non è rassicurante. Con il passare degli anni i giochi tradizionali sembrano destinati a scomparire e, rispetto alla onnipresenza di macchine come le *slot machine*, incontrare persone che giocano a carte nei bar sarà un evento raro. Anche l'estrazione dei numeri del lotto avviene ormai più volte alla settimana e alcuni giochi aventi lo stesso meccanismo delle lotterie hanno estrazioni addirittura ogni cinque o dieci minuti.

Nei "vecchi" giochi tradizionali, inoltre, il giocatore è "visibile", sebbene in luoghi particolari e in orari precisi (ovvero vi è una *contestualizzazione*) e, per entrare nei casinò per esempio, deve fornire obbligatoriamente i propri dati anagrafici (*bassa soglia d'accesso*), a differenza del giocatore online che può accedere ai giochi facilmente (*alta soglia d'accesso*), senza farsi vedere da nessuno (*invisibilità*), a qualunque ora e in qualsiasi luogo (de-contestualizzazione) (Croce, 2001). Tutte differenze sostanziali che potrebbero ricoprire un ruolo importante nell'esacerbarsi del disturbo.

La presenza di suoni e immagini che richiamano l'attività ludica crea un ambiente che permette al giocatore online sia di rilassarsi sia di attivarsi ai differenti giochi proposti dal web (o dai videopoker). L'attrazione e la spinta a continuare a giocare saranno rinforzate, soprattutto per i giocatori abituali, da differenti privilegi e svariati incentivi (per es. tavoli personali, possibilità di invito di altri giocatori ecc.) (Libro Verde, 2011).

Il giocatore compulsivo riduce il tempo che dedica alle relazioni (famiglia e amici), al lavoro e alle altre attività quotidiane. Dal punto di vista relazionale il GAP online è caratterizzato da un atteggiamento asociale e dalla tendenza all'isolamento, aggravati dal contesto virtuale, che ancor meno dà spazio a un'interazione reale tra gli individui e più facilmente dissocia dal contesto circostante.

I giochi preferiti sono quelli veloci (Conte et al., 2012), che soddisfano rapidamente il bisogno, spesso proprio quello di "riscatto" dalle frustrazioni della vita di tutti i giorni. Come se si ricercasse la possibilità di essere abili e vincenti in qualcosa, il gioco appunto, o di fuggire magicamente in un mondo "per sentirsi liberi dai vincoli della vita quotidiana, dalle fatiche, dai principi di realtà" (Lavanco e Varveri, 2006).

Uno studio recente (LaBrie et al., 2008) ha indagato il comportamento dei giocatori rispetto al "casinò online". Dai risultati ottenuti è emerso che i giocatori accaniti e assidui (solo il 5% del campione totale), giocando una quantità di denaro maggiore, ottenevano una perdita netta più elevata rispetto al restante campione che, giocando meno, perdeva cifre di denaro meno cospicue. Ciò nonostante, la media in percentuale delle "scommesse perse" da questi ultimi era del 5,9%, quindi più alta (2,5%) che nei giocatori più accaniti. Secondo gli autori, un fattore che in questo tipo di analisi gioca un ruolo cardine nell'identificare un disturbo da gioco d'azzardo è il "tempo dedicato" al gioco stesso. Infatti, i giocatori accaniti giocano per un numero maggiore di giorni e spendono in una sessione online di casinò un tempo quattro volte maggiore rispetto agli altri giocatori online.

Le agenzie di gioco forniscono online diverse forme di sicurezza per *limitare* le perdite e le principali raccomandazioni che vengono suggerite loro dalle ricerche e applicate sono: l'accettazione di pagamenti che avvengono esclusivamente con carte di credito, l'imposizione di limiti sulla quantità di gioco e la cancellazione da un determinato sito (Smeaton e Griffiths, 2004).

Un'opzione per evitare nello specifico grandi perdite e casi di bancarotta (Broda et al., 2008) pone un limite sulla quantità di denaro che i giocatori possono depositare sul loro conto in un determinato periodo di tempo. È stato osservato che gli scommettitori che superano ogni giorno il limite imposto rispetto a coloro che non lo fanno, scommettono più denaro, giocano di più (per più tempo e più frequentemente), sono più impulsivi e aggressivi e, infine, sembrano disposti a correre maggiori rischi; per contro, la loro percentuale di perdite è inferiore a quella degli altri soggetti del campione.

Nel tentativo di valutare la presenza concomitante di altri disturbi nei giocatori patologici, sono emerse differenze sostanziali (Barrault e Varescon, 2012). Le comorbidità presentate dai pazienti che giocano sono con il disturbo di personalità dipendente, evitante e ossessivo-compulsiva per quelli online e con il disturbo di personalità borderline, narcisistica, antisociale e istrionica per quelli offline. Questo pensiamo sia un dato interessante perché sottolinea nei pazienti offline una maggiore competenza all'interazione con gli altri e quindi una maggiore propensione al legame o al conflitto. Al contrario, i pazienti online sembrano più orientati sul versante schizoide e quindi soggetti a dinamiche dissociative più strutturate, che ne impediscono la capacità di legame.

2.5.5 Distorsioni cognitive del GAP

Il rapporto che il giocatore crea con il gioco e il significato che gli attribuisce con i pensieri e le emozioni connesse rappresentano gli aspetti fondamentali di questa patologia.

Esiste una vasta gamma di forme di pensiero al limite della coerenza che, in modo automatico, inconsapevole e plausibile, appaiono distorte rispetto alla normale percezione della realtà. Possono essere definite *distorsioni cognitive* e sono una prerogativa anche di altri disturbi psichiatrici, dove emergono come pensieri ossessivi, pensieri prevalenti, superstizioni e comportamenti rituali.

Il DSM-IV (APA, 1994) riporta che "negli individui con gioco d'azzardo patologico possono essere presenti distorsioni del pensiero (per es. negazione, superstizione, eccessiva fiducia in se stessi o un senso di potere e di controllo)".

Esistono numerosi pensieri irrazionali e distorsioni cognitive appresi durante le fasi di sviluppo (Beck et al., 1979). La letteratura scientifica (Dickerson, 1993; Sundali e Croson, 2006) ne ha individuati alcuni che caratterizzano il giocatore abituale, e potenzialmente in grado di mantenere il "problema". Tipica del giocatore è l'esaltazione delle proprie capacità (onnipotenza) e di come queste possano determinare il risultato del gioco non considerando i dati di realtà, rappresentati, invece, dalla gravità delle frequenti e ripetute perdite. Nell'*illusione di controllo*, il giocatore crede in maniera eccessiva e irrazionale di poter vincere grazie alle sue abilità o capacità, non considerando le proprietà probabilistiche tipiche del gioco, su cui l'individuo non esercita alcuna forma di potere (Dickerson, 1993). Il tema del controllo è cruciale; infatti, quando nelle relazioni il giocatore sperimenta emozioni difficili da gestire o addirittura per lui "incontrollabili", il gioco online gli consente in poco tempo di sperimentare il contrario: i siti di gioco e il conto-gioco sono gestibili. Il risultato di tale esperienza potrebbe far sì che stare online a giocare possa essere percepito, ingannevolmente, come un contesto sicuro in quanto sotto il suo controllo, senza rendersi conto, invece, che è lui stesso a essere controllato e quindi di "dipendere" dall'attività che pratica.

Nella *fallacia del giocatore* (o fallacia di Montecarlo) risiede il credere che una sequenza di perdite dovrebbe essere positivamente correlata con una serie di vincite (Johansson et al., 2009). Tale falsa credenza può sviluppare nel giocatore un comportamento compulsivo che lo porta a rigiocare credendo di recuperare le perdite. La cosiddetta "rincorsa alla perdita" è caratterizzata dall'innescarsi di un "circolo vizioso" che fa sì che più l'individuo perde, più è portato a giocare per rifarsi delle sconfitte (*chasing*); ma così facendo diventa difficile, se non impossibile, porre un freno al gioco (La Barbera e La Cascia, 2008).

Le *credenze superstiziose* del giocatore sono determinate da un pensiero manipolativo, una sorta di "potere magico" che crede di poter esercitare nei confronti del risultato. Da questo tipo di credenze derivano: quelle *cognitive*, in cui lo stato mentale e il pensiero agiscono "magicamente" sul prodotto finale; quelle *talismaniche*, ossia la convinzione che un "dato oggetto" possa incrementare la percentuale di vincita; quelle *comportamentali*, caratterizzate da veri e propri "rituali" che il giocatore mette in atto per influenzare positivamente il risultato (Gilovich, 1983).

Infine, le *percezioni erronee* o *valutazioni parziali* sono delle credenze irrazionali tali per cui il giocatore d'azzardo non è in grado di valutare correttamente la quantità delle perdite; tali percezioni fanno sì che, nonostante le perdite siano maggiori delle vincite, l'individuo continui a dedicarsi eccessivamente e patologicamente al gioco (Gilovich, 1983).

2.5.6 Gioco d'azzardo e giovani

La letteratura scientifica sull'argomento ha evidenziato un notevole incremento del gioco d'azzardo tra i più giovani, i cosiddetti "ludopatici", nonostante il divieto di giocare imposto dalla legge.

Dai dati delle ricerche emerge che il 30% degli adolescenti gioca d'azzardo con una frequenza settimanale, il 14% di essi è a rischio di sviluppare gravi problemi, mentre il 3,5-8% dei minori risulta essere giocatore patologico (Nower et al., 2004).

Le variabili che determinerebbero la diffusione del gioco nei giovani riguardano: maggiori liberalizzazione, tolleranza e incoraggiamento del gioco, insieme con una ritardata consapevolezza del problema e una sua scarsa sensibilizzazione e prevenzione (Caretti e La Barbera, 2010).

Problemi del contesto sociale, la ricerca d'identità, l'attrazione per il rischio e l'impulsività rappresentano elementi che favoriscono l'inizio della malattia e il suo mantenimento (Baiocco et al., 2004).

Recentemente in uno studio (Matthews et al., 2009) condotto su giovani giocatori online (età media di 21 anni), è emerso che il 19% del campione rientra nella categoria dei probabili giocatori patologici, il 18% rientra nella categoria dei giocatori d'azzardo potenziali e il restante 63% non presenta problemi di gioco d'azzardo. Coloro che avevano problemi con il GAP online sembrano provare emozioni definibili "spiacevoli": rabbia, disgusto, disprezzo, senso di colpa, paura, depressione. È interessante notare che i partecipanti allo studio hanno riferito di provare emozioni positive mentre giocavano online, a dimostrazione di come il gioco e nello specifico l'azzardo siano alla base di quel forte stato di eccitazione che pervade la mente e che previene angosce più profonde.

Inoltre, come accade per gli adulti, gli adolescenti che giocano online avrebbero una maggiore probabilità di sviluppare un gioco d'azzardo problematico o a rischio rispetto agli adolescenti che giocano offline (Potenza et al., 2011).

2.5.7 Questionari

La valutazione del gioco d'azzardo è caratterizzata sia da strumenti specifici, costruiti per misurare la gravità del gioco, sia da una batteria con test aspecifici, in cui possono esservi i questionari di personalità e le scale per la valutazione dell'ansia, della depressione e dell'alessitimia (Caretti e La Barbera, 2009).

Uno degli strumenti più diffusi e riconosciuti a livello mondiale per lo screening dei disturbi da gioco d'azzardo è il *South Oaks Gambling Screen* (SOGS) (Lesieur e Blume, 1987). Tale strumento fornisce al clinico informazioni relative al gioco preferito, alla frequenza, al tempo e al denaro che il paziente dedica al gioco, nonché al senso di controllo nei confronti dell'attività ludica (Cacace e Valsavoia, 2008).

Esistono numerosi altri strumenti per lo screening e per la valutazione di variabili correlate al GAP; ne ricordiamo di seguito alcuni.

Il *Gambling Attitude and Beliefs Scale* (GABS) (Breen e Zuckerman, 1999) individua il ruolo dei fattori cognitivi legati al gioco e valuta l'atteggiamento generale verso il gioco d'azzardo allo scopo di individuare una vasta gamma di distorsioni cognitive, credenze irrazionali e atteggiamenti legati al gioco. Alcuni item indagano, inoltre, i livelli di arousal vissuti attraverso il gioco.

Il *Gambling Beliefs Questionnaire* (GBQ) (Joukhador et al., 2003; 2004) è un test di 65 item in grado di valutare la differenza quantitativa di distorsioni cognitive nel gioco d'azzardo tra giocatori problematici e giocatori sociali. Il test è costituito da 12 scale: illusione di controllo, erronea convinzione di vincere, fallacia del giocatore, superstizione, controllo compromesso, quasi vincita, pregiudizio della memoria, pregiudizio di valutazione, situazione positiva, sollievo, denaro come soluzione dei problemi, negazione.

Il *Gamblers Beliefs Questionnaire* (GBQ) (Steenbergh et al., 2002) è costituito da 21 item che misurano le credenze irrazionali legate al gioco d'azzardo. Il test è utile per valutare il gioco d'azzardo problematico e/o per monitorare un percorso di trattamento. Infatti, lo strumento fornisce un punteggio totale che indica quantitativamente la presenza di distorsioni cognitive in chi lo compila.

E infine, il *Massachusetts Gambling Screen* (MAGS) (Shaffer et al., 1994), un questionario usato per valutare il comportamento di gioco d'azzardo patologico negli adolescenti che può essere utilizzato anche con gli adulti.

Bibliografia

AA (1999) Acolisti anonimi. Servizi generali AA, Roma
Alexa (2011) Top sites. http://www.alexa.com/topsites/global. Accessed 30 January 2012
Alonso-Fernandez F (1999) Le altre droghe. Cibo, sesso, televisione, acquisti, gioco, lavoro. Edizioni Universitarie Romane, Roma
APA, American Psychiatric Association (1994) Diagnostic and statistical manual of mental disorders-DSM-IV. 4th ed. Washington
APA, American Psychiatric Association (2000) Diagnostic and statistical manual of mental disorders: DSM-IV-TR. 4th ed. Washington
Armstrong L, Phillips JG, Saling LL (2000) Potential determinants of heavier internet usage. Int J Hum Comput Stud 53:537-550
Bai YM, Lin CC, Chen JY (2001) Internet addiction disorder among clients of a virtual clinic. Psychiatr Serv 52:1397
Baiocco R, Del Miglio C, Couyoumdjian A (2004) Le dipendenze comportamentali degli adolescenti: uno studio sulla rappresentazione degli operatori sanitari e sociali. Ric Psicol 2:35-80
Bakken IJ, Wenzel HG, Götestam KG et al (2009) Internet addiction among norwegian adults: a stratified probability sample study. Scand J Psychol 50:121-127
Balestrieri M, Bellantuono C, Berardi D et al (2007) Manuale di psichiatria, Il Pensiero Scientifico Editore, Roma
Barrault S, Varescon I (2012) Psychopathologie des joueurs pathologiques en ligne: une étude préliminaire. Encephale 38:156-163
Beard K, Wolf E (2001) Modification in the proposed diagnostic criteria for internet addiction. Cyberpsychol Behav 4:377-383
Beck AT (1967) Depression: clinical, experimental, and theoretical aspects. Harper & Row, New York
Beck AT, Rush AJ, Shaw BF, Emery G (1979) Cognitive therapy of depression. Guilford Press, New York
Black DW, Belsare G, Schlosser S (1999) Clinical features, psychiatric comorbidity, and health-related quality of life in persons reporting compulsive computer use behavior. J Clin Psychiatry 60:839-844
Blaszczynski A, McConaghy N, Frankova A (1991) Control versus abstinence in the treatment of pathological gambling: a two to nine years follow-up. Br J Addiction 86:299-306
Blaszczynski A, Nower L (2002) A pathways model of problem and pathological gambling. Addiction 97:487-499

Blaszczynski A, Steel Z, McConaghy N (1997) Impulsivity in pathological gambling: the antisocial impulsivist. Addiction 92:75-87
Block JJ (2007) Prevalence underestimated in problematic internet use study. CNS Spectr 12:14-15
Block JJ (2008) Issues for DSM-V: internet addiction. Am J Psychiatry 165:306-307
Breen R, Zuckerman M (1999) Chasing in gambling behavoir: personality and cognitive determinants. Pers Indiv Differ 26:1097-1111
Brenner V (1997) Psychology of computer use: XLVII. Parameters of internet use, abuse, and addiction: the first 90 days of the internet usage survey. Psychol Rep 80:879-882
Broda A, LaPlante DA, Nelson SE et al (2008) Virtual harm reduction efforts for internet gambling: effects of deposit limits on actual internet sports gambling behavior. Harm Reduct J 5:27-36
Cacace S, Valsavoia R (2008) La valutazione diagnostica. Nòos 2:117-127
Cao FL, Su LY, Liu TQ, Gao XP (2007) The relationship between impulsivity and internet addiction in a sample of chinese adolescents. Eur Psychiatry 22:466-471
Caplan SE (2003) Preference for online social interaction: a theory of problematic internet use and psychosocial well-being. Commun Res 30:625-648
Caplan SE (2007) Relations among loneliness, social anxiety, and problematic internet use. Cyberpsychol Behav 10:234-242
Caplan SE, High AC (2007) Beyond excessive use: the interaction between cognitive and behavioral symptoms of problematic internet use. Commun Res 23:265-271
Caretti V (2000) Psicodinamica della trance dissociativa da videoterminale. In: Cantelmi T, Del Miglio C, Talli M, D'Andrea A (eds) La mente in internet. Piccin, Padova, pp 125-131
Caretti V, La Barbera D (2010) Addiction. Aspetti biologici e di ricerca. Raffaello Cortina Editore, Milano
Caretti V, La Barbera D (2009) Le nuove dipendenze: diagnosi e clinica. Carocci Editore, Roma
Carnes PJ (1983) Out of the shadows: understanding sexual addiction. CompCare, Minneapolis
Carnes PJ (1991) Don't call it love. Bantam Books, New York
Carnes PJ (1999) Editorial: cybersex, sexual health, and the transformation of culture. Sexual Addiction & Compulsivity: Journal of Treatment and Prevention 6:77-78
Carnes PJ (2001) Cybersex, courtship, and escalating arousal: factors in addictive sexual desire. Sexual Addiction & Compulsivity: Journal of Treatment and Prevention 8:45-78
Carnes PJ, Delmonico DL, Griffin EJ (2001) In the shadows of the net. Breaking free of compulsive online sexual behavior. Hazelden, Center City
Cavaglion G, Rashty E (2010) Narratives of suffering among italian female partners of cybersex and cyber-porn dependents. Sexual Addiction & Compulsivity: Journal of Treatment and Prevention 17:270-287
Ceyhan AA (2008) Predictors of problematic internet use on turkish university students. Cyberpsychol Behav 11:363-366
Chak K, Leung L (2004) Shyness and locus of control as predictors of internet addiction and internet use. Cyberpsychol Behav 7:559-570
Chaney MP, Dew BJ (2003) Online experience of sexually compulsive men who have sex with men. Cyberpsychol Behav 10:259-274
Chimienti V, De Luca R (2012) Impulsività, alessitimia e stili di attaccamento in giocatori d'azzardo patologici e loro familiari. Ital J Addiction 2:68-73
Chou C (2001) Internet heavy use and addiction among taiwanese college students: an online interview study. Cyberpsychol Behav 4:573-585
Commissione Europea (2012) Gambling. http://ec.europa.eu/internal_market/services/ gambling_en.htm. Accessed 12 november 2012
Conte G, D'Alessandris L, Vasale M et al (2012) Il trattamento del gioco d'azzardo patologico: studio preliminare di un modello terapeutico-riabilitativo di gruppo. Ital J Addiction 2:165-174
Cooper A (1998) Sexuality and the internet: surfing into the new millennium. Cyberpsychol Behav 1:187-193
Cooper A, Delmonico DL, Burg R (2000a) Cybersex users, abusers, and compulsive: new findings and implications. Sexual Addiction & Compulsivity 7:5-29

Cooper A, Griffin-Shelley E, Delmonico DL, Mathy R (2001) Online sexual problems: assessment and predictive variables. Sexual Addiction & Compulsivity 8:267-285

Cooper A, McLoughlin I, Campbell K (2000b) Sexuality in the cyberspace: update for the 21th century. Cyberpsychol Behav 3:521-536

Cooper A, Putnam DA, Planchon LA, Boies SC (1999a) Online sexual compulsivity: getting tangled in the net. Sexual Addiction & Compulsivity 6:79-104

Cooper A, Scherer CR, Boies SC, Gordon BL (1999b) Sexuality on the internet: from sexual exploration to pathological expression. Prof Psychol Res Pract 30:154-164

Croce M (2001) Per una nuova teoria e funzione sociale del gioco d'azzardo. In: Lavanco G (ed) Psicologia del gioco d'azzardo. McGraw-Hill, Milano, p 161

Daneback K, Mansson S, Ross MW (2012) Technological advancements and internet sexuality: does private access to the internet influence online sexual behavior? Cyberpsychol Behav Soc Netw 15:386-390

Davis RA (2001) A cognitive-behavioral model of pathological internet use. Comput Hum Behav 17:187-195

Davis RA, Flett GL, Besser A (2002) Validation of a new scale for measuring problematic internet use: implications for preemployment screening. Cyberpsychol Behav 5:331-345

Del Miglio CS, Vallecoccia S (2003) Il gioco d'azzardo patologico: inquadramento diagnostico e valutazione. Attualità in Psicologia 18:37-56

Delmonico DL, Griffin E (2005) Internet assessment: a structured interview for assessing online problematic sexual behavior. In: Young K, Nabuco de Abreu C (2011) Internet addiction: a handbook and guide to evaluation and treatment. John Wiley & Sons, Hoboken, p 123

Delmonico DL, Griffin E, Moriarity M (2001) Cybersex unhooked: a workbook for breaking free of compulsive online sexual behavior. Gentle Path Press, Wickenburg

Delmonico DL, Miller JA (2003) The internet screening test: a comparison of sexual compulsives versus nonsexual compulsives. Sex Relation Ther 18:261-276

Dickerson MG (1993) La dipendenza dal gioco: come diventare giocatori d'azzardo e come smettere. Edizioni Gruppo Abele, Torino

Doring N (2009) The internet's impact on sexuality: a critical review of 15 years of research. Comput Hum Behav 25:1089-1101

Family Safe Media (2006) Pornografy statistics. http://www.familysafemedia.com/pornography_statistics.html. Accessed 12 September 2012

Ferraro G, Caci B, D'Amico A, De Blasi M (2007) Internet addiction disorder: an italian study. Cyberpsychol Behav 10:170-175

Ferree MC (2003) Women and the web: cybersex activity and implication. Sex Relation Ther 18:385-393

Fiasco M (2001) Aspetti sociologici, economici e rischio criminalità. In: Croce M, Zerbetto R (eds) Il gioco e l'azzardo. Franco Angeli, Milano, p 328

Fortson BL, Scotti JR, ChenYC et al (2007) Internet use, abuse, and dependence among students at a southeastern regional university. J Am Coll Health 56:137-144

Gilovich T (1983) Biased evaluation and persistence in gambling. J Pers Soc Psychol 44:1110-1126

Goldberg I (1996) Internet addiction disorder. In: Suler J (1998) Internet addiction support group: is there truth in jest? http://users.rider.edu/~suler/psycyber/supportgp.html. Accessed 21 December 2012

Goodman A (2001) What's in a name? Terminology for designating a syndrome of driven sexual behavior. Sexual Addiction & Compulsivity 8:191-213

Grant JE, Potenza MN (2010) Il gioco d'azzardo patologico: una guida al trattamento. Springer, Milano

Greenberg JL, Lewis SE, Dodd DK (1999) Overlapping addictions and self-esteem among college men and women. Addict Behav 24:565-571

Greenfield DN (1999) Psychological characteristics of compulsive Internet use: A preliminary analysis. Cyberpsychol Behav Soc Netw 2:403-412

Greenfield DN (2001) Sexuality and the internet. Counselor 2:62-63

Griffiths M (1993) Tolerance in gambling: an objective measure using the psychophysiological analysis of male fruit machine gamblers. Addict Behav 18:365-372
Griffiths M (1997) Video games and clinical practice: issues, uses and treatments. Br J Clin Psychol 36:639-641
Griffiths M (2003) Internet gambling: issues, concerns and recommendations. Cyberpsychol Behav 6:557-568
Griffiths M (2004) Sex addiction on the internet. The Janus Head 7:188-217
Griffiths M (2009) Problem gambling in Europe: an overview. Apex Communications. http://www.nsgamingfoundation.org/uploads/Problem%20Gambling%20in%20Europe.pdf. Accessed 21 December 2012
Internet World Stats (2012) World internet usage statistics news and population stats. http://internetworldstats.com/stats.htm. Accessed 31 March 2012
Johansson A, Grant JE, Kim SW et al (2009) Risk factors for problematic gambling: a critical literature review. J Gambl Stud 25:67-92
Joukhador J, Blaszczynski A, Maccallum F (2004) Superstitious beliefs in gambling among problem and social gamblers: preliminary data. J Gamb Stud 20:171-180
Joukhador J, Maccallum F, Blaszczynski A (2003) Differences in cognitive distortions between problem and social gamblers. Psychol Rep 92:1203-1214
Kafka MP (2000) Psychopharmacological treatment for non-paraphilic compulsive sexual behavior: a review. CNS Spectr 5:49-59
Kafka MP (2010) Hypersexual disorder: a proposed diagnosis for DSM-V. Arch Sex Behav 39:377-400
Kafka MP, Hennen J (2003) Hypersexual desire in males: are males with paraphilias different from males with paraphilia related disorders? Sex Abuse 15:307-321
Kaltiala-Heino R, Lintonen T, Rimpela A (2004) Internet addiction? Potentially problematic use of the internet in a population of 12-18 year old adolescents. Addic Res Theory 12:89-96
Kelleci M, Inal S (2010) Psychiatric symptoms in adolescents with internet use: comparison without internet use. Cyberpsychol Behav Soc Netw 13:191-194
Khazaal Y, Billieux J, Thorens G et al (2008) French validation of the internet addiction test. Cyberpsychol Behav Soc Netw 11:703-706
Kim K, Ryu E, Chon MY et al (2006) Internet addiction in korean adolescents and its relation to depression and suicidal ideation: a questionnaire survey. Int J Nurs Stud 43:185-192
Ko CH, Yen JY, Chen CS et al (2008) Psychiatric comorbidity of internet addiction in college students: an interview study. CNS Spectr 13:147-153
Ko CH, Yen JY, Liu SC et al (2009) The associations between aggressive behaviors and internet addiction and online activities in adolescents. J Adolesc Health 44:598-605
La Barbera D, La Cascia C (2008) Il gioco d'azzardo patologico. Nòos 2:129-138
LaBrie RA, Kaplan SA, Laplante DA et al (2008) Inside the virtual casino: a prospective longitudinal study of actual internet casino gambling. Eur J Public Health 18:410-416
Lam LT, Zi-wen P, Jin-cheng M, Jin J (2009) Factors associated with internet addiction among adolescents. Cyberpsychol Behav 12:551-554
LaRose R, Lin CA, Eastin MS (2003) Unregulated internet usage: addiction, habit or deficient self-regulation? Media Psychol 5:225-253
Lavanco G (2001) Psicologia del gioco d'azzardo. McGraw-Hill, Milano
Lavanco G, Varveri L (2006) Psicologia del gioco d'azzardo e della scommessa: prevenzione, diagnosi, metodi di lavoro nei servizi. Carocci, Roma, p 23
Lee Y, Han D, Yang K et al (2009) Depression like characteristics of 5HTTLPR polymorphism and temperament in excessive internet users. J Affect Disord 109:165-169
Lesieur H, Blume B (1987) The South Oaks gambling screen (SOGS): A new instrument for the identification of pathological gamblers. Am J Psychiat 144:1184-1488
Libro verde (2011) Sul gioco d'azzardo on-line nel mercato intero. http://eurlex.europa.eu/LexUriServ/LexUriServ.do?uri=COM:2011:0128:FIN:it:PDF. Accessed 12 November 2012
Liu X, Bao Z; Whang Z (2010) Internet use and internet addiction disorder among medical students: a case from china. Asian Soc Sci 6:28-34

Lorenz VC, Yaffee RA (1986) Pathological gambling: psychosomatic, emotional and marital difficulties as reported by the gambler. J Gambl Behav 2:40-49

Maddux JF, Desmond DP (2000) Addiction or dependence? Addiction 95:661-665

Manning JC (2006) The impact of internet pornography on marriage and the family: a review of the research. Sexual Addiction & Compulsivity 13:131-165

Marcucci M, Lavenia G (2004) Realtà virtuali e identità soggettiva. Nuovi mondi e psicopatologia del sé. L'Asterisco, Urbino

Matthews N, Farnsworth B, Griffiths MD (2009) A pilot study of problem gambling among student online gamblers: mood states as predictors of problematic behavior. Cyberpsychol Behav 12:741-745

Morahan-Martin J (2008) Internet abuse: emerging trends and lingering questions. In: Barak A (ed) Psychological aspects of cyberspace: theory, research and applications. Cambridge University Press, Cambridge, pp 32-69

Morahan-Martin J, Schumacher P (2000) Incidence and correlates of pathological internet use among college students. Comput Hum Behav 1:13-29

Niemz K, Griffiths M, Banyard P (2005) Prevalence of pathological internet use among university students and correlations with self-esteem, the general health questionnaire, and disinhibition. Cyberpsychol Behav 8:562-70

Nower L, Deverensky JL, Gupta R (2004) The relationship of impulsivity, sensation seeking, coping and substance use in youth gamblers. Psychol Addict Behav 18:49-55

Orzack M (1999) Computer addiction: is it real or is it virtual? Har Ment Health Lett 15:8

Orzack M, Orzack DS (1999) Treatment of computer addicts with complex co-morbid psychiatric disorders. Cyberpsychol Behav 2:465-473

Pani R, Biolcati R (2006) Le dipendenze senza droghe. Utet Università, Novara

Park SK, Kim JY, Cho CB (2008) Prevalence of internet addiction and correlations with family factors among south korean adolescents. Adolescence 43:895-909

Pini M (2003) Il gioco patologico. In: Nizzoli U, Pissacroia M (eds) Trattato completo degli abusi e delle dipendenze, vol. 1, Piccin, Padova, pp 275-285

Poli R, Agrimi E (2012) Internet addiction disorder: prevalence in an italian student population. Nord J Psychiatry 66:55-59

Potenza MN, Wareham JD, Steinberg MA et al (2011) Correlates of at-risk/problem internet gambling in adolescents. J Am Acad Child Adolesc Psychiatry 50:150-159

Scherer V (1997) College life online: healthy and unhealthy internet use. J Coll Student Dev 38:655-655

Schneider JP (2000) A qualitative study of cybersex participants. Gender differences, recovery issues and implications for therapists. Sexual Addiction & Compulsivity 7:249-277

Schneider JP (2001) Effects of cybersex addiction on the family: results of a survey. Sexual Addiction & Compulsivity 7:31-58

Schneider JP (2004) Understanding and diagnosing sex addiction. In: Coombs R (ed) Handbook of addictive disorders: a pratical guide to diagnosis and treatment. John Wiley & Sons, Hoboken, pp 197-232

Schneider JP, Weiss R (2001) Cybersex exposed: simple fantasy or obsession? Hazelden, Center City

Schwartz MF, Southern S (2000) Compulsive cybersex: the new tea room. In: Cooper A (ed) Cybersex: the dark side of the force. Brunner-Routledge, Philadelphia, pp127-144

Shaffer HJ (1997) The most important unresolved issue in the addictions: conceptual chaos. Subst Use Misuse 32:1573-1580

Shaffer HJ (1999) On the nature and meaning of addiction. National Forum 79:10-14

Shaffer HJ, Hall MN, Vander BJ (2000) Computer addiction: a critical consideration. Am J Orthopsychiat 70:162-168

Shaffer HJ, LaBrie R, Scanlan KM, Cummings TN (1994) Pathological gambling among adolescents: Massachusetts gambling screen (MAGS). J Gambl Stud 10:339-362

Shaffer HJ, LaPlante DA, LaBrie RA, Kidman RC, Donato AN, Stanton MV (2004) Toward a syndrome model of addiction: multiple expressions, common etiology. Harvard Rev Psychiat 12:367-374

Shapira N, Goldsmith T, Keck P et al (2000) Psychiatric features of individuals with problematic internet use. J Affect Disord 57:267-272

Shaw M, Black DW (2008) Internet addiction: definition, assessment, epidemiology and clinical management. CNS Drugs 22:353-365

Siomos KE, Dafouli ED, Braimiotis DA et al (2008) Internet addiction among greek adolescent students. Cyberpsychol Behav 11:653-657

Smeaton M, Griffiths M (2004) Internet gambling and social responsibility: an exploratory study. Cyberpsychol Behav 7:49-57

Smeraldi E (2003) Il disturbo ossessivo-compulsivo e il suo spettro. Masson, Milano

Steel Z, Blaszczynski A (1998) Impulsivity, personality disorders and pathological gambling severity. Addiction 93:895-905

Steenbergh TA, Meyers AW, May RK, Whelan JP (2002) Development and validation of the Gamblers' Beliefs Questionnaire. Psychol Addict Behav 16:143-149

Suler J (1998) Internet addiction support group: is there truth in jest? http://users.rider.edu/~suler/psycyber/supportgp.html. Accessed 21 December 2012

Suler J (2004a) Computer and cyberspace addiction. Int J Appl Psychoanal Stud 1:359-362

Suler J (2004b) The online disinhibition effect. Cyberpsychol Behav 7:321-326

Sundali J, Croson R (2006) Biases in casino betting: the hot hand and the Gambler's fallacy. Judgm Decis Mak 1:1-12

Thatcher A, Goolam S (2005) Development and psychometric properties of the problematic internet use questionnaire. S Afr J Psychol 35:793-809

Toneatto T, Lecce J, Bagby M (2009) Alexithymia and pathological gambling. J Addict Dis 28:193-198

Tsai HF, Cheng SH, Yeh TL et al (2009) The risk factors of internet addiction: a survey of university freshmen. Psychiat Res 167:294-299

Van der Stel J, Voordewind D (2001) Manuale di prevenzione. Alcol, droghe e tabacco, Franco Angeli, Milano

Weiss D (2004) The prevalence of depression in male sex addicts residing in the United States. Sexual Addiction & Compulsivity 11:57-69

Whelan JP, Steenbergh T, Meyers AW (2010) Gambling. Gioco d'azzardo problematico e patologico. Giunti Organizzazioni Speciali, Milano

Widyanto L, McMurran M (2004) The psychometric properties of the internet addiction test. Cyberpsychol Behav 7:443-450

Wolfe WL (2012) Online drinking: an exploratory study of alcohol use and intoxication during internet activity. N Am J Psychol 14:61-76

WHO, World Health Organization (1992) The ICD-10 international classification of diseases. WHO, Génève

Yen JY, Ko CH, Yen CF et al (2007) The comorbid psychiatric symptoms of internet addiction: attention deficit and hyperactivity disorder (ADHD), depression, social phobia, and hostility. J Adolesc Health 41:93-98

Young J (2008) Common comorbidities seen in adolescents with attention-deficit/hyperactivity disorder. Adolesc Med State Art Rev 19:216-228

Young K (1996) Internet addiction: the emergence of a new clinical disorder. Cyberpsychol Behav 3:237-244

Young K (1998) Caught in the net. John Wiley & Son, New York

Young K (2007) Cognitive-behavioral therapy with internet addicts: treatment outcomes and implications. Cyberpsychol Behav 10:671-679

Young K, Griffin-Shelley E, Cooper A et al (2000a) Online infidelity: relationship with implications for evaluation and treatment. Sexual Addiction & Compulsivity 7:59-74

Young K, Yue XD, Yiung L (2011) Prevalence estimates and etiologic models of internet addiction. In: Young K, Nabuco de Abreu C (eds) Internet addiction: a handbook and guide to evaluation and treatment. John Wiley & Sons, Hoboken, pp 13-15

Young K, Pistner M, O'Mara J, Buchanan J (2000b) Cyber-disorders: the mental health concern for the new millennium. Cyberpsychol Behav 3:475-479

Zinberg NE (1984) Drug, set and setting. Yale University Press, New Haven
Zuckerman M (1994) Behavioral expressions and biosocial bases of sensation seeking. Cambridge University Press, Cambridge, New York

L'era digitale 3

3.1 Cambiamenti socioculturali

L'era digitale si è instaurata nelle nostre esistenze con le caratteristiche di un'evoluzione, piuttosto che di una rivoluzione. Se volessimo paragonarla alla famosa rivoluzione industriale inglese che, a partire dalla metà del Settecento, cambiò l'economia mondiale in modo radicale, è facile cogliere differenze sostanziali. La realtà digitale è frutto di un processo evolutivo silenzioso, come silenziose sono tutte le evoluzioni, proprio perché legate alla naturalità dell'esistenza. Quando ci accorgiamo che un figlio è cresciuto o che lo stato di un paziente è cambiato, sebbene ce lo potessimo aspettare, veniamo sempre colti di sorpresa, e, insieme, abbiamo la sensazione che qualcosa sia accaduto al di fuori della nostra consapevolezza. Il concetto di rivoluzione invece è correlato all'idea di rottura di uno stato precedente e quindi di un cambiamento improvviso e non diluito nel tempo, che nella sua evidenza concreta non ha nulla di inconsapevole. È la stessa differenza che c'è tra un respiro e un colpo di tosse. Il primo è un atto fisiologico di cui non ci accorgiamo e segue una continuità, il secondo è patologico, fa accorgere di sé e rimanda all'idea di un'interruzione. Inoltre, la rivoluzione industriale è fondata sul concetto di macchina e di operare attraverso meccanismi concreti, mentre l'evoluzione digitale ha come fine ultimo la relazione tra esseri umani, veicolando informazioni primariamente per immagini e coinvolgendo allo stesso modo l'interpersonale e l'intrapsichico.

È evidente che qualsiasi supporto digitale è anch'esso una macchina, che si è strutturalmente evoluta nel senso dell'interattività e quindi in grado di incidere sui processi mentali e sull'identità di chi la usa. In altre parole, ogni forma di interattività è psicoattiva, proprio come i farmaci, perché si svolge all'interno di una forma di relazione che genera pensieri e opera trasformazioni, attraverso il vissuto delle emozioni. La comunicazione digitale è pervasiva ed è soprattutto una comunicazione per immagini; questo la rende simile alla comunicazione pre-verbale e rimanda a un'epoca della vita dove erano le immagini ancor prima delle parole a dotare di significato qualsiasi esperienza. La multimedialità è fatta di immagini interattive che ci informano silenziosamente anche al di là della nostra coscienza e per questo le conseguenze del suo progredire sono state manifeste soltanto quando i *nativi digitali* sono diventati adolescenti.

L'adolescenza dà risonanza a tutto ciò che viene introiettato durante l'infanzia e il *rimosso* a sua volta può essere agito ed elaborato, nel tentativo di essere integrato, o non agito, con il rischio di essere dissociato. Per ogni adolescente l'azione rappresenta l'anima dell'esperienza che solo successivamente può essere pensata. Non è un caso che la psicopatologia adolescenziale dei nostri tempi comprenda sempre più situazioni dove si agisce d'impulso senza pensare, insieme ad altre dove l'idea di agire è confinata all'uso di internet o di una consolle per giocare. In una prospettiva diversa, il poliabuso di sostanze e i fenomeni di *binge* ("abbuffarsi") tra i giovani possono essere interpretati come un malcelato bisogno di perdersi, al di fuori di una realtà dove esserci significa essere online ed essere online significa essere in qualche modo visibile. Ecco perché l'attenzione e talvolta la preoccupazione di genitori, medici ed educatori, si sono rivolte a ragazzi sempre più giovani fino ad arrivare ai bambini, osservati mentre sono assorti di fronte a uno smartphone, un tablet, un PC, quasi impermeabili all'ambiente circostante. La tecnologia *touch-screen*, in particolare, sembra adattarsi con naturalezza al pensiero magico e ai sentimenti di onnipotenza che fanno parte dell'infanzia. Per molti genitori è più facile compiacersi di una competenza così precoce, piuttosto che riflettere sul perché uno screen digitale possa catturare l'attenzione in modo tanto radicale. Quando sentiamo dire che di fronte a uno gioco digitale un bambino *non si sente e non si vede*, allora significa che quel bambino, finché gioca, di fatto non c'è. Viene a mancare nel pensiero di chi intorno a lui non l'*ha visto né sentito* e ciò rende il gaming digitale un'attività con proprietà dissociative, che nei casi in cui esista una predisposizione, possono incidere patologicamente su individui di qualsiasi età.

L'interattività rappresenta l'essenza della realtà multimediale che ci circonda e che ha moltiplicato gli stimoli a cui dobbiamo rispondere. Solo vent'anni fa aspetti importanti della crescita erano fondati sull'educazione ai media attraverso l'analisi dei contenuti che la televisione veicolava a fruitori passivi. Per anni l'unica possibilità di interagire era confinata all'uso, anche compulsivo (zapping), del telecomando. Nell'era digitale i bambini parlano con la televisione attraverso cartoon interattivi che rendono una trasmissione sempre più una relazione. L'interattività è direttamente proporzionale al potenziale di intrattenimento (tempo trascorso davanti a uno schermo) e, all'interno di una realtà sempre più fatta di schermi, ha cambiato lo spettatore passivo in produttore attivo. Non solo: in una società *multitasking* la comunicazione non è più solo duale ma può essere rivolta a molti, seguendo una logica inversa che favorisce più la centralità dei soggetti che quella dei mezzi di comunicazione (Rivoltella, 2007).

Se da una parte la moltiplicazione dei contatti determina l'impoverimento dei contenuti, dall'altra incarna il bisogno di essere sempre connessi e potenzialmente contattabili. Questo ha modificato il modo di vivere il tempo e lo spazio compromettendo la capacità di attendere e quella di stare da soli, non più considerate come risorse. L'impressione è che la possibilità di reperire continue fonti di eccitazione abbia preso il posto di qualcosa di strutturale che non c'è più, a cui anche noi *immigrati digitali* facciamo fatica a dare un valore. Non è un caso che la tecnologia digitale sia stata inventata dagli *immigrati* prima di essere abitata dai *nativi*, e non è neanche un paradosso visto che abbiamo descritto l'era digitale come un fenomeno evolutivo. La distanza generazionale che sentiamo tanto ampia da sembrare una manifestazione di assenza è soprattutto una distanza di sguardi in un continuo alternarsi di schermi e stimoli interattivi, dove cambiano anche i linguaggi. Parole contratte, neologismi, pensieri brevi hanno preso il posto delle narrazioni distese e la comunicazione per immagini ha incrementato il bisogno di rappresentarsi rispetto al bisogno di raccontare (Rivoltella, 2007). Chat e social network sono lo sfondo di questo nuovo modo di stare al mondo e internet ne rappresenta la struttura portante.

3.1.1 L'idea di internet

L'idea di internet è nata negli anni della guerra fredda, anni in cui l'equilibrio del mondo era ancora precario, dopo due guerre mondiali e la minaccia di una guerra atomica ancora concreta e presente. Il ministero della difesa statunitense mirava alla creazione di una rete sicura e decentralizzata, in grado di collegare le sue basi militari fra loro; istituì così un progetto di ricerca, l'ARPA (*Advanced Research Project Agency*) che in pochi anni portò alla creazione di ARPAnet, la prima forma di rete. Inizialmente i computer collegati in rete erano solo quattro, ma il numero iniziò a crescere rapidamente coinvolgendo i sistemi informatici delle Università americane e degli Enti governativi così che, intuite le enormi potenzialità di questa prima forma di rete, nel 1983 si decise di dividerla in due, una prettamente esclusiva per l'utilizzo militare, Milnet, e una pubblica, Internet. I dati che potevano essere trasferiti da un computer all'altro erano comunque molto limitati, fino a quando nel 1992 Tim Berners Lee ebbe un'intuizione geniale che diede una svolta nello sviluppo di internet. La sua idea era di creare un sistema che consentisse la pubblicazione e la gestione di ipertesti sulla rete (un insieme di documenti messi in connessione fra loro da parole chiave). Questa proposta prese il nome di "Ragnatela intorno al Mondo", cioè World Wide Web 1.0 (abbreviato in www).

Mentre la ragnatela iniziava a espandersi e a prendere forma, parallelamente i Personal Computer (PC) rappresentavano un altro grande cambiamento nel campo dell'informatica. Non erano più i calcolatori ingombranti e costosi utilizzati perlopiù in ambito lavorativo e scientifico, ma piccoli computer sempre più performanti, perfettamente adattabili alle nostre case al punto di divenire oggetti del nostro vivere quotidiano. Nel 1995, data fondamentale per la rivoluzione digitale, il colosso dell'informatica Microsoft lanciò il programma Internet Explorer che consentiva ai numerosi fruitori di Windows 95 di connettersi a internet dal proprio PC con un semplice doppio clic, costruendo così un ponte, o meglio innumerevoli ponti, capaci di connettere ciascun PC dotato di un modem al nuovo mondo di internet. Un mondo tutto ancora da scoprire, ormai definitivamente lontano dagli scopi strategici militari per cui era nato, ma sempre più vicino all'idea di un villaggio fatto di bit invece che di mattoni, popolato da utenti piuttosto che da abitanti (Negroponte, 1995).

Guardandoci intorno oggi, alla distanza di quasi vent'anni, troviamo che la realtà in cui viviamo è una realtà nuova e l'evoluzione di internet è stata il nucleo di questo cambiamento, dettando i tempi e i modi di una rivoluzione nel nostro modo di conoscere il mondo e di vivere. I numeri di questo cambiamento ne descrivono bene la portata: a oggi nel mondo ci sono quasi 2,3 miliardi di persone che usano internet, circa il 33% della popolazione mondiale; il 78% della popolazione degli Stati Uniti è online, mentre in Europa "solo" il 61%. Ma ciò che impressiona di più è il dato secondo cui, al momento, 8 nuovi utenti si aggiungono alla rete ogni secondo, e molti di questi nuovi utenti provengono dai paesi in via di sviluppo dove si è avviata una campagna per diffondere internet e abbatterne i costi, con l'obiettivo di bilanciare il "digital divide" che vede l'Africa come fanalino di coda con il 13,5% di connessioni (Royal.Pingdom.com, 2011). Il raggiungimento di un numero così vasto di utenti è stato possibile anche grazie alla diffusione degli allacci domestici a internet e al loro costo relativamente basso; inoltre, la tecnologia wi-fi ha permesso di collegarsi alla rete senza utilizzare nessun cavo, nessun supporto (*wireless*, appunto) rendendo possibile tra l'altro la connessione gratuita in luoghi pubblici. Come se tutto ciò non bastasse, i cellulari di ultima generazione sono stati ideati per essere dei piccoli telefoni-computer con cui telefonare e connettersi in rete in qualsiasi momento e in qualsiasi luogo.

Date le percentuali di diffusione dei cellulari nel mondo che superano il 90% (Royal.Pingdom.com, 2010), con picchi nei paesi industrializzati del 116% (più di un cellulare a persona), possiamo prevedere che, negli anni a venire, la diffusione di internet sarà ancora più capillare e che avremo una finestra virtuale sempre presente e disponibile nelle nostre giornate. Passi da gigante sono stati compiuti anche nell'ottimizzarne la velocità e la capacità di trasferire dati: nel 1995 per connettersi si utilizzava una linea telefonica che trasmetteva dati a 56k al secondo, una velocità ancora troppo ridotta che non permetteva di sfruttare a pieno le potenzialità di condivisione di internet.

Oggi, con la diffusione dell'ADSL e della fibra ottica, le velocità di connessione sono più che centuplicate consentendo di inviare e ricevere dati sempre più voluminosi in tempi sempre più veloci. I progressi della tecnologia e la sua diffusione massiva hanno trasformato il ponte che precedentemente connetteva ogni fruitore alla rete in un'autostrada sempre più ramificata. La connessione efficace fra le infinite possibilità della rete e il numero sempre crescente di utenti hanno portato alla nascita del Web 2.0, termine coniato nel 2004 per descrivere l'evoluzione della ragnatela rispetto alla precedente World Wide Web 1.0.

L'elemento distintivo del Web 2.0 è rappresentato da un coinvolgimento personale sempre maggiore degli utenti tramite un complesso di applicazioni totalmente online che consentono una spiccata interattività con la rete e fra gli utenti stessi; tra queste ricordiamo i blog, i forum, le chat, Wikipedia, YouTube e Facebook, ma ne esistono molte altre. Il Web 2.0 si arricchisce e muta costantemente grazie al contributo dei fruitori e per questo è definito "web dinamico" in contrapposizione alla fondamentale staticità del primo www degli anni Novanta.

Ciascuno di noi oggi può usufruire dei contenuti pubblici degli altri utenti e condividere i propri sulla rete anche senza possedere una preparazione tecnica. Registrandosi e creando un profilo su *Facebook* è possibile aggiungere altri utenti da tutto il mondo fra i propri amici, prendere parte a gruppi in base ai propri interessi, scambiarsi messaggi di posta, chattare, condividere immagini o giocare insieme, tutto all'interno di una community (o comunità virtuale) che conta più di un miliardo di iscritti. Accedendo al sito web *YouTube* è possibile condividere i propri video o visualizzare quelli di altri utenti. Oggi vengono visualizzati quotidianamente circa 4 miliardi di video e 65.000 nuovi filmati vengono aggiunti ogni 24 ore (YouTube.com), tanto che la popolarità di YouTube ha trasformato un numero imprecisato di utenti in vere e proprie celebrità di internet, grazie alle loro apparizioni nei video. Il Web 2.0 più che costituire un'evoluzione tecnologica della realtà di internet, simbolizza una nuova filosofia di utilizzo basata sulla condivisione, sulla partecipazione e sulla libertà, piuttosto che sulla mera fruizione di informazioni, coinvolgendo tutti i partecipanti a sostenere e arricchire la rete, creando nuovi siti e modificando i contenuti di quelli già esistenti.

3.1.2 La comunicazione nel villaggio globale

Per quanto i numeri riguardanti lo sviluppo delle rete ben rappresentino la rapida evoluzione tecnologica della nostra società negli ultimi vent'anni, essi non colgono a pieno l'essenza della rivoluzione digitale, cioè i cambiamenti socioculturali che da essa sono scaturiti.

Già negli anni Sessanta il sociologo canadese Marshall McLuhan si interessò alla possibile correlazione fra progresso tecnologico e società, considerando in particolare il concetto di determinismo tecnologico, secondo cui i mutamenti delle tecnologie nel campo delle comunicazioni, per la loro pervasività, rappresentano la principale e più evidente causa di trasformazioni del tessuto sociale, determinando l'evoluzione della cultura e della struttura mentale delle persone (McLuhan, 1962). Prima ancora della rivoluzione digitale, infatti, altri passaggi storici importanti sono stati determinati o comunque influenzati dal progresso tecnologico.

Grazie a Gutemberg e all'invenzione della stampa a caratteri mobili, per esempio, nella seconda metà del Quattrocento si compì il passaggio definitivo dalla cultura orale a quella alfabetica, e ciò ebbe un grande impatto nella storia della civiltà occidentale rendendo possibile la diffusione della riforma protestante e dell'illuminismo e l'avvento dell'istruzione universale e dell'alfabetizzazione.

Se guardiamo alla storia recente possiamo vedere come la diffusione di internet sia stato un ingrediente essenziale nell'ondata dei recenti cambiamenti politico-culturali avvenuti nei paesi del Nord Africa. Il ruolo della rete si è rivelato determinante perché, a differenza dei mezzi di comunicazione tradizionali come TV e stampa, che erano sottoposti a regime di censura, i social network e i blog diffondevano la voce della protesta, nonostante i tentativi di repressione. Grazie ai nuovi media, strutturalmente fuori dai meccanismi di controllo e di centralizzazione, è stato possibile trasmettere in tempo reale informazioni non filtrate, necessarie per organizzare manifestazioni, per segnalare situazioni di allarme, ma soprattutto per imporre tutto questo all'attenzione di altri paesi.

Qualsiasi tecnologia che determina un incremento delle nostre facoltà e capacità costituisce un *medium*, cioè un mezzo attraverso il quale ci relazioniamo con il mondo. Proprio per questo esso retroagisce con i messaggi dei media già presenti in un dato momento storico, rendendo più complesso l'ambiente sociale con importanti implicazioni sociologiche e psicologiche. Secondo McLuhan, ciò che agisce maggiormente sui processi psichici dell'individuo non è tuttavia il contenuto della comunicazione in sé, ma i caratteri strutturali del medium, o mezzo di comunicazione, che viene utilizzato nella trasmissione; è a tale proposito che coniò l'espressione "il medium è il messaggio" (McLuhan, 1964). Ogni medium cioè organizza la comunicazione secondo criteri strutturali peculiari e questo lo rende in sé non neutrale, poiché la stessa informazione veicolata tramite medium diversi suscita comportamenti e processi cognitivi differenti nell'osservatore. Per la sua struttura, infatti, la televisione mantiene lo spettatore in una posizione statica sia in un senso prettamente fisico – dobbiamo stare fermi davanti allo schermo – sia mentale – la osserviamo passivamente e ciò suscita un sentimento di rassicurante torpore. Al contrario, il web nasce come medium basato su un alto livello di coinvolgimento e interattività, e stimola continuamente la nostra attenzione, influenzando in maniera più significativa i processi cognitivi messi in atto dall'utilizzatore.

Tutte le volte che l'uomo crea strumenti comunicativi nuovi attraverso la tecnica, necessariamente integra nel suo sistema un'altra prospettiva di contatto con la realtà e se da una parte ciò può rendere più semplice e più stimolante la nostra vita, dall'altra inevitabilmente influisce sul singolo a livello emozionale e del pensiero. In questo senso il web diventa un'esteriorizzazione delle nostre capacità sensoriali e percettive, attraverso un'immensa ragnatela che abbraccia il mondo. Questo inevitabilmente condiziona la nostra mente, che tende a svilupparsi in relazione con l'esterno, che risponde con tempi e modi che possono influenzare questo processo. Possiamo notare che più potente è il medium più esso si presta a essere influenzante, determinando singolarmente e a livello della società vere e proprie rivoluzioni culturali, come quella digitale. Per comprendere a pieno questo processo evolutivo e le sue implicazioni occorre conoscerne le caratteristiche strutturali, astenendosi da inutili pregiudizi.

Quando siamo connessi entriamo in un *villaggio globale* popolato da migliaia di altri *users* che come noi si muovono tra le maglie della rete, proprio come le persone camminano per le strade di una città. Il termine "villaggio globale" (McLuhan, 1964), oggi ormai largamente utilizzato nel linguaggio quotidiano, venne ideato per descrivere mediante un ossimoro le caratteristiche di interconnessione e comunicazione dei nuovi media nascenti: per villaggio globale si intende un piccolo mondo, facilmente esplorabile come un *villaggio*, ma nello stesso tempo *senza confini*. Il nuovo mondo di internet rappresenta uno spazio in cui è possibile comunicare in maniera diffusa e immediata, proprio per la restrizione dello spazio e del tempo, entrando a far parte di una grande comunità sempre più decentralizzata e globale. La presenza dell'altro e la possibilità di entrarvi in relazione, da utente a utente, rende la rete estremamente accattivante, perché ci permette di affacciarci da una finestra sul mondo e attraverso questa ricevere stimoli e rispondere interattivamente.

Pensiamo per esempio all'applicazione Facebook, ideata come una "piattaforma sociale che consente di connettersi con amici o con chiunque lavori, studi e viva vicino a te" (Facebook.com, 2012); oggi rappresenta un punto di incontro per milioni di persone che in diretta arricchiscono la propria pagina-profilo personale con informazioni, interessi, pensieri, immagini, consentendo agli altri di partecipare. È proprio lo stesso Facebook a proporci l'amicizia con utenti selezionati solo perché hanno interessi o svolgono attività affini alle nostre. Se vogliamo approfondire la conoscenza possiamo magari scambiare messaggi di posta, chattare oppure metterci in contatto video, quasi a strutturare nuove forme di intimità.

Grazie a internet le relazioni in cui siamo immersi possono aumentare quotidianamente. Tuttavia il numero di amici su Facebook può essere così elevato, che in alcuni casi satura la nostra capacità di instaurare e mantenere relazioni. Viene privilegiato l'aspetto quantitativo rispetto a quello qualitativo. Se da una parte incontrarsi è più facile, dall'altra la rete, per la sua architettura, propone una forma di comunicazione basata su criteri strutturali nuovi rispetto a quelli a cui eravamo abituati: il sentimento di distanza e di vicinanza, così come la percezione del tempo, sono cambiati. Possiamo parlare a qualsiasi orario con un amico che si trova dall'altra parte del mondo e sentirci vicino a lui, rendendo sempre possibile un contatto anche se parziale, per il limite invalicabile che ogni schermo pone al corpo e alla sensorialità.

Nella realtà virtuale possiamo sentirci più sicuri, perché ciò che è esterno a noi diventa esplorabile e controllabile attraverso lo schermo, all'interno di uno *spazio vivo* in costante trasformazione dove le relazioni sono onnipresenti e quindi *senza luogo*. Internet rappresenta un mezzo insostituibile nella nostra vita e molte attività quotidiane, che fino a pochi anni fa richiedevano tempo e spostamenti, oggi possono essere svolte semplicemente da casa con un semplice clic. Possiamo pagare le bollette, organizzare viaggi, leggere i quotidiani e mantenerci in contatto con gli altri senza uscire di casa, a volte guadagnando tempo, a volte perdendolo soltanto.

La realtà virtuale non si presta a momenti di attesa o di noia, che invece sono parte integrante del nostro vissuto quotidiano e, al contrario, ci offre continuamente nuovi stimoli verso cui rivolgere istinti e curiosità. Navigando siamo abituati a filtrare un grande numero di informazioni distribuendo le nostre capacità attentive su più piani contemporaneamente a discapito però del livello di attenzione posto in ogni singola attività. Ciò favorisce l'instaurarsi di processi cognitivi basati sull'immediatezza e sulla formazione di una conoscenza in continua ridefinizione che, se da una parte non diventa mai qualcosa di definitivamente acquisito, dall'altra pone il problema della selezione e dell'accertabilità delle fonti.

L'apprendimento scolare inizia a essere pensato su basi diverse, ma questo processo risente delle difficoltà specifiche di educatori e insegnanti a integrare contenuti del passato con nuove forme comunicative. Si tratta di una forma di integrazione difficile da realizzare, considerando che la tecnologia digitale ha inciso a tal punto sulla comunicazione da rendere gli aspetti formali veri e propri contenuti. Nell'era digitale le variabili spazio-tempo disegnano una cornice del reale diversa, dentro la quale anche la psicopatologia sembra cambiare.

3.2 Concetto di spazio

La parola spazio, nel suo significato più superficiale, ci fa pensare a un contenitore invisibile e allo stesso tempo tridimensionale, avente il compito di contenere tutti gli oggetti, il mondo reale e quello dell'immaginabile. Lo spazio e la concezione di questo nel singolo individuo rappresentano il teatro in cui va in scena la nostra vita, come fosse il nostro palcoscenico, i cui confini sono mutevoli e regolati da istinti anche arcaici. Basti pensare a quanto è arcaica la sua genesi: l'animale ha innato il concetto concreto di spazio, la territorialità, intesa come "spazio vitale" da difendere.

Il concetto di spazio nasce in seno alla fisica (classica) e alla filosofia. La necessità di organizzare lo spazio concreto dà vita alla geometria sin dal tempo dell'antico Egitto, che rappresenta lo spazio come contenitore vuoto e infinito di qualcosa, riferendosi quindi all'estensione tridimensionale che, come detto, contiene oggetti. Secondo la visione pitagorica si tratta di uno spazio geometrico divisibile all'infinito; Democrito ne parla in termini di vuoto infinito che circonda gli atomi (Cioffi et al., 1998). Lo spazio geometrico è un pensiero astratto, non ha dei corrispettivi reali, ma concettualizza e rende perfettamente omogeneo ciò che in natura è solamente simile. È questo il caso della retta, un insieme infinito di punti, che non ha un corrispettivo nella realtà. Se pensiamo a un campo di grano, possiamo considerare una fila di spighe come una linea retta, composta da elementi (spighe) non identici tra di loro. La retta quindi è un tentativo di rappresentare ciò che in natura è simile, ma non identico, al fine di poterlo pensare e utilizzare a livello speculativo. Sia la geometria Euclidea sia quella non Euclidea rappresentano dei concetti relativi e non assoluti del significato di spazio. La nascita del sistema geometrico sottende la necessità di organizzare lo spazio, che qui è inteso come "fisico", concreto e dotato della possibilità di essere misurabile.

L'introduzione della relatività, rappresentata dalla considerazione della relazione duale tra spazio e tempo, ha modificato ulteriormente tali teorie. Se prendiamo in esame un oggetto nello spazio, esso sarà caratterizzato da tre numeri, corrispondenti a lunghezza, altezza e profondità (sistema tridimensionale), più un quarto numero che rappresenta il tempo. Questo nuovo parametro introduce il concetto di movimento.

Il concetto di spazio è rintracciabile con costanza sia nel mondo reale, come contenitore di cose ma anche come modulatore delle relazioni interpersonali, sia nella dimensione della fantasia: nell'immaginare qualcuno abbiamo spesso bisogno di collocarlo "mentalmente" da qualche parte.

Lo spazio è quindi presente sia nel mondo interno sia nel mondo concreto, esterno. L'acquisizione della nozione di spazio interno è un processo complesso che caratterizza tutte le tappe dello sviluppo dei primi anni di vita del bambino.

3.2.1 Spazio nell'individuo

Un bambino piccolo acquisisce rapidamente una prima idea di spazio tramite l'osservazione e il movimento che gli permettono di raggiungere gli oggetti. Egli comincerà a distinguere gli oggetti vicini da quelli lontani prima ancora di sviluppare il concetto del proprio spazio rispetto a quello altrui. Ne deduciamo che l'organizzazione elementare dello spazio prevede l'essere umano come centro di riferimento dal quale "si misurano" le coordinate. Più avanti si assiste allo sviluppo di funzioni quali la capacità di poter immaginare un oggetto costruendosi una rappresentazione mentale: l'oggetto esiste anche se noi non lo vediamo.

Dall'osservazione del bambino emerge come l'idea di spazio sia inizialmente inconscia. Durante *i primi mesi di vita*, l'infante è il centro della propria realtà, appare incapace di distinguere e separare la soggettività dall'oggettività della realtà esterna. Non conosce lo spazio, la percezione esterna coincide con ciò che vede, ed egli si trova ad attendere "passivamente" che l'oggetto da lui osservato, uscito dal campo visivo, ricompaia.

Tra *i quattro e gli otto mesi* di età, il bambino riesce a seguire, con lo sguardo prima e con il corpo poi, ciò che attira la sua attenzione. Compare quindi la coordinazione tra l'apparato motorio e quello visivo. Non c'è ancora una concezione chiara del movimento, sia delle cose sia di sé stesso. Per esempio, se un oggetto scompare dal campo visivo, un bambino tenderà a ripetere gli ultimi movimenti fatti nel tentativo di evocarlo. Se però l'oggetto è in parte visibile, egli riesce a riconoscerlo e ad afferrarlo. Una cosa che sfugge alla vista del bambino, in questa fase dello sviluppo, smette però di esistere. I movimenti guidati dalla vista modificano radicalmente la percezione dello spazio. C'è una crescente consapevolezza della forma e delle dimensioni degli oggetti.

Con l'avanzare dello sviluppo, *dagli otto ai dodici mesi*, il piccolo è in grado di scoprire un oggetto nascosto e acquisisce uno sviluppo sempre maggiore dei movimenti e delle attività mentali connesse. Egli si accorge che i propri movimenti, guidati dalla sua volontà, causano un effetto nella realtà. In questa fase l'oggetto è, nella mente, sempre a disposizione del bambino.

Tra *la fine del primo anno di vita e la metà del secondo* il bambino è capace di costruire un'immagine mentale dello spazio, degli oggetti, delle relazioni tra essi intercorrenti. Riesce ora a tracciare rappresentazioni mentali tali per cui passa da una concezione di spazio esclusivamente *percettiva* a una anche *rappresentativa*. Infatti, verso la fine del secondo anno di età, il bimbo non cerca più l'oggetto nei posti di elezione o tramite i "soliti" movimenti, ma comincia a immaginarne l'itinerario. Anche quando non vede e non sa dove si trovi l'oggetto, il piccolo è in grado di rappresentarne mentalmente gli spostamenti invisibili. La ricerca dell'oggetto diviene cosciente; l'esistenza dell'oggetto non è più legata e sotto il controllo del soggetto (Piaget e Inhelder, 1948).

Se osserviamo il comportamento del bambino davanti a uno specchio nel corso delle diverse tappe evolutive, possiamo riconoscere alcuni dei momenti dell'acquisizione del concetto di spazio (Stern, 1987). Fino ai dodici mesi il bimbo non è in grado di riconoscersi e di conseguenza è impossibilitato a concettualizzare lo spazio virtuale rappresentato dallo specchio. Successivamente compare un abbozzo di riconoscimento: il bambino comincia a riconoscere le proprie mani. Tra i venti e i ventidue mesi si assiste a una condotta di evitamento che il bimbo adotta quando vede la propria immagine riflessa. Rimane spaventato di fronte a "qualcuno" che si muove come lui. Ne deduciamo che c'è una concezione ben sviluppata del proprio corpo, ma manca ancora la concezione dello spazio: il bambino guarda l'immagine riflessa aggirando lo specchio. In genere solo dopo i ventiquattro mesi il bimbo è in grado di riconoscere sé stesso. Se viene disegnata una macchia sul suo viso, egli, mentre prima sarebbe andato a pulire lo specchio, è ora capace di passare la propria mano sulla faccia (Amsterdam, 1972). Qualora, mentre il bambino guarda lo specchio, compaia dietro di lui

un familiare, egli andrà verso lo specchio che è la fonte dell'immagine.
La corretta concezione dello spazio e degli oggetti, che permette al bambino di girarsi verso il genitore quando questi compare nello specchio, viene acquisita intorno ai *trenta mesi* di età.

3.2.2 Spazio nella relazione

L'idea di spazio è strettamente legata al concetto di non Sé, che rappresenta ciò che noi *non siamo* o, meglio, qualcosa di diverso, separato e indipendente da noi stessi. Questa consapevolezza prende forma con il passare del tempo e in condizioni di salute, ma affiora in origine quando il bambino incontra un limite sia esso fisico o psichico, un'entità, un oggetto su cui non decide e non esercita potere. Si assiste così alla progressiva separazione tra l'entità individuale, che è il soggetto, e ciò che è diverso da lui, l'oggettività del mondo esterno. L'obiettivo del bambino è ora quello, all'interno della relazione con la madre, di mantenere una vicinanza tale da sentirsi sicuro di esplorare. L'acquisizione di tale capacità dipende dalle esperienze che un bambino fa all'interno della relazione con la madre (Bowlby, 1972). Lo spazio in cui il bambino si muove con sicurezza è normalmente conosciuto e "a portata di mamma". I tentativi che egli compie si verificano tutti all'interno di questo spazio che ha precisi confini, dati dal raggio d'azione entro il quale il bambino ha la possibilità di esprimersi in sicurezza. La curiosità lo spingerà a oltrepassare tali confini. Con una mano un bambino stringe i pantaloni della mamma e con l'altra si spinge verso un altro *punto sicuro*, nuotando nello *spazio incerto* del non conosciuto. Si vengono a creare continui punti di vicinanza e distacco nella diade mamma-bambino. Lo spazio ha qui un ruolo fondamentale in riferimento al progressivo istinto di separazione, fisiologico nel bambino, che deve però sempre controbilanciarsi con la minaccia di abbandono, sperimentata in corrispondenza dell'allontanamento del *caregiver*. La vicinanza della mamma sublima l'angoscia del figlio attraverso diverse modulazioni. Come accade nel caso di un *abbraccio consolatorio* (Winnicott, 1965), sarà a volte necessario un contatto fisico e diretto tra i due membri della relazione a mitigare le emozioni negative e a permettere successivamente un distacco sicuro, tramite la vicinanza visiva associata a parole di conforto, fino all'acquisizione di una certa sicurezza. Il comportamento di attaccamento sottende quindi la necessità di assicurarsi la vicinanza della figura di riferimento che ha il compito di proteggere dal pericolo.

Lo spazio è quindi una costante che interessa diversi ambiti dello sviluppo e della coscienza di sé, che viene inizialmente modulato dalla funzione materna; abbiamo visto quanto lo spazio, anche fisico, abbia una precisa valenza all'interno della relazione primaria. Così come il bambino, tramite la distanza, regola il rapporto con la madre in funzione dei propri istinti e delle proprie emozioni, anche l'adulto conserva tale funzionamento. Basta pensare alle diverse distanze che involontariamente assumiamo a seconda di chi sia l'altro di fronte a noi (Hall, 1966). Il contatto fisico o comunque ravvicinato quando ci troviamo in una condizione di intimità avviene all'interno di uno stato di fiducia e a una distanza che ci consente di "sentire" l'altro non solo fisicamente. La riduzione dello spazio di distanza favorisce la possibilità di sentire gli odori, di poter parlare con un tono di voce più basso e, probabilmente, di cogliere con maggiore profondità le emozioni di chi ci sta di fronte. Al contrario, l'intromissione di un estraneo all'interno di uno spazio ravvicinato, viene percepita come una violazione e accompagnata da atteggiamenti di difesa, anche riflessi, e ripristino delle giuste distanze relazionali.

In riferimento ai rapporti di tipo amicale, stretti ma non intimi, la distanza aumenta quando il nostro interlocutore fa parte della nostra sfera personale ma non lo *sentiamo* così vicino, pur avendo la possibilità di toccarlo o guardarlo con disinvoltura. Anche uno sguardo può ridurre la distanza ed essere intrusivo facendoci sentire *senza via di fuga*. La comunicazione è sia verbale sia non verbale e solitamente prevede lo spazio per gesticolare o per muovere il corpo. Nelle relazioni formali la distanza che si tende a mantenere varia di norma tra uno e due metri. Questo spazio è necessario a garantire una comunicazione chiara; se fosse troppo ampio, banalmente, la comunicazione verbale ne sarebbe inficiata, ma non quella non verbale che può invece essere mantenuta. Di norma, comunque, non si entra in relazione con chi si trova a più di due metri di distanza e una persona che sia collocata oltre questo limite è percepita come parte dell'ambiente e non della relazione.

Esiste però uno *spazio sociale* che sottolinea come il concetto stesso di spazio, pur essendo innato, sia soggetto a interferenze culturali apprese. Il concetto di spazio, quindi, cambia anche in base alla società del momento. Storicamente la prima mutazione sembra essere avvenuta nel passaggio dalla società nomade a quella stanziale, ovvero, da un concetto di spazio fondato sul movimento, sempre mutevole, e in continua definizione, a una realtà in cui lo spazio assume caratteristiche di costanza e stabilità. Nel passaggio dalla società rurale a quella urbana, l'uomo si trova a vivere per la prima volta in una condizione di iperdensità abitativa. Pensiamo per esempio alle grandi città sorte nell'Ottocento, ingigantite in pochi decenni per fare spazio alle masse che dalle campagne accorrevano a lavorare nelle industrie appena sorte. In questa condizione era costante la violazione dello spazio personale. Nel corso del Novecento, i mezzi di spostamento e di comunicazione sono diventati sempre più veloci, talvolta anche istantanei, come nel caso del telefono cellulare. Nonostante questo, con il progredire dell'urbanizzazione aumenta la distanza fisica con parenti e amici. Nella società attuale, il concetto di spazio si allarga per tenere presente tanti individui e contemporaneamente si restringe per i tanti rispettivi *micro spazi*. Quindi l'intersecazione degli spazi personali, tutti egocentrici, diventa intreccio relazionale, spazio condiviso, all'interno di una cornice concreta e pertanto saturabile. Da qui la necessità di immaginare uno spazio sovrapposto a quello concreto, dove la presenza non è fisica ma virtuale.

3.2.3 Spazio virtuale

Lo spazio assume, quindi, un significato in relazione al contesto in cui viene preso in esame. Quello *sociale* è la sede di tutti i processi di avvicinamento e di distanziamento tra i singoli individui e nella collettività. In precedenza si è spiegato ciò che tende a regolare le distanze tra singoli, ma con l'evoluzione crescente della tecnologia digitale, la comunicazione assume delle caratteristiche nuove. Internet permette di mettere in contatto più persone contemporaneamente, abbattendo il concetto di distanza. Con un clic possiamo essere all'interno di uno *spazio virtuale*, che non ha un luogo fisico in cui risiedere ma esiste realmente e cresce parallelamente al progresso che avanza, ovunque vi sia la possibilità di connettersi.

Nell'ultimo ventennio, abbiamo assistito al nascere e al diffondersi di un sistema innovativo che ha pian piano assunto le caratteristiche di "un mondo nel mondo". Così come Platone, tramite l'allegoria della caverna, aveva posto l'accento sulla relatività del concetto di realtà, noi abbiamo assistito alla nascita, e stiamo vivendo, lo sviluppo di una nuova realtà, quella virtuale (Platone, 2003). È questo uno spazio nel quale possiamo decidere di "entrare", parzialmente privi del nostro corpo, e all'interno del quale però viviamo, ci informiamo e comunichiamo. Il concreto vi perde di valore; allo stesso modo in cui è esclusa la nostra persona, viene meno anche la fisicità dell'altro e l'ambiente non ha più le sue caratteristiche. Se in passato, per parlare con un amico che abita in un'altra città, era necessario un viaggio per annullare le distanze, adesso è sufficiente uno *smartphone* e queste distanze vengono neutralizzate all'istante. Lo spazio che divide due persone non costituisce più un ostacolo comunicativo. Al contrario, ciò che viene perso è la funzione comunicativa della sensorialità, che solo un incontro autentico *dal vivo* può generare. Come spiegato in precedenza, questo spazio interpersonale è il luogo del linguaggio non verbale, e in assenza del corpo concreto smette di esistere.

La sempre maggiore diffusione di internet, tramite PC, portatili e smartphone, garantisce un facile accesso a questo mondo alternativo entro il quale la vista e l'udito rappresentano i mezzi principalmente utilizzati. Il nostro corpo è quindi presente in modo parziale, anche quando decidiamo di comunicare tramite webcam; la nostra presenza è delegata alla nostra immagine e solo ad alcuni dei nostri sensi. È impossibile toccare l'altro, oppure sentirne l'odore. Allo stesso tempo possiamo essere virtualmente ovunque e in tempo reale, osservando di più e forse immaginando di meno.

Lo spazio si dilata senza limiti, le possibilità di muoversi, di conoscere, di vedere si amplificano. La spinta è la stessa di chi decide di avventurarsi nell'ignoto. Così appena ci connettiamo cominciamo a cliccare, spostandoci virtualmente di luogo in luogo, seguendo ogni genere di istinto curioso.

Concettualmente ci stiamo riferendo, quindi, a un nuovo "mondo", il cyberspazio, simile ma differente e comunque in reciproco scambio con le altre dimensioni dello spazio, prima analizzate, quella fisica, quella mentale e quella sociale. Con il termine *cyberspazio* (dal greco "*kybernàn*", navigare), coniato da Gibson nel 1984, si intende lo spazio creato dai computer quando si connettono tra loro. Spesso viene utilizzato come sinonimo di internet, anche se con questo termine non si indica una tecnologia fatta di oggetti materialmente esistenti, ma il luogo immateriale dove viaggiano e risiedono metaforicamente le informazioni. Al suo interno esiste possibilità d'azione, di provare un sentimento di "abitabilità", di costruire una comunità e di organizzare il tempo. Il cyberspazio presenta delle caratteristiche reali ma non concrete, che definiamo digitali. La possibilità di navigare tra differenti siti è paragonabile, dal punto di vista dell'informazione, a quando per esempio ci troviamo in libreria o dal giornalaio e decidiamo di prendere quel libro o quel giornale: nonostante venga a mancare la dimensione concreta della cosa, la sua replica virtuale adempie completamente alle funzioni dell'originale, talvolta estendendole.

Per esempio, nei videogiochi, con il progredire della tecnologia, abbiamo assistito a un sempre più sofisticato sistema di sviluppo di immagini tridimensionali, di figure che realmente occupano uno spazio, tanto da "fare ombra". All'interno dello spazio dei giochi possono accedere più individui simultaneamente, rappresentati figurativamente come avatar. Anche qui un individuo è immerso nella realtà virtuale, in un luogo dove non solo esiste, sotto forma di avatar, ma agisce, collabora, lotta, crea strategie ma soprattutto comunica. È questo un esempio di parziale abitabilità dello spazio virtuale. Non a caso in Second Life, uno dei videogiochi più frequentati dell'ultimo decennio, i giocatori vengono chiamati residenti. Ma il gioco è anche un mezzo tramite il quale si dà spazio all'immaginazione. L'avatar può rappresentare ciò che noi immaginiamo di essere o in talune situazioni ciò che vorremmo essere, sempre svincolati e alleggeriti dalla realtà. È questo uno spazio in cui il singolo può decidere di esistere nelle modalità e nelle sembianze desiderate, o meglio idealizzate, spesso con caratteristiche troppo distanti da quelle realmente possedute.

I modi e le sembianze con cui interagiamo nel cyberspazio danno forma a un'*identità digitale* che a volte diventa una *personalità alternativa*, che non ha nulla di virtuale. L'identità digitale rappresenta in questo senso un'evoluzione ulteriore, ponendosi al di là della dicotomia concreto-virtuale. Il progresso tecnologico è fortemente indirizzato a sviluppare nuovi strumenti volti a rendere sempre più "personale" la propria esperienza all'interno del cyberspazio. Se dall'identità digitale deriva una personalità alternativa, si assiste allo spostamento del senso di appartenenza dalla comunità reale a quella virtuale. Ciò comporta sempre un certo livello di patologia, a volte poco evidente perché sommersa dai processi trasformativi tipici dell'adolescenza.

Il cyberspazio, come la piazza in altri tempi, rappresenta il luogo di intrattenimento di relazioni *senza luogo*, dettato dal bisogno dell'individuo di condividere e comunicare. La distanza non si evidenzia più come manifestazione di vicinanza o lontananza, ma di connessione o non connessione: si passa da una connotazione metrica a una relazionale regolata dall'accessibilità. Non esiste la fisicità e viene meno l'atto del misurare geometricamente inteso, a favore di una "misurazione" delle relazioni. Le distanze sono regolate dalla comunicazione che necessita appunto di una connessione. Per questo può essere più vicino un amico con cui chattiamo, piuttosto che un familiare nella stanza accanto.

3.3 Concetto di tempo

Il concetto di tempo ha suscitato nell'uomo riflessioni sia di natura filosofica, volte a definirne il significato profondo, sia di natura scientifica, nel tentativo di darne una spiegazione concreta e garantirne la misurabilità. Nel corso della storia la nozione di tempo è stata affrontata secondo approcci concettuali molto diversi, che hanno via via legato la dimensione temporale alla religione, alla filosofia, alla psicologia e, in ultima analisi, allo scopo della vita stessa.

Nel mondo greco e nella civiltà romana il tempo è ciclico (*kyklos*) e segue un ritmo regolare, scandito dalla natura: si pensi al susseguirsi delle stagioni o al movimento degli astri. Il primo concetto di tempo nasce quindi dall'osservazione della ciclicità della natura e, in quest'ottica, il tempo è la misura della ritmica successione di fasi. Il fine della temporalità può coincidere con la fine, nel senso che il futuro non prevede nulla di nuovo, ma è ciò che deve tornare (Galimberti, 1999).

La prima conseguenza di tale concezione comporta una deresponsabilizzazione dell'agire umano: non solo il fine corrisponde alla fine, cioè a un eterno ritorno dell'uguale, ma la temporalità non è destinata ad avere uno scopo se non nel suo ripetersi. Pensiamo anche al tempo circolare inteso dalla filosofia indiana o dal buddismo; il ciclo della vita si ripete con il susseguirsi di nascita e morte, apparentemente svincolato dall'agire umano. Il tempo è una ruota in cui tutti gli esseri eternamente rinascono (Brelich, 1966). È invece proprio l'uomo a determinare la modalità con cui lo scorrere del tempo si verifica; la reincarnazione intesa come futuro è vincolata all'uomo e al suo fare, quindi al passato e al presente.

La stessa civiltà greca affianca al tempo ciclico il tempo progettuale (*skopòs*): una temporalità lineare che non implica la ciclicità degli eventi ma in cui il fine corrisponde al perseguimento delle intenzioni dell'agente. In tale concezione il passato non è contemplato: esistono soltanto il presente, in cui stabilire lo scopo e i mezzi necessari per raggiungerlo, e l'imminente futuro, in cui l'azione attesa viene compiuta (Galimberti, 1999).

La temporalità ha subìto continue modificazioni, in relazione a contesti storico-culturali e a cambiamenti prospettici. Per esempio, nella fisica, il nuovo paradigma della "relatività" introduce un'inedita rappresentazione del sistema spazio-tempo: il futuro non è più il ripetersi di eventi del passato poiché il concetto di casualità e l'*indeterminato*, si inscrivono a pieno titolo nella dimensione imprevedibile del futuro.

Lo stretto rapporto tra temporalità e cambiamento non riguarda soltanto la percezione comune del tempo, ma investe anche la modalità in cui esso viene reso oggetto analitico di studio. In fisica, infatti, la variabile tempo è legata a quelle di velocità e di movimento.

Parimenti, il sole che sorge tutte le mattine e la luna e le stelle che appaiono in cielo di notte, hanno da sempre scandito il susseguirsi dei giorni, inducendo così una prima percezione temporale negli esseri viventi.

3.3.1 Tempo percepito

Tutti i processi psichici, anche quelli che passano per la coscienza, rivelano una componente temporale. Ciò appare chiaro nel concreto: un pendolo in movimento impiegherà un certo tempo per arrivare da un punto a un altro, così come la percezione di un'emozione o di un sentimento, nell'ambito dell'astratto, necessita di tempo per svolgersi. Le esperienze temporali hanno quindi una caratteristica oggettiva; anche se ci riferiamo al tempo misurato dall'orologio o al susseguirsi del ciclo giorno-notte, esse sono anche dotate di vissuti soggettivi. La percezione del tempo, infatti, appare mediata dal singolo individuo. Pensiamo a quando ci troviamo in una situazione noiosa, circostanza comune a tutti, e a quanto percepiamo lento lo scorrere del tempo. Al contrario, quando l'ambiente suscita particolare interesse, l'impressione è che il tempo trascorra anche troppo veloce. Quando pensiamo al passato, i periodi ricchi di fatti soggettivamente importanti vengono percepiti come lunghi, a differenza di brevi fasi della vita prive di contenuti rilevanti. Di conseguenza è molto probabile che si verifichino discrepanze tra la durata obiettiva di un processo psichico e la percezione che se ne ricava. È questo il caso del sogno, in cui "il tempo dell'orologio", magari corrispondente a pochi secondi, viene esperito come il passare di ore.

Altra interessante osservazione è che tutti i processi vitali avvengono in maniera ritmica. La pulsazione cardiaca, il respiro, ma anche la produzione degli ormoni che regolano l'omeostasi avvengono secondo un ritmo. La temporalità sembra essere un cardine fondamentale su cui la natura poggia le fondamenta del suo funzionamento. La ciclicità, meglio intesa come ritmo, regola non solo lo scorrere del tempo (ritmo sonno-veglia) e l'equilibrio fra le specie (cicli degli ecosistemi), ma anche l'omeostasi del singolo individuo.

La funzione della temporalità interessa, quindi, i grandi sistemi, sui quali sembra agire da regolatore, come fosse un on-off dei processi vitali. Nell'uomo il parametro tempo può avere delle caratteristiche condivise, pubbliche, per esempio data e ora, e allo stesso tempo essere percepito come dato intimo più o meno cosciente, legato all'esperienza del singolo individuo, allo scorrere del tempo della "propria" vita.

In questa prospettiva esiste una *temporalità esterna*, cronologica, lineare, misurabile e irreversibile, e una *temporalità interna*, personale, dettata dall'individualità e dalla non ripetibilità dell'esperienza del singolo essere umano descritta come *cronomitica* (Arnetoli, 2009).

Ogni individuo vive in un "doppio calendario": quello *personale*, scandito dai giorni soggettivamente più significativi (compleanno, matrimonio ecc.), che, a sua volta, è in costante relazione con quello *convenzionale* che ci dice, per esempio, in quale anno o stagione siamo.

Il tempo *interno* "un tempo mitico e sacro, lento e ciclico, dove la divisione tra passato, presente e futuro esiste ma appare fluida, reversibile, e dove eventi di periodi diversi possono sovrapporsi, spostarsi, presentificarsi" e quello *cronologico* costituito "dal tempo razionalizzato, rapido, lineare e irreversibile, caratteristico di culture che tendono alla demitizzazione, a separare nettamente il mondo del sogno da quello della realtà, a porre una grande enfasi su una prospettiva storica e scientifica, sulla puntualità e i compleanni, su una scansione molto precisa tra passato presente e futuro" (Arnetoli, 2010).

3.3.2 Tempo nell'individuo

Il concetto di tempo, fonte di molteplici riflessioni che si sono susseguite e su cui tuttora la filosofia e la religione si confrontano, si correla a come la percezione del tempo si costruisce all'interno dell'individuo. In questo senso, il reciproco rapporto tra la percezione del tempo interno e quella del tempo esterno è garante di un normale adattamento.

Nella prima fase dello sviluppo il concetto di tempo emerge a partire dalle percezioni sensoriali, in particolare dalla vista, dal movimento, dalla velocità. Come discusso nel paragrafo precedente, con l'accrescimento e lo sviluppo delle capacità sensoriali e cognitive, il bambino sviluppa progressivamente una prima idea dell'unità spazio-tempo. Negli stadi iniziali dello sviluppo si può osservare che per il bambino, tra due oggetti che si muovono parallelamente, quello che sta davanti è sempre il più veloce: concetti come la distanza percorsa e il punto di partenza saranno integrati solo successivamente. Inoltre, nelle prime fasi evolutive, il bambino non ha la possibilità di concepire un tempo comune; per lui esiste un tempo locale in cui si svolgono gli avvenimenti, così come manca il concetto di simultaneità. Diversi esperimenti hanno messo in luce che la capacità di comprendere un tempo comune si sviluppa intorno agli otto anni di età (Piaget e Inhelder, 1960).

Una significazione della percezione spazio-tempo correlata solamente alla percezione sensoriale non è sufficiente, il concetto di tempo non si può limitare al movimento. Esiste, infatti, un tempo interno che si sviluppa fin dalle prime fasi della vita e che accompagna il concetto di tempo oggettivo, esterno. Nel bambino appena nato, per esempio, il concetto di tempo interno appare negato. Il suo mondo corrisponde a ciò che vede ed è indistintamente correlato con la sua dimensione interna, fondata sull'onnipotenza infantile. Il *dentro* e il *fuori* sono ancora *con-fusi* e rappresentano un insieme indifferenziato. In questa fase la soddisfazione dei bisogni è quasi immediata e questo rende il vissuto infantile *senza attesa* e quindi *senza tempo*. Come abbiamo sottolineato nella trattazione dei *fenomeni transizionali*, dal punto di vista del bambino non esiste ancora la possibilità di attendere e questa, come accade rispetto alla necessità di essere nutrito, è sostituita dal pensiero *magico* di essere lui stesso a creare il seno materno tutte le volte che ne avverte il bisogno. Il ritmo delle presenze e delle assenze della madre, se tollerato dal bambino, promuove dentro di lui la costituzione progressiva dell'esperienza di *mancanza* e, di conseguenza, della capacità di attesa e della possibilità di percepire il tempo. È questo un passaggio fondamentale in cui il bambino, a livello ancora non cosciente, scopre il tempo e l'attesa come prima forma di frustrazione, che progressivamente dissolve la fusionalità del suo vissuto. La psicologia ha dimostrato l'importanza cruciale di questo processo, autentico crocevia tra la possibilità di tollerare attese crescenti, strutturando così la capacità di desiderare, e la possibilità che ciò non accada, con il rischio di generare una tendenza alla compulsività. Ricordiamo qui che il desiderio si fonda sulla capacità di attendere, mentre la compulsione, che rappresenta la negazione stessa di questa possibilità, compromette secondariamente la capacità di tollerare le separazioni e la possibilità di accedere al pensiero simbolico. In generale possiamo dire che i processi di crescita sono strettamente correlati alla capacità o meno di tollerare le frustrazioni (Winnicott, 1974). Per questo motivo una corretta percezione del tempo, la capacità di attendere e quella di essere considerati *attendibili* nel corso della vita, sono parti dello stesso insieme, e rappresentano una conquista e non una base di partenza.

In condizioni di salute un individuo ha la possibilità di armonizzare il tempo interno con quello esterno in un rapporto complementare, parallelamente alla possibilità di percepirlo e di esserne consapevole. In questo senso l'inconscio è di fatto una dimensione atemporale, dove qualsiasi elemento esperienziale del passato può essere rievocato e rivissuto come all'epoca in cui è stato rimosso. La funzione *restituiva* della coazione a ripetere, come in precedenza abbiamo descritto, rappresenta l'asse portante di questo processo (Garella, 1991).

3.3.3 Tempo nella rete

Il tempo vissuto in rete è un tempo multiforme perché può essere percepito e utilizzato *consapevolmente*, o dissociato dalla nostra coscienza e quindi, al contrario, trascorrere *inconsapevolmente*. Nel primo caso sembra avere un andamento **lineare**, nel secondo **circolare**. Il *tempo lineare* si verifica tutte le volte che usiamo internet come *veicolo di informazioni*, quando svolgiamo attività sotto il controllo della coscienza, della logica e della forza di volontà. Accade, per esempio, quando studiamo, scriviamo o controlliamo la posta elettronica, e in questi casi, infatti, diventa facile rendersi conto del tempo che passa, perché l'impegno e la fatica connessa sono misurabili nel tempo e scandiscono l'alternanza tra fasi di lavoro e momenti di riposo. Anche il corpo, dunque, che è la parte di noi che rimane ancorata all'ambiente e alla realtà, è investito e coinvolto in ciò che facciamo, e questo consente durante lo svolgimento di un compito di rimanere *con i piedi per terra*.

Il *tempo circolare*, invece, si verifica quando internet è utilizzato come *veicolo di emozioni*. Questo accade tutte le volte che giochiamo online o chattiamo su un social network, oppure ascoltiamo una canzone o guardiamo un video che genera dentro di noi immagini, ricordi e pensieri. Quando svolgiamo queste attività siamo più assorti che concentrati e perdiamo progressivamente la percezione del tempo. Il tempo circolare tende a trascorrere al di fuori della nostra consapevolezza e al di là di impegno, fatica e stress fisico. In questo senso è *dissociato* dalla realtà proprio perché in esso i processi mentali prevalgono sui corrispettivi somatici e questo, a differenza del tempo lineare, equipara il tempo circolare a quei momenti di distrazione o *ricreazione* che quotidianamente tutti viviamo e che, allo stesso modo, possono essere l'espressione di un sano divertimento o la manifestazione di una disarmonia.

L'avvento di internet o, più in generale, della tecnologia digitale nella nostra quotidianità ha trasformato per primi i *tempi di apprendimento*, mutando il modo di catalogazione e fruizione dei contenuti. L'uomo dell'era analogica ha messo in atto un processo di alfabetizzazione del sapere e degli eventi, strutturandoli secondo una stretta divisione tematica e ricostruendoli in un preciso ordine temporale. L'era digitale sovverte questo tipo di organizzazione permettendo un'estrapolazione personale dei contenuti, svincolata da un ordine precostituito e in una dimensione atemporale: l'intera massa mediatica del web può essere considerata (ed effettivamente è) un unico, immenso ipertesto di cui non esiste mai una versione definitiva, ma un continuo aggiornamento. L'universo web-mediato si colloca in un perpetuo "adesso globalizzato", in cui il presente trascende ogni altra dimensione temporale. Una sua caratteristica è l'annullamento dello spazio fisico e l'incremento dello spazio prossemico ossia della *porzione di spazio* che entra nella sfera della nostra esperienza. Ciò ha avuto delle conseguenze immediate anche sul nostro rapporto con il tempo.

La digitalizzazione della realtà e l'utilizzo di questi nuovi strumenti ha permesso un risparmio di tempo reale, svincolandoci da alcuni limiti. È questo il caso dell'*home banking*, del commercio elettronico, della burocrazia online. Paradossalmente, nonostante questo guadagno di tempo, si assiste a una costante sensazione di "non avere tempo", dovuta probabilmente a un aumento delle possibilità di interazione che il mezzo ci offre. Incrementandosi potenzialmente le attività da svolgere, aumenta anche il potenziale d'azione, e questo rende il *tempo più intenso*, come fosse sovrapposto anziché vissuto longitudinalmente, e inoltre compromette la capacità di attesa e favorisce un atteggiamento compulsivo.

Le modifiche apportate al linguaggio, negli ultimi anni, offrono un esempio di questo processo. Su internet le regole della comunicazione sono assai cambiate rispetto a quello che, cinquant'anni fa come ora, viene insegnato nelle scuole. Nel preparare un elaborato destinato al web, saltano tutte le regole di composizione *classiche*: è controproducente iniziare con un'introduzione o con lunghe descrizioni. Ciò che serve è arrivare immediatamente al punto di interesse: chi scrive sa che chi legge avrà a disposizione un tempo molto limitato, in genere non più di una decina di secondi, per giudicare se soffermarsi o se indirizzare la propria attenzione su un link alternativo, che il motore di ricerca ha selezionato e indicato come correlato. In una sola parola, è proprio il caso di dirlo, la comunicazione si è fatta essenziale; pensiamo agli acronimi, in voga negli ultimi anni, oppure alla sostituzione della "k" per intendere "ch", o ancora alla possibilità di inserire contenuti multimediali, come un video o un'immagine, per esprimere un pensiero.

La velocità delle operazioni e l'azzeramento delle attese sono elementi peculiari della tecnologia digitale, alla base delle *attività multitasking*, ossia la possibilità di svolgere più azioni in contemporanea. La nostra organizzazione culturale, finora, è stata fondata sulla monotematicità: basti pensare che la maggior parte dei libri è strutturata su di un unico argomento, sviluppato secondo precisi schemi logici o cronologici. Nell'interazione con supporti digitali sempre più potenti, la nostra attenzione è distribuita e focalizzata secondo modalità che abbiamo appena iniziato a esplorare (ipertesti), dove il rischio diventa quello di un "affaccendarsi inoperoso", in cui facciamo fatica a seguire il continuo flusso di informazioni cui siamo esposti. Di solito le attività multitasking sono vissute come indispensabili nell'*hic et nunc* della nostra vita, ma quasi mai il tempo che dedichiamo loro è proporzionale all'effettiva concretizzazione dello scopo che ci eravamo prefissati. L'idea che le attività multitasking rappresentino una possibilità per ottimizzare i tempi della nostra vita è valida quanto l'idea che, su un piano concreto, siano una *perdita di tempo*.

L'abbattimento dei limiti spaziali consente una sorta di ubiquità virtuale, ma non ha modificato i vincoli temporali che normalmente ci costringono: anche nel cyberspazio non possiamo estendere o comprimere il tempo a nostra disposizione. Chi effettua una ricerca su Google in pochi istanti avrà a disposizione migliaia di risultati, ma, rispetto all'immensa quantità di dati, non disporrà del tempo sufficiente necessario per prenderli in considerazione. Lo stesso accade nel campo delle relazioni personali: nella vita reale, qualsiasi rapporto viene regolato da un insieme di interazioni, ritmi e pause necessari alla presentificazione e all'elaborazione dei vissuti. In rete è possibile avere un maggior numero di contatti simultaneamente e quindi ridurre i tempi fisiologici di elaborazione e modificazione del comportamento che appare qui mediato più dall'istintualità che dalla riflessione.

Si ricevono numerosi input e vengono date continue risposte, viene meno il "tempo del riposo" necessario a pensare creativamente. Sembra ridursi quell'attività mentale preposta ad attribuire caratteristiche qualitative al tempo: dare un senso al tempo, il senso del *proprio tempo*.

Qui l'attenzione è posta sulle caratteristiche qualitative che il tempo assume quando si sta su internet. Al ritmo serrato, preciso e puntuale che caratterizza l'organizzazione del quotidiano si contrappone, intersecato e in continuo divenire con quest'ultimo, un tempo che appare relativo, non valido per tutti, individuale. È un tempo *cariologico*, dal greco *kairos*, delle esigenze personali; non è misurabile perché è un tempo che ha un significato soggettivo e un contesto autistico. Aristotele ne parla in termini di tempo in cui produrre delle azioni il cui fine è in sé e non al di fuori (Aristotele, 2012). Pensiamo al tempo che ci concediamo quando senza esserci prefissi una meta o senza avere in mente scopi precisi ci approcciamo a internet nell'intento di gratificare bisogni. È un tempo circolare, in apparenza afinalistico, ma in realtà nelle sue funzioni è complementare al tempo condiviso, quello che al contrario passiamo con gli altri. Nonostante la comunicazione digitale abbia moltiplicato le occasioni di incontro, la solitudine rimane un bisogno, come il diritto che ognuno di noi ha di trascorrere il proprio tempo svincolandolo dal tempo convenzionale, così come accade nella vita in momenti di profondo coinvolgimento emotivo, quando non ci accorgiamo che "è già arrivata l'alba".

3.4 I nativi digitali e le loro famiglie

3.4.1 Struttura della famiglia

La famiglia è da sempre un elemento cardine nella costruzione di ogni società e forse per questo siamo abituati a pensarla come un elemento di stabilità, sostanzialmente immutato attraverso i secoli. In realtà non è così: le mutazioni sono state numerose e profonde. Qui vogliamo richiamarne solo alcune che a nostro avviso possono essere significative nel rapporto tra famiglia e mondo del web.

Un primo punto sul quale è bene riflettere è che con il passare del tempo si è assistito a una sorta di "contrazione" della famiglia. In epoche antiche e fino alla civiltà romana (Costa e Lo Voi, 1977) la famiglia coincideva con la *stirpe* e comprendeva sotto questo nome vari rami di discendenza, eventualmente anche gli schiavi, che rimanevano nell'orbita familiare anche dopo essere stati liberati. Ancora nel medioevo la famiglia è spesso più simile a una *tribù* che al modello che conosciamo oggi, per passare poi a un modello di famiglia *patriarcale*, numericamente più contenuto, nonostante la copresenza di diverse generazioni "sotto lo stesso tetto". Questo, nel corso degli ultimi secoli, è stato il modello prevalente nella nostra cultura (Casanova, 2009) ed è risultato ancora molto diffuso, almeno nelle campagne, fino al dopoguerra. Nelle città, invece, si va affermando, in parallelo con lo sviluppo industriale, il modello di famiglia *nucleare*, composta di norma da genitori e figli che, raggiunta la maturità, lasciano la famiglia di origine per formarne un'altra. Questo è il tipo di famiglia ancora oggi prevalente nella società occidentale, anche se, con il passare del tempo, si vanno affermando modelli ancora più ridotti, come le coppie senza figli, le famiglie con un solo genitore e i single. Tutte queste evoluzioni rappresentano l'adattamento della struttura familiare al mutare delle esigenze economiche, sociali e culturali nelle varie epoche e luoghi, ma al contempo sono esse stesse causa di trasformazioni sociali, in una sorta di dialogo continuo tra l'istituzione familiare e la realtà circostante. Questo vale anche per l'era digitale, il cui avvento sta influenzando sempre di più dinamiche e caratteristiche della vita familiare.

La sensazione prevalente è quella di una graduale perdita del sentimento comunitario: la riduzione del numero di componenti del nucleo familiare e gli stili di vita che portano ciascun componente a trascorrere la maggior parte della sua giornata in attività che vengono svolte lontano dall'ambito familiare tendono a modificare il modo di relazionarsi. Le occasioni per vedere tutti i membri riuniti insieme sono sempre più ridotte e le comunicazioni tendono ad avvenire soprattutto da singolo a singolo. Anche le nuove tecnologie, per mezzo delle quali è possibile essere costantemente in contatto, consentono preferibilmente una comunicazione *a due*. Questo può sembrare un problema irrilevante, perché i diversi membri di una famiglia sono comunque in collegamento tra loro e in genere le informazioni significative raggiungeranno tutti, magari con qualche passaggio in più. La differenza sostanziale sta proprio nella qualità di relazione che si crea: le dinamiche che entrano in gioco in un rapporto duale sono diverse da quelle che si creano in una situazione di confronto comunitario, in cui si interagisce con più persone contemporaneamente e si gestisce una mole di informazioni e un carico emotivo che ha un altro peso. Ovviamente comunicare con dieci persone attraverso altrettante chiamate telefoniche o mail non è la stessa cosa che parlare direttamente agli stessi individui riuniti di fronte a noi.

A molti dei nostri giovani pazienti questo tipo di esperienza sembra essere venuta a mancare e si trovano quindi a dover affrontare i contesti sociali, come la scuola, senza prima avere fatto un'*esperienza protetta* di come riconoscere e gestire le sollecitazioni e i problemi, ma anche le emozioni e le frustrazioni, che qualsiasi contesto allargato pone. Questo vale per le comunità familiari, come per i gruppi di bambini "amici dal vivo", che in futuro potrebbero rappresentare una forma di socialità quasi in estinzione anche per i potenziali pericoli connessi all'*uscire di casa*.

La scoperta della necessità di proporsi in un contesto più ampio può risultare per i *nuovi giovani* più traumatica e difficile da gestire di quanto non fosse in precedenza. A questo si aggiunge che in passato l'alternativa ad affrontare il mondo esterno, e quindi a inserirsi necessariamente in un gruppo, era solo la chiusura in sé stessi, manifestata con il restare chiusi in casa, tra letture e televisione. Tale condizione di isolamento, aggravata dalla propensione naturale ad aggregarsi in gruppi di pari, è stata a stento tollerabile per la maggior parte degli adolescenti che l'hanno vissuta. In questo senso la noia e la frustrazione sono state un motore potenziale per superare il timore di proporsi all'esterno, salvo in presenza di gravi malattie psichiatriche, dove il ritiro sociale diventa una difesa irrinunciabile. La tecnologia digitale mette oggi a disposizione diverse forme di comunicazione, dal telefono, agli sms, alle e-mail, alle chat con o senza webcam. Questi strumenti, utili nella maggior parte dei casi, possono essere usati da molti come un modo per non affrontare la realtà esterna e preferire le relazioni duali a quelle di gruppo. Non è un caso che la relazione con il PC sia per definizione una relazione a due, che i giovani nativi digitali sanno gestire con naturalezza e familiarità. Le relazioni digitali di gruppo che avvengono per esempio all'interno dei social network, rappresentano infatti un impegno maggiore, spesso evitato, perché, nei casi più gravi, è fonte di *persecutorietà*. Quando la comunicazione è inevitabilmente tra più persone, la tendenza è quella di gestire i contatti attraverso finestre di dialogo separate.

3.4.2 Famiglia e rispecchiamento emotivo

Un secondo elemento apparso come determinante riguarda l'effettiva possibilità di *rispecchiamento emotivo* in ambito familiare (Stern, 1987).

Il bambino nasce completamente inconsapevole della realtà che lo circonda e del tutto impreparato ad affrontarla. Il modo in cui strutturiamo la nostra visione della realtà dipende in larga parte dalle esperienze che ci vengono proposte dalle figure genitoriali, e dal valore e dai significati che al bambino vengono rimandati, con lo scopo di fornire gli strumenti *interni* sufficienti per crescere, interpretare e gestire autonomamente la propria vita.

Questo è vero per le abilità pratiche e intellettive, ma lo è anche per gli aspetti emozionali. Così, come qualsiasi bambino non è in grado di attribuire da solo un senso a quello che gli succede intorno e necessita quindi dell'aiuto dei genitori, allo stesso modo egli non è in grado di riconoscere e decifrare le emozioni che gli eventi scatenano in lui. Questo fin dai primissimi mesi di vita. Il gesto della madre che allatta il figlio al seno è noto a noi tutti ed è stato rappresentato spesso anche nella storia dell'arte, dove, al di là dell'aspetto del nutrimento in senso stretto, viene di solito sottolineata l'intensità dello sguardo tra madre e figlio, uno sguardo assorto che assolve alla funzione fondamentale di far sentire un bambino libero, amato e rispecchiato in questa esperienza. Così ogni bambino può iniziare a provare e a conoscere le proprie emozioni solo attraverso la condivisione di queste attraverso la continuità dello sguardo che gli consente di rispecchiarsi in ciò che prova. È come *vedersi, sentirsi considerati ed esistere per la prima volta* in un aspetto nuovo di se stessi che fino a quel momento non era stato ancora acquisito. Determinante in questo è l'espressione visiva materna, ovvero i contenuti che i suoi occhi veicolano. Questo bisogno di conferma e di assenso attraverso lo sguardo persiste per diversi anni, basti pensare al gesto del bambino che tira la mano o il vestito del proprio genitore prima di comunicargli qualcosa, chiedendo di essere visto ancor prima che ascoltato. Lo stesso accade di fronte a un evento imprevisto o poco conosciuto (un tuono, una caduta ecc.), in occasione del quale viene cercato lo sguardo dei genitori ancor prima del loro aiuto, per avere conferma del significato di ciò che in quel momento si sente: in questo caso l'intensità di un pianto è di solito in relazione con l'espressione che un bambino legge sul viso della madre. Si attua così in maniera naturale e quasi inconsapevole una vera e propria educazione alle emozioni, correlata alla possibilità di vivere un sano legame di dipendenza e al contempo attraverso il gioco condiviso (Winnicott, 1965).

Ricerche scientifiche sull'argomento (Fonagy e Target, 1991) hanno evidenziato come il sistema dell'attaccamento e quello della riflessività siano strettamente connessi e pertanto non solo è più probabile che genitori con un'elevata capacità riflessiva promuovano un attaccamento sicuro nei figli, ma anche che l'attaccamento sicuro rappresenti il precursore fondamentale del consolidamento della funzione riflessiva – ovvero di quella funzione mentale che organizza l'esperienza del nostro e altrui comportamento in termini di costrutti dello stato mentale – e della capacità di giocare con la realtà. I bambini i cui bisogni di attaccamento trovano una risposta adeguata sono infatti liberi di esplorare le menti degli altri e quindi di sviluppare la capacità di riflettere sui propri stati mentali e su quelli altrui in termini di atteggiamento intenzionale, vale a dire la possibilità di vedere le idee solamente come idee e non come fatti. La consapevolezza del bambino riguardo la natura degli stati mentali in sé stesso e negli altri dipende dal suo percepire in modo non persecutorio o confusivo la condizione psichica dei propri genitori. Risulta così importante il giocare insieme come esperienza decisiva per essere nella realtà in modo sicuro e creativo. Quando un genitore per gioco "fa finta", il bambino inizia a mettere a confronto ciò che è apparente e ciò che è reale, rendendo chiara nel contempo la distinzione tra la modalità "fare finta" e la sua *equivalenza psichica*. Capire la natura del mondo e giocare con la realtà non è però cosa che si possa realizzare da soli, in quanto, anche in questo caso, richiede la scoperta e il riconoscimento del sé negli occhi dell'altro. La non corretta integrazione delle due modalità, generata da una qualsiasi condizione traumatica, determinerà, invece, il non formarsi della funzione di rispecchiamento e, quindi, l'impossibilità di mentalizzare. Quando non si può pensare all'esperienza mentale in termini simbolici, i pensieri e i sentimenti hanno un impatto diretto e qualche volta devastante, che può essere evitato solo per mezzo di movimenti drastici e difensivi, come la difficoltà a differenziare la realtà dalla fantasia e la realtà fisica da quella psichica. In questi casi si potrà osservare un uso massiccio e distorto della modalità del *fare finta*, ovvero di quella modalità di funzionamento psichico che, per permettere una distinzione tra realtà esterna ed esperienza interna, deve tuttavia tenerle completamente separate. La conseguenza di una condizione simile è la propensione a passare di continuo alla modalità del *fare finta* come rifugio della mente, proprio come accade nelle relazioni web-mediate quando diventano esclusive.

Abbiamo precedentemente considerato come gli attuali ritmi di vita siano scanditi da un modo di *vivere più intensamente il tempo e lo spazio*, dove appaiono sacrificati certi livelli di intimità e i figli sono fisiologicamente indotti a trascorrere sempre più tempo in compagnia di un monitor (della TV prima, del videogioco o del computer dopo) invece che di una persona. La funzione di rispecchiamento, quindi, è in parte già stata demandata a strumenti sempre più interattivi, che propongono ai bambini esperienze eccitanti (giochi, film ecc.), fornendone anche il significato.

Se gli strumenti digitali possono interagire con i bambini su un piano logico, non sono in grado di farlo su un piano emotivo; in un video i bambini non trovano sguardi "emotivamente vivi" in cui rispecchiarsi. Mancano un'autentica partecipazione attiva, di cui solo il genitore può essere portatore rispetto alla vita di un figlio, e quella sintonia affettiva che rimanda un senso all'esistenza di chiunque e che nessuno *screen interattivo* può sostituire.

Questo, secondo il nostro modo di vedere, compromette la possibilità di riconoscere e dare un significato alle emozioni che non possono essere mentalizzate e integrate, rendendo impossibile, con il passare del tempo, il riconoscimento e l'accettazione di aspetti fondamentali della nostra identità. In altre parole, verrebbe a mancare un'educazione all'emotività. Per questo motivo lo schermo interattivo, dopo essere stato in un certo senso la causa del problema, appare come l'unica soluzione possibile in grado di assicurare una quota di relazione con l'esterno, in un contesto con il quale si è sviluppata una naturale dimestichezza. Inoltre la comunicazione in questo modo è una forma di interazione parziale, dove non si è "a portata di contatto fisico", e che esclude, come vedremo più avanti, le fondamenta dell'emotività, proteggendo il bambino prima e l'adolescente poi da quella parte di sé con cui non ha sviluppato alcuna familiarità. Per qualsiasi adolescente questa può apparire come una soluzione che se da una parte consente di diminuire il livello di angoscia nelle relazioni, dall'altra difficilmente rappresenta un'evoluzione. In questo senso i giovani pazienti da noi osservati hanno evidenziato un *profilo cognitivo iperstimolato*, al quale non corrisponde un corredo emotivo adeguato.

Possiamo considerare questo fenomeno come qualcosa di radicato dalla diffusione della televisione a partire dagli anni Sessanta, che ha portato profondi mutamenti, a lungo studiati, nei bambini di allora. Le trasformazioni a cui adesso facciamo riferimento sono più strutturali e meno governabili in rapporto all'incremento esponenziale del livello di interattività del mezzo mediatico, soprattutto quando questo ha più una funzione ricreativa che informativa. In TV le immagini sono fruite passivamente e si svolgono in prevalenza su uno schermo *offline*, che rappresenta una fonte di stimoli diversa per quantità e qualità da quella che scaturisce da qualsiasi strumento digitale *online*, che invece coinvolge l'individuo in prima persona. L'alto livello di interattività, oggi presente anche in TV, stimola l'investimento emotivo e in assenza di una sufficiente disponibilità ambientale, induce un bambino prima e un adolescente poi a cercare un rispecchiamento di cui si sente la necessità.

3.4.3 Famiglia, autorità e conflitto

Un altro aspetto rilevante riguarda la radicale trasformazione avvenuta nella società occidentale a partire dall'ultimo dopoguerra rispetto alla percezione dell'autorità in ambito sociale e familiare (Contini, 2006). Varie ragioni hanno favorito il passaggio da una concezione di autorità derivata quasi da un *diritto divino*, che non poteva in nessun modo essere messa in discussione, all'idea che l'autorità debba in qualche modo giustificare se stessa e che non esistano valori o ideali indiscutibili e accettati da chiunque per definizione. Questo deve aver sottratto alle figure genitoriali una parte della loro credibilità e le ha poste di fronte alla necessità di operare scelte educative in maniera più consapevole. Se prima era possibile per un genitore fare riferimento a una serie di valori tramandati tradizionalmente da proporre ai propri figli, fidando anche sulla pressione sociale che li appoggiava e sul fatto che la figura stessa del genitore era considerata un valore a prescindere dal messaggio che trasmetteva, oggi i genitori si trovano a dover giustificare le loro scelte e a guadagnarsi sul campo l'autorevolezza che compete a un educatore. Anche questo processo si interseca con la diffusione della comunicazione digitale che, aumentando la possibilità dei singoli di mettersi in comunicazione tra di loro, fuori da censure e controlli, consente una circolazione più ampia di *idee controcorrente*, che in passato sarebbero state difficilmente accessibili. Alla concezione di un'autorità monolitica si sostituisce l'idea che vi siano tante voci diverse e dal valore incerto, tra le quali ci si possa orientare a volte con difficoltà. In senso più ampio questo fenomeno è lo specchio di come la coppia genitoriale, specialmente la figura del padre, non sia più vissuta come figura di riferimento, ma solo come "una delle tante campane". Su questo riveste un ruolo importante la posizione ambivalente e a volte ambigua assunta dall'attuale generazione degli adulti, schiacciata tra gli echi delle proprie ribellioni giovanili, che le impediscono di tornare verso atteggiamenti autoritari, e al contempo travolta dalla rivoluzione digitale e, quindi, incapace di fare presa sulla generazione dei figli da cui è percepita come superata.

Sgomberiamo il campo da un possibile fraintendimento: non c'è in questo ragionamento alcuna nostalgia dei tempi passati o il desiderio di indicare i cambiamenti socioculturali come causa di disgregazione familiare e sociale. Se è vero che la presenza di una forte *morale comune* permetteva anche a genitori poco autorevoli per carattere di educare i figli in modo efficace, questo sistema aveva dei costi troppo alti, legati all'impossibilità da parte dei giovani di esprimere *vedute diverse*, senza che fossero etichettate come pericolose stravaganze. L'autorità in famiglia era più spesso qualcosa di arbitrario da subire piuttosto che qualcosa da accettare per un valido motivo. Le nostre riflessioni sottolineano come i cambiamenti avvenuti abbiano creato un ambiente nuovo nel quale le relazioni si sviluppano in modo diverso, portando anche a una diversa espressione del disagio.

Pensando agli adolescenti, che più facilmente manifestano comportamenti associati a idee di ribellione, potremmo supporre che la difficoltà a reperire un'autorità credibile in grado di porre limiti sia accolta come una sorta di *massima aspirazione*.

In realtà sappiamo bene come questa condizione sia più complessa. Da una parte l'adolescente sente il diritto di costruirsi uno spazio proprio e quindi di porre una distanza per iniziare a *fare esperienza*, dall'altra questo processo è reso possibile dall'esistenza di limiti e regole che circoscrivono un campo delimitato di azione, con cui è possibile confrontarsi per sperimentare nuove situazioni con minore incertezza. Ogni adolescente *sano* si scaglia fisiologicamente contro le regole, ignorando quanto l'esistenza delle regole stesse sia funzionale alla crescita e all'acquisizione di un'identità personale, capace di *contenere* e di *essere contenuta*.

Per questo motivo il decremento di autorità nelle figure genitoriali in atto non ha generato tra i giovani un senso di maggior libertà, ma, al contrario, la frustrazione di sentirsi privi di strumenti adeguati per esprimere e costruire, appunto, quella libertà.

Bisogna riconoscere come sia oggettivamente difficile per un genitore assolvere alla sua funzione; non potendo più contare sul supporto di una cultura che tendeva a rafforzarne l'autorità, è chiamato a stabilire regole e limiti e a indirizzare i propri figli, muovendosi in un mondo che gli è in larga parte sconosciuto. La rapidissima evoluzione delle tecnologie e i profondi mutamenti che queste hanno provocato non solo nel modo di vivere la quotidianità, ma anche nel modo di organizzarla, rendono difficile per molti adulti proporre un giudizio pensato su fenomeni nuovi. Le regole e i limiti da loro proposti rischiano spesso di essere più frutto della paura di commettere errori che di un progetto volto a consentire una crescita consapevole.

Per la verità questa situazione non è del tutto nuova: ogni generazione si è trovata a un certo punto a dover affrontare realtà diverse dalla propria nel confronto con aspetti sconosciuti delle generazioni a seguire. Questo confronto genera talvolta un'evoluzione della condizione precedente, altre volte una rivoluzione. Pensiamo al periodo della seconda guerra mondiale o a quello del "sessantotto", solo per citare i conflitti generazionali a noi più vicini. Nell'era digitale la vera novità non risiede in una *rivisitazione* di questo conflitto, ma piuttosto nel suo dissolvimento. L'impressione che si ricava analizzando le famiglie dei nostri pazienti è che manchi un terreno comune che faccia da spazio al conflitto, come se la velocità avesse ridotto al minimo le esperienze condivise tra le due generazioni, ovvero il luogo di confronto e, nel caso, di scontro. Non assistiamo quindi a un incrocio ma a una sovrapposizione di mondi che non hanno modo di comprendersi o, nei casi più gravi, non suppongono l'uno l'esistenza dell'altro. Questo non vuol dire che sia sparita la conflittualità, piuttosto che è divenuta sterile. Da sempre il conflitto tra genitori e figli ha rappresentato un momento di sofferenza, anche drammatica, per entrambi.

Oggi invece assistiamo sempre più spesso a discussioni che testimoniano l'impossibilità di dialogare o litigare per mancanza di elementi condivisi, che sono di solito relegati a questioni pratiche o di buon senso, dove non si può fare a meno di venire in collisione. L'abbandono scolastico e la reclusione in casa sono alcuni di questi ed esprimono spesso la volontà di innescare una provocazione e creare un conflitto, con lo scopo di mantenere un sentimento di vicinanza e ridurre la distanza emotiva. Così facendo si struttura un circolo vizioso dove il conflitto non è più occasione, seppure dolorosa, di compiere un'esperienza necessaria per sperimentare la solidità dei legami affettivi, ma diventa un concentrato di rabbia reciproca, inespressa e in attesa di esplodere.

Il più delle volte emerge un duplice senso di impotenza: da una parte dei genitori, che non riescono in nessun modo a cambiare le cose, dall'altra dei figli, di fronte ai quali sembra schiudersi un mondo del quale non si sentono parte e dentro cui non riescono a muoversi. Naturale conseguenza di questo sentimento reciproco di impotenza è un profondo senso di frustrazione che diventa occasione di recriminazioni continue che quasi sempre esitano in una condizione di *muro contro muro*.

3.4.4 Il nostro punto di vista

Viviamo intensamente il tempo, ci contattiamo di più ma ci incontriamo di meno. I giovani hanno maggiori opportunità anche se appaiono iperstimolati. Lo stesso accade per i bambini, che vivono in modo serrato anche le attività ricreative: dallo sport alla musica, tutto appare scandito per essere più agito che pensato. Diminuisce il sentimento di intimità e spesso aumenta il senso di solitudine, così come crescono le possibilità di conoscenza e si riducono le occasioni di vera complicità. Di questi tempi un allenatore, un maestro o anche un animatore di una festa può essere una figura particolarmente gradita, perché con lui diventa possibile *fare le cose* e stabilire tempi, luoghi, oggetti per gestire bene il tempo di uno svago che, pur sembrando creativo, risponde più alle esigenze immediate di vincere la noia che a un'attività autenticamente condivisa. Avere la possibilità di scegliere tra tante opzioni diverse, esattamente come capita in rete, illude di avere un'ampia autonomia o una ricca fantasia, ma di fatto stimola soprattutto la capacità di scegliere tra soluzioni *inventate* da altri, ma mai da noi. Si tratta di un'operazione mentale diversa e di un meccanismo inverso. I desideri sono identificati in rapporto alle opzioni che vengono offerte, al contrario di quanto accadeva in passato quando questi rappresentavano il punto di partenza di un processo che mirava alla loro realizzazione. Oggi una soluzione non si crea, ma si sceglie, travalicando a volte vincoli e compromessi con la realtà, che prima aiutavano a delinearne i confini. Ecco allora che sassi, carta, legno, plastica si trasformavano in piste un po' storte, magari disegnate su un cartone o con il gesso, su cui far correre tappi, biglie o macchinine, di certo non belle e realistiche come quelle che può proporre un videogioco, ma elaborate con personale fantasia. In questo senso l'aiuto di un amico più abile di noi suscitava invidia, gratitudine, emulazione, ma sempre all'interno di un'interazione reale, emotivamente forte, che frustrava o compiaceva, ma faceva crescere e sperimentare le proprie capacità e di conseguenza la propria autonomia. A questo va aggiunto il carico emotivo generato dalle aspettative, espresse o implicite, che si creano intorno a queste attività in cui bisogna in qualche modo rendere conto di un risultato ai genitori piuttosto che all'educatore, agevolando il mantenimento di limiti e confini. Oggi sembra essere in atto uno squilibrio tra la possibilità di fare sempre più esperienze e acquisire sempre più conoscenze e la crescente difficoltà ad acquisire le corrispettive competenze emotive.

Quando durante l'adolescenza un ragazzo inizia a muoversi autonomamente, iniziano a sorgere le difficoltà: il desiderio di libertà non si accompagna alla capacità di sostenere la responsabilità di muoversi in autonomia, non per amore di solitudine ma per mancanza di esperienze condivise.

Una parte di questi problemi è già nota e forse non è nemmeno deleteria, ma funzionale al processo di maturazione. L'avvento dell'era digitale ha generato cambiamenti profondi anche dentro gli adulti, non tanto modificandone le istanze profonde, quanto cambiando il quadro di riferimento in cui queste prendono forma, con l'esasperazione di alcuni aspetti e la scomparsa di altri, ma presentando un quadro di difficile lettura.

Allo stesso modo anche la famiglia ha subìto trasformazioni importanti, ma questo non ne fa venir meno la natura di ambiente privilegiato per vivere rapporti umani significativi, profondi e duraturi; anzi, rispetto alla funzione educativa notiamo come internet con tutte le sue potenzialità abbia allargato a dismisura l'orizzonte degli adolescenti. Questo, invece di sostituire i genitori nei loro compiti, rende ancora più forte il desiderio di una guida sicura per imparare ad affrontare un ambiente che si è fatto talmente ampio da non riuscire a coglierne i confini.

3.5 Adolescenza e corpo virtuale

L'identità di ciascun individuo è una scoperta che si palesa procedendo per piccoli passi all'interno del gruppo di persone che di questo individuo si prende cura e con cui egli interagisce. L'individuazione e la costituzione di un'identità definita e separata procede per impercettibili eppur sempre magici progressi, in cui le nuove abilità di bambino si manifestano al resto del mondo. Dal momento in cui egli nasce, comincia un cammino fatto di continue sfide che lo porteranno nel tempo all'acquisizione di un senso di sé unitario e solido (Winnicott, 1965), capace di far fronte alle molteplici sollecitazioni interne ed esterne. Sono a tutti noti i pianti di un bambino il primo giorno di scuola, quando i suoi genitori, facendosi coraggio, si convincono ad affidarlo alle cure dei maestri dell'asilo, così come è nota l'eccitazione di altri, ormai ragazzini, quando finalmente giungono nella *scuola dei grandi*, di quelli guardati fino a quel momento solo da lontano, perché troppo distanti e solerti nel cercare di differenziarsi da *quelli più piccoli*. Eppure a volte c'è solo un anno di differenza! Com'è possibile che un bambino sia stato fino al giorno prima totalmente dipendente dai genitori e il giorno dopo cominci a esercitare il proprio diritto di dissentire, tra lo stupore di questi, da un lato felici per il manifestarsi della personalità del loro figlio, ma al contempo nostalgicamente consapevoli che sta cominciando ad andare da solo. Nella crescita di un bambino, momenti simili a questo si verificano più e più volte con ripercussioni familiari di variabile intensità. Ma quando l'adolescenza fa capolino nelle famiglie e soprattutto nella vita di un ragazzo, tutte le precedenti *crisi* grandi e piccole appaiono, pur non essendolo, poco più di piccoli cambiamenti. Liti furibonde tra genitori e figli, incomprensioni, se non addirittura totale incomunicabilità, dovute talvolta ad ampi scarti generazionali, si manifestano più frequentemente proprio durante questo periodo della vita. L'adolescente, ancora combattuto tra un bisogno di dipendenza e il desiderio di autonomia, non risparmia ai familiari la propria confusione e spesso il senso di impotenza e frustrazione che può insorgere nella gestione di tale conflitto. Non meno preoccupante per ogni genitore è l'impulsività che, per fortuna in quantità non sempre eccessiva, alberga in ogni adolescente.

L'adolescenza rappresenta una crisi vera e propria per qualsiasi individuo, crisi che si fa più marcata in quei momenti storici in cui il divario tra le generazioni a confronto è maggiore; questo perché anche le modalità di comunicazione si trasformano, a volte fino al punto di essere incomprensibili anche per chi fino al momento prima era un punto di riferimento. Le famiglie in questa fase vengono messe a dura prova: capacità di creare nuovi equilibri interni e di adeguarsi ai cambiamenti dell'adolescente diventano qualità molto preziose in questa fase, poiché forniscono al ragazzo quel sostegno di cui necessita.

Quando si parla di crisi nel linguaggio corrente si intende un evento negativo. Nel caso della crescita di un individuo invece le crisi sono eventi auspicabili poiché è solo attraverso queste che può compiersi l'evoluzione. Intendiamo per critici quei momenti in cui in un individuo emergono aspetti nuovi che dovrà integrare nella propria personalità e dai quali quest'ultima verrà inevitabilmente modificata (Stern, 1987). È immaginabile quanta fatica mentale comporti ogni crisi e a maggior ragione quella adolescenziale, poiché questa nuova tappa evolutiva prevede una revisione di tutta la personalità preesistente. Vecchi conflitti irrisolti e nuovi aspetti non ancora fronteggiabili tormentano il neoadolescente che si trova a sorreggere spesso in solitudine questi fardelli. Il senso di solitudine, in vario grado, è una costante a quest'età, poiché è spesso l'effetto del tentativo di sottrarsi allo strapotere degli adulti. I bambini rimarcano continuamente il diritto a fare da soli e spesso, quando sottolineano questo loro diritto con maggiore forza, è proprio il momento in cui maggiormente sentono il peso dell'autonomia. Il conflitto, infatti, non è solo con gli adulti e quindi con alcuni aspetti del mondo esterno, ma è soprattutto interno, tra il bisogno di autonomia da un lato e di dipendenza dall'altro; dunque l'adolescente di fatto lotta contro tutto ciò che lo riporta a una condizione di dipendenza e spesso anche contro i suoi stessi bisogni. Quello che però mette davvero in crisi l'adolescente è tutto quell'insieme di trasformazioni corporee dal quale non può esimersi se non a prezzo di una vera e propria frattura con la realtà (Laufer e Laufer, 1986).

Il corpo, da sempre portavoce di bisogni primari, ancora una volta scandisce i tempi della crescita: fin dalla nascita è il corpo che, vincolando la mente alla realtà, e dunque a quelle che sono le necessità contingenti, segna le tappe dell'evoluzione. Se in principio il funzionamento mentale segue quello corporeo (Gaddini, 1980) e da questo si differenzia, nel tempo tra i due si instaura un rapporto dialettico che permette da un lato l'ancoraggio alla realtà, dall'altro la possibilità di svincolarsi dal concreto, in un continuo scambio e contenimento reciproco (Gaddini, 1984). Ancora una volta dunque il corpo preannuncia che qualcosa si sta modificando: l'adolescente comincia a prendere coscienza non solo della propria individualità, ma anche di quella parte d'identità che fino a quel momento era delegata al massimo ai colori rosa e celeste dei vestiti indossati, l'identità sessuale. Pur sembrando un'acquisizione precoce nella vita di ciascuno, in realtà un'identità sessuale matura poggia necessariamente sull'acquisizione di una maturità sessuale prima di tutto fisica, e questa si compie durante l'adolescenza. Le difficoltà che un adolescente incontra in quest'area sono ben rappresentate, per esempio, dalle ragazze più giovani che, di fronte allo svilupparsi di caratteri sessuali secondari, assumono posture insolite pur di camuffare ciò che di nuovo sta emergendo. Altrettanto spesso, al lato opposto, ritroviamo l'ostentazione di una sessualità in realtà e per fortuna molto più esternata che agita. Ma non è solo la sessualità in sé a generare confusione nell'adolescente: già solo il prendere coscienza di appartenere a un sesso e non all'altro comporta a questa età una ridefinizione della propria identità. La ricerca di gruppi di persone dello stesso sesso serve proprio a rafforzare l'identità in senso maschile o femminile e a esplorare da lontano il sesso opposto. Ragazzini di sesso opposto che fino a quel momento avevano giocato insieme improvvisamente smettono di farlo: non è più come prima, l'altro appartiene al sesso opposto, fantasie prima del tutto inconsapevoli cominciano a insinuarsi anche in rapporti consolidati. Se fino a quel momento qualsiasi pensiero poteva trovare spazio nella fantasia, durante l'adolescenza l'individuo prende coscienza di poterlo concretizzare nell'azione; tale evento niente affatto scevro di preoccupazioni, pone l'adolescente di fronte alla difficoltà di gestire queste nuove sensazioni, fino a quel momento misconosciute.

Queste difficoltà non riguardano solo l'identità sessuale, ma anche la propria aggressività: un bambino sa benissimo di non poter fronteggiare fisicamente un adulto, un adolescente si accorge che invece non solo è in grado di opporsi, ma a volte anche di sopraffare le persone più grandi di lui. Tutto questo spaventa chi, in realtà non ancora adulto, necessita ancora di un contenimento esterno. Il vero dramma dell'adolescente è però ancor più profondo: tutti gli elementi già menzionati si inseriscono in un cambiamento molto più complesso che è l'uscita da un ideale di perfezione proprio dell'età infantile. La scoperta che non si è perfetti, così come non lo sono i propri genitori, determina un senso di precarietà profondo soprattutto nei casi in cui molto della personalità precedente alla crisi adolescenziale si basava su un assetto narcisistico. Anche il prendere coscienza della propria identità sessuale rientra narcisisticamente nella perdita di una perfezione fantasticata: essere uomo o donna prevede la rinuncia a qualità appartenenti al sesso opposto (Stern, 1987). La mente di un bambino, invece, vorrebbe per sua natura poter essere e fare tutto ciò che fantastica. Un bambino non conosce il limite, se non attraverso quelli che sono i confini che il genitore stabilisce; l'adolescente invece prova continuamente a sfidare questi limiti proprio nel tentativo di stabilirne di propri e di testare fino a che punto si può arrivare. In queste sperimentazioni spesso l'adolescente, pur di salvaguardare la propria presunta perfezione, finisce per incolpare il mondo intero di errori e brutture: è più facile dare colpe che prendere coscienza di eventuali inadeguatezze. Diventa facile a questo punto comprendere come mai gli adolescenti siano più facilmente esposti a comportamenti considerati in generale a rischio. Date le enormi difficoltà che questo periodo della vita comporta, tutto ciò che possa in qualche modo aumentare la sensazione di controllo di questi aspetti diventa automaticamente un possibile oggetto di dipendenza. Non solo, ma più spesso l'adolescente potrebbe attuare comportamenti tali da permettergli un mantenimento dello stato precedente alla crisi. È ovvio che, nonostante una crisi adolescenziale ci sia per tutti, non tutti gli adolescenti presenteranno comportamenti psicopatologicamente rilevanti. Questo perché per fortuna molti possono contare su una struttura di personalità capace di tollerare le trasformazioni che l'adolescenza prevede. Personalità invece più fragili, in cui i tratti narcisistici sono preponderanti o che hanno già per diversi motivi difficoltà nella strutturazione dell'identità, non solo faticano maggiormente per mantenere una stabilità, ma potrebbero mettere in atto difensivamente comportamenti reattivi con il fine inconsapevole di sfidare ciò che temono, o di evitarlo.

3.5.1 Il corpo virtuale

In questo panorama confuso di nuove sensazioni il mondo virtuale fornisce all'adolescente, soprattutto a quello in difficoltà, una serie di risorse e possibilità di espressione che nella vita di tutti i giorni sarebbe troppo faticoso sperimentare. Di fatto il mondo virtuale mediato dal web consente relazioni parziali, cioè relazioni che non coinvolgono la persona nella sua interezza, ma soltanto determinati canali sensoriali, a discapito di altri. Di conseguenza l'espressione di certi aspetti sarà favorita, rispetto al bisogno di nascondere ciò che non è possibile presentare. Tutto questo diventa utile soprattutto in quei casi in cui un adolescente, per vari motivi, non riesce a fronteggiare il confronto diretto con l'altro. Proprio in questi casi l'utilizzo di uno schermo digitale si configura come un possibile mezzo d'aiuto per riuscire a contattare l'altro, in maniera però protetta. Altre volte ancora, internet, soprattutto con i social network e i giochi di ruolo, fornisce identità idealizzate o addirittura fittizie con lo scopo di rassicurare gli adolescenti più fragili travolti dai propri conflitti. Il monitor infatti fornisce un'effettiva possibilità di schermarsi rispetto a tutti quegli aspetti che in una relazione convenzionale potrebbero essere difficili da gestire. Di fatto l'esclusione del corpo dalle relazioni web-mediate estromette una molteplicità di spunti emotivi e affetti che il corpo in sé media. Qualsiasi emozione provata normalmente è caratterizzata da un insieme di cambiamenti che sono prevalentemente fisici e ogni individuo prova una serie di sensazioni quando il corpo di un'altra persona si trova a una distanza percepita come insufficiente. Di fatto il corpo media e parallelamente genera emozioni: non è qualcosa di secondario rispetto all'emotività, ma piuttosto un attore partecipe e attivo negli scambi con l'altro. Nelle relazioni digitali che prediligono un terreno di scambio virtuale, molto di quella parte di emotività che è mediata dal corpo viene perso, così come molti aspetti che riguardano la reciprocità e quindi il continuo riadattamento emotivo e fisico che la presenza dell'altro suscita. È comprensibile dunque come l'uso del virtuale possa rispondere a una vasta gamma di esigenze interne: dal timore del contatto con l'altro e il bisogno di isolamento, alla possibilità di sperimentare in maniera protetta aspetti insostenibili nel mondo reale. In particolar modo nell'adolescenza il virtuale offre possibilità di espressione di aspetti nuovi e difficili da gestire; se già internet per sua stessa natura permette l'esclusione della fisicità, perché non dovrebbe approfittarne un adolescente che con il proprio corpo comincia a fare i conti e non sempre in maniera piacevole? E se questo corpo veicola limitatezza, senso di inadeguatezza, perdita di una perfezione originaria a favore di una differenziazione non sempre facile, allora forse il web può offrire la possibilità di contrastare tutto questo. Non a caso le immagini di se stesso che ciascuno espone in rete mettono in risalto tutte quelle qualità che appaiono migliori agli occhi di un adolescente insicuro, che procederà quindi dal rendersi più bello, a ipersessualizzare la propria immagine, fino a proporsi secondo modelli vincenti per cultura e per stereotipi personali. Tutto questo è in sintonia proprio con quell'ideale di perfezione con il quale l'adolescente è costretto a fare i conti.

Nel web è possibile esprimere di sé solo ciò che ciascuno di noi reputa accettabile, tralasciando o addirittura negando quello che si ripudia o con il quale non si riesce a convivere. Il corpo, spesso malvissuto o ripudiato dall'adolescente, non solo perché fonte di bisogni di dipendenza, ma anche perché traditore nel suo non corrispondere a quell'ideale di perfezione tanto amato, ritrova una collocazione ideale nel web, dove con estrema facilità può essere riadattato alle esigenze del momento. In rete il corpo può scomparire nei suoi tratti più vicini alla realtà e magari riproporsi con caratteristiche fantastiche, come accade in alcuni giochi di ruolo; può peraltro essere privato dei tratti meno piacevoli e mantenere invece solo quelle caratteristiche accettabili. È da questa dinamica che nascono sui social network le esposizioni grandiose di foto personali, feste *cool* e amici bellissimi. È chiaro che quanto più il corpo viene trasformato, tanto più massiccia è l'entità del conflitto, che dunque può collocarsi a un livello più evoluto, coinvolgendo solo alcuni aspetti della personalità, o a un livello più profondo, fino a creare una vera e propria frattura con la realtà. In generale l'entità della trasformazione degli aspetti che vengono rifiutati, se non addirittura rinnegati, è quindi commisurata all'entità del disagio che tali aspetti riescono a generare nell'individuo che li rifiuta; questi vengono percepiti come un qualcosa di pericoloso e destrutturante, perché ogni aspetto che viene rinnegato tende a riproporsi in chiave persecutoria complicando le possibilità di risoluzione.

Tale dinamica non risparmia nemmeno quegli aspetti che vengono relegati nel virtuale: sia che ci si abbellisca a tal punto da non essere a volte più riconoscibili, sia che ci si mostri magari con caratteristiche dell'altro sesso, il ritorno alla realtà diventa sempre frustrante e difficoltoso: d'altra parte non si può reggere il confronto con un personaggio così idealizzato! E quando questi personaggi cominciano in un certo senso a vivere di vita propria, come avviene in alcuni giochi di ruolo, o quando la frequentazione di social network supera di gran lunga gli incontri di persona, il divario con la realtà rischia di diventare insostenibile e i processi di identificazione diventano costanti, in una spirale che si chiude sempre più nell'idealizzazione di se stessi. Tale idealizzazione, più che piacevole soprattutto per un adolescente, rischia di rendere enorme il divario tra aspetti gratificanti e aspetti frustranti della propria realtà e quindi di non facilitare affatto l'integrazione della personalità, compito proprio di questo periodo di vita. Infatti, molto spesso ciò che nel web trova asilo, nel tempo amplia il proprio spazio fino a prendere connotazioni all'inizio non previste. Pensiamo ai casi in cui un adolescente, nella sua normale ricerca di una maggiore definizione in senso maschile o femminile, crea un profilo del sesso opposto: se in chat si imbattesse in situazioni non del tutto chiare, come farà a tornare indietro, proprio lui che già aveva difficoltà a comprendere che cosa significasse essere uomo o donna? Tutto ciò, rendendo ancora più difficile un'integrazione dei vari aspetti della personalità, favorirebbe il mantenimento di una non integrazione dell'individuo.

Non di secondaria importanza è il fatto che proprio in questo periodo della vita vengono introiettate regole e senso morale. Queste norme, fondamentali per la futura costituzione dell'individuo, ma non ancora integrate anch'esse, rischiano in questi casi di ostacolare l'accettazione di alcuni aspetti della confusione propria di questo periodo, costringendo l'adolescente in difficoltà a chiudersi sempre più in se stesso, nel timore del giudizio. Mentre nella realtà aspetti scissi e idealizzati vengono ripetutamente messi alla prova attraverso un confronto reale, nel web questi non vengono più esposti a smentite. Al contrario, il virtuale fornisce uno spazio di espressione che il reale difficilmente potrebbe offrire e permette di preservare il proprio ideale dell'Io da un non controllabile impatto con la realtà; allo stesso modo lo estremizza a tal punto da renderne difficile la *messa in discussione*, se non a prezzo di una grave delusione. L'immagine di un'identità ideale, non più funzionale all'integrazione di un modello al quale conformarsi, che viene mitigato dall'introiezione di adulti positivi e di un adeguato senso morale, si ritrova alla mercé di un pensiero onnipotente e di un narcisismo infantile, che ora difensivamente impediscono l'integrazione.

3.6 Relazioni web-mediate

Addentrarsi nelle modalità di relazione è un percorso alquanto arduo, poiché prevede una riflessione sull'intero arco della vita di un individuo. L'interazione con l'altro è quasi una costante nell'esistenza umana e il suo venire meno è sempre indicativo di un disagio.

Le modalità di relazione tra gli esseri umani non sono stabili, ma variano da individuo a individuo, e per lo stesso individuo si modificano e si evolvono nell'arco di tutta l'esistenza. Ci sono però elementi più o meno costanti caratteristici di quelle che sono le fasi maggiormente evolutive. Anche se una tendenza all'evoluzione permane nel corso di tutto l'arco vitale, alcune età risultano certamente cruciali per quello che sarà lo sviluppo della persona.

L'essere umano nasce da una relazione (Winnicott, 1965) e la vita stessa comincia con un rapporto a due, quello tra la madre e il feto prima, il neonato poi. La prima interazione è incentrata sulla totale dipendenza dall'altro. La sua dipendenza da un punto di vista biologico viene data da tutti per scontata: il bambino piange quando necessita di mangiare, essere cambiato, curato; in realtà con il pianto il neonato esprime in maniera aspecifica il proprio disagio. Biologicamente non ancora capace di discriminare gli stimoli, necessita di qualcuno che sappia decodificarli e lentamente restituirgliene il senso (Bion, 1962). In questa fase, pur essendo in rapporto con il mondo esterno, il neonato è immerso in una relazione totalmente "autoriferita". L'altro non è ancora percepito come altro da sé, bensì esperito come magicamente creato (Winnicott, 1958) per rispondere a quelle necessità, peraltro non ancora riconosciute se non come *disconfort*. Come tutti sappiamo, il neonato non è consapevole né delle proprie necessità, né del fatto che è qualcun altro a rispondervi. Pertanto in questa fase l'unico rapporto in grado di essere tollerato è incentrato sul completo adeguamento dell'altro alle proprie esigenze.

Già nel corso del primo anno di vita questo adeguamento scema in maniera direttamente proporzionale alla capacità del bambino di tollerare tale cambiamento (Winnicott, 1958). Grazie a questo lento decrescere dell'adattamento il bambino potrà acquisire quelle capacità per rispondere in maniera un po' più autonoma ai propri bisogni.

Nel corso della vita ovviamente le modalità relazionali cambiano e si evolvono: da un rapporto di totale dipendenza, dove l'altro non viene riconosciuto se non nella funzione che svolge, si procede lentamente verso una relazione capace di riconoscere l'altro come entità distinta ma ugualmente in grado di fornire gratificazioni. Inizialmente è la madre a dare un senso a segnali aspecifici come il pianto; quindi la relazione iniziale tra madre e bambino risulta fortemente asimmetrica, poiché è l'adulto che fornisce la maggior parte dell'apporto necessario per costruire il legame, e il bambino al massimo esprime con il pianto il proprio disagio. Sarà la madre a dare un significato alle varie manifestazioni del bambino, poiché lui, totalmente ignaro di ciò che gli accade, non è ancora in grado di riconoscerle ed esprimerle. Affinché acquisisca la capacità di identificare emozioni e poi di esprimerle, è necessario che qualcuno insegni al bambino a farlo: l'adulto di riferimento dovrà essere sufficientemente sintonizzato sul bambino da permettergli di riconoscersi nelle interpretazioni che lui stesso offre (Winnicott, 1965; Stern, 1987; Bion, 1962). Dal canto suo il bambino in questa fase è ancora ben distante dal riconoscere l'altro come altro da sé: vive tutto ciò che gli accade come magicamente da sé creato (onnipotenza infantile) (Winnicott, 1958; 1989). La capacità di tollerare le frustrazioni è ancora molto scarsa, dove per frustrazioni qui intendiamo un insufficiente adattamento alle necessità del neonato. Anche se stiamo parlando di una relazione, è solo quando il bambino avrà cominciato a riconoscere che l'altro è un'entità distinta e separata che il rapporto acquisirà una maggiore reciprocità. Ovviamente questo non avviene in un solo momento, ma si attuerà progressivamente: a mano a mano che le varie acquisizioni del bambino verranno consolidate e che questi raggiungerà una maggiore autonomia, il rapporto sarà sempre più paritetico. Questa evoluzione della relazione non riguarda solo i bambini, ma è un percorso che procede per tutta l'età evolutiva.

A sostenere il processo evolutivo del bambino prima, dell'adolescente poi, contribuiscono in misura rilevante quelle figure che di lui si prendono cura. Ciò di cui un bambino necessita è il sostegno per poter affrontare ogni nuova "esperienza" della sua vita ancora breve. In questa fase la maggior parte delle esperienze non viene solo dall'esterno, ma ancor più dall'emergenza di nuove competenze interne (Stern, 1987); potremmo meglio dire che le nuove esperienze si generano dall'incontro di un mondo esterno che si mostra a un essere che comincia a poterlo cogliere. Questa nuova capacità del bambino, per potersi manifestare, necessita di un ambiente che sappia prima di tutto riconoscerne l'importanza e poi modularne l'ingerenza. È un equilibrio delicato: modulare ciò che giunge al bambino è necessario affinché non vengano saturate le capacità di discriminare gli stimoli (Freud, 1920; Hartmann, 1939; Winnicott, 1965; Khan, 1963). Se ciò avvenisse, assisteremmo a un evento che potremmo definire traumatico: per il bambino, infatti, risulterebbe come un non senso. Allo stesso tempo però è altrettanto importante fornire una sufficiente fonte di stimoli, perché anche un'assenza di sollecitazioni potrebbe essere percepita come spiacevole o addirittura nociva. Gli stimoli a cui ci stiamo riferendo non sono solo quelli esterni; lo stesso corpo del bambino produce stimoli per i quali sarà necessario un contenimento prima e un'interpretazione poi. Questo di fatto non è altro che quello che fa una madre qualsiasi di fronte al pianto del proprio figlio.

Quando un iniziale senso di sé è stato acquisito, allora il bambino potrà procedere verso nuove tappe evolutive. Ciò che è di fondamentale importanza in questa progressione è che il bambino possa rispecchiarsi nella madre (Winnicott, 1965; Kohut, 1971). Già dai primi mesi di vita, quando comincia a sviluppare un primitivo senso di sé, egli cerca nel volto della madre uno specchio che gli rimandi ciò che lui è. Non ancora in grado di riconoscerlo autonomamente, necessita di qualcuno che, totalmente sintonizzato su di lui, gli rimandi ciò che lui stesso ha dato.

L'esperienza di dipendere da ciò che l'ambiente esterno rimanda è trasversale nell'esistenza di ciascuno, scema con il tempo e dunque con l'acquisizione di un'adeguata autonomia. Finché però la maturazione non è completa e quindi nuovi aspetti di sé hanno bisogno di essere consolidati, l'essere umano in formazione dipende ancora dall'ambiente esterno. Si tratta di un meccanismo che, seppur molto più presente durante l'infanzia, ritroviamo con una certa intensità anche nell'adolescenza, periodo in cui non solo emergono nuovi aspetti, ma vengono a galla anche quelli precedenti irrisolti. Di fatto il bambino nel suo essere dipendente non cerca altro che la legittimazione a essere ciò che è. Mentre è facile comprendere e rispecchiare alcune caratteristiche come bontà, generosità, bellezza, per altre può risultare più complicato. Un elemento come l'aggressività per esempio, sentimento comune e fondamentale per ogni essere umano, può essere inconsapevolmente ripudiato, magari perché ritenuto *politicamente scorretto*. Allo stesso tempo, un'inclinazione del bambino differente dalle aspettative familiari può non essere riconosciuta o rinnegata; ma ancor prima, il principale riconoscimento da attuare è lo stato d'animo del bambino, grazie a quell'attenzione empatica che permette di sintonizzarsi sulle sue necessità e di dar loro un nome, che sia fame, bisogno di cure o rassicurazione rispetto a determinate paure. Il bambino, non avendo ancora sviluppato un sistema interpretativo di ciò che accade, deve necessariamente utilizzare quello della propria madre, al fine di proteggersi prima e di introiettarlo poi. Da tutto ciò si evince quanto possa essere complesso strutturare un dispositivo per entrare in relazione con l'altro.

3.6.1 Relazioni digitali

Nell'epoca di internet e della comunicazione web-mediata avere problemi di relazione può sembrare paradossale: viviamo in città che tendono ad aumentare la loro densità inglobando nuovi abitanti e siamo costantemente reperibili in qualche modo, continuamente immersi in complesse reti di relazioni. Queste non sono più vincolate al luogo circoscritto dove siamo cresciuti, ma tendono a proiettarsi verso l'universo-mondo sconosciuto e, al contempo, sempre più prossimo. Eppure proprio quest'epoca di grandi possibilità comunicative diventa emblema di quelle condizioni determinate proprio da difficoltà nella sfera della comunicazione; e non sembra un caso che sia proprio il web a far emergere queste problematiche. Così, presi come siamo oggi da una frenesia di vita, internet ci permette di assolvere a vari compiti e funzioni pur restando fermi nello stesso posto; possiamo lavorare, mandare la mail a un amico, fare shopping o la spesa, fino a organizzarci una vacanza: il web ci permette di fare tutto questo senza muovere un passo e con un notevole risparmio di tempo. Ma se è vero che le grandi distanze si accorciano, è allo stesso modo vero che quelle brevi si dilatano: diventa più facile ordinare la spesa via internet che *chiedere il sale al vicino*. Ed è proprio chi fa più fatica a comunicare con chi è più prossimo che rischia di impelagarsi esclusivamente in relazioni virtuali. Di fatto qualsiasi schermo digitale interattivo fornisce una sorta di protezione rispetto agli urti emotivi della vita. Ciò che entra e che esce è sempre piuttosto sotto controllo, anche se di vero e proprio controllo non si può parlare. Possiamo scegliere ciò che di noi vogliamo mostrare, e quando qualcosa che viene *rimandato* non ci piace o gratifica possiamo semplicemente interrompere la connessione, padroni anche dello spazio dell'altro.

La presenza di uno schermo ci permette di modulare gli input che inviamo e riceviamo. Questo può avere una funzione protettiva proprio per quelle persone che fanno fatica a gestire un eccessivo carico di emozioni, scaturite o che potrebbero scaturire in una relazione *dal vivo*. L'eccesso di input non è dato solo dall'esterno, ma soprattutto da ciò che l'esterno suscita nell'individuo. Internet quasi mai è frustrante, e sembra adattarsi un po' come fa una madre alle esigenze di chi ne usufruisce, e in questa funzione, a differenza di una madre reale, non ha un livello di saturazione. Permette, dunque, il mantenimento di quel senso d'onnipotenza che è all'origine di ogni individuo, principio fondamentale per la strutturazione di ogni persona. Tale sentimento è alla base del sentirsi esistenti nel mondo e in grado di far valere il proprio potere; intendiamo dire che per resistere alle pressioni esterne il bambino deve acquisire la capacità di sentirsi potente: poter esprimere la propria volontà nel mondo senza essere schiacciato da volontà esterne. Laddove questa esperienza precoce sia venuta meno è più facile che ci si ritrovi in situazioni che in qualche modo ne favoriscono una nuova sperimentazione: online l'altro è a nostra disposizione e finché ne abbiamo voglia. Di fatto, la sua presenza nell'*hic et nunc* della relazione è vincolata alla nostra volontà, all'interno di una dinamica che ricorda la genesi delle allucinazioni. Qui, il principio d'onnipotenza necessario per acquisire il sentimento di esistere emerge, come bisogno mai soddisfatto, nell'utilizzo esclusivo del web nelle relazioni, e di questo pare sfruttare le caratteristiche peculiari.

Se consideriamo il linguaggio utilizzato su internet ci accorgiamo che questo fornisce elementi per *spiegare* più che per *trasmettere* particolari stati psicologici: le frasi sono concise e le emozioni affidate al linguaggio "emoticon". Questa modalità di comunicazione favorisce l'immediatezza nello scambio di informazioni, ma al contempo si presta a una grande varietà di interpretazioni. Ancora una volta ognuno cercherà in quelle interpretazioni ciò che più desidera o si aspetta. Laddove si sia più ancorati a un piano di realtà, tali possibilità interpretative verranno considerate e valutate; nel caso in cui però le personalità in gioco siano più fragili, le possibilità interpretative saranno esclusivamente quelle che si desiderano. Tutto ciò accade al di fuori di quadri deliranti strutturati. Pur sembrando anche questo all'inizio un tentativo di salvaguardare un sentimento di onnipotenza, rischia in realtà di diventare con il tempo un'arma a doppio taglio. Ogni timore inespresso, infatti, è a rischio di ritornare al mittente in forma persecutoria: rifiuti, abbandoni, incomprensioni cominciano a emergere e questo incrementa le difficoltà. Se è vero che all'inizio questo schermo proteggeva da aspetti frustranti, ora diventa il canale preferenziale di aspetti persecutori, peraltro nemmeno verificabili data la scarsità di segnali scambiati. In questi casi il web diventa un enorme contenitore soprattutto di aspetti proiettivi. Lo stesso elemento che prima forniva protezione, e cioè la mancanza di un confronto diretto, diventa qui un fattore di rischio, poiché viene meno un ulteriore ancoraggio alla realtà.

Alcune delle modalità di espressione di condizioni di fragilità psicologica, in realtà, sono riscontrabili anche nella vita reale; la caratteristica di internet è che, da un lato isolando l'utente davanti allo schermo e dall'altro aprendogli un variegato mondo virtuale, consente un'amplificazione di questi aspetti. L'elemento centrale in queste condizioni è l'incompletezza del confronto con l'altro, o meglio la parzialità delle relazioni, nel senso della non interezza.

Abbiamo parlato della mancanza di un confronto diretto, così come degli ampi margini interpretativi che la comunicazione web-mediata fornisce; ci sono però altri aspetti che influiscono sulla complessità dell'interazione. Uno di questi, in parte annunciato, è l'utilizzo di faccine stilizzate, cui affidiamo la comunicazione delle nostre ben più complesse emozioni. Tutti sappiamo che ogni singola emozione è caratterizzata da una costellazione di corrispettivi somatici, che vengono recepiti dall'interlocutore e che innescano in esso ulteriori emozioni. Nell'affidare a un emoticon la complessità dell'emozione questa si restringe a un equivalente simbolico solo intellettualizzato: viene trasmessa l'idea dell'emozione, ma non l'emozione stessa. In questo modo l'innesco e la conseguente *cascata emotiva* che una singola emozione crea vengono facilmente evitati, pur riuscendo l'utente a dare informazioni sul proprio stato d'animo. Questo è in alcuni casi un altro effetto desiderato da quegli utenti che dietro allo schermo si rifugiano. In questi casi sembra prevalere la necessità di schermare le emozioni dietro un eccesso di intellettualizzazione. Internet in questo senso può favorire questa tendenza, nascendo fondamentalmente come veicolo di informazioni. Senza mai sminuire l'importanza della rete come fonte di notizie e connessioni, ciò che emerge con chiarezza è che essa utilizza prevalentemente alcuni canali comunicativi dell'individuo a discapito di altri. Questo può agevolare e allo stesso tempo aggravare quelle situazioni in cui manca un'integrazione sufficiente tra le componenti cognitive ed emotive della comunicazione.

L'assetto sociale moderno, teso fondamentalmente alla produttività e alla razionalizzazione di ogni evento, e dove troppo spesso l'elemento emotivo è considerato un dato sconveniente, favorisce di per sé la tendenza a intellettualizzare. In quest'ottica la comunicazione in rete ne rappresenta un'espressione evidente, senza esserne la causa esclusiva. Questa dinamica viene agevolata dalla mancanza del corpo in senso concreto. Come accennavamo, le emozioni sono sempre accompagnate da corrispettivi somatici di solito neurovegetativi: variazioni della pressione arteriosa, del ritmo cardiaco, della respirazione e tanti altri. Nel momento in cui il corpo viene escluso dall'interazione, anche le emozioni saranno coartate e in certi casi dissociate, generando una comunicazione solo parziale. In realtà se è vero che il corpo in senso concreto è il principale escluso dall'interazione web-mediata, una schiera di surrogati ne prende il posto, sia quello *idealizzato* nei social network, sia quello *inventato* nei giochi di ruolo. In realtà questa differente modalità di rappresentarsi in rete corrisponde a differenti esigenze interne.

Il corpo rappresentato nei social network mantiene caratteristiche sufficientemente fedeli a quelle dell'utente reale. Ciò che viene mistificato sono gli aspetti meno grandiosi, quelli che lasciano trasparire i limiti che qualsiasi adolescente teme. Qui l'aspirazione, ancora una volta, è quella di non ledere l'idealizzazione di se stessi; ciò che si tenta di tenere fuori dalla relazione sono i tratti legati alla fragilità e all'*idea di non farcela* rispetto al proprio gruppo di pari.

Nei giochi di ruolo, invece, il corpo assume caratteristiche fantastiche; i personaggi vengono scelti per tratti caratteriali in cui il giocatore si rivede. Se appare facile comprendere in che modo l'utente si rispecchi in un profilo digitale, può sembrare più complesso capire il significato dell'*avatar* nel *gaming online*. Per comprenderlo dovremmo per un attimo ricordare i bambini quando giocano con vari pupazzi, la cui scelta è dettata dalle caratteristiche del pupazzo stesso: un leone verrà scelto da un bambino timido, così come da uno che dentro ha un ruggito da manifestare. Il gioco contiene in sé l'espressione di un mondo interno magari in conflitto, ma al contempo anche la spinta evolutiva per affrontarlo. Questa spinta è presente anche nei giocatori in rete. Il problema che qui si verifica è che, nonostante il gioco sia online con molteplici utenti, rimane prevalente il contesto di solitudine, nel senso che non c'è nessuno vicino a noi *a portata di contatto fisico*. Ciò che il giocatore esprime di sé nel gioco non trova dall'altro lato un recettore in grado di trattenere, mentalizzare e restituire le parti sensoriali della relazione, che si attivano solo in caso di reale vicinanza. Per chiunque, in rete il gioco è funzionale ad aspetti della mente che ne traggono un beneficio immediato, ma in presenza di un effettivo ritiro sociale il gioco è vissuto come fosse un bisogno. D'altra parte il bisogno di *essere rispecchiati* è di fondamentale importanza: esprimere se stessi e non trovare qualcuno in grado di cogliere e restituirci ciò che di noi volevamo veicolare ci lascia a metà, con un sentimento di incompletezza e precarietà che necessita di trovare quiete. Un *rispecchiamento parziale* impone dall'interno una continua spinta verso l'*integrazione* e il senso di interezza; si tratta di una spinta perché non è rinviabile. Appare chiaro che ciò che la rete fornisce è la possibilità di esprimere di sé quegli aspetti che in altro modo nel mondo reale non trovano un sufficiente spazio. In altre parole, ciò che non è stato rispecchiato durante l'infanzia non può esserlo in adolescenza. Pur offrendosi nella funzione di specchio, il web, che ne è solo un surrogato, non riesce a svolgere questo compito completamente. Ciò che viene a mancare è la presenza di un ricevitore attivo che possa rimandare una rielaborazione di ciò che ha acquisito.

Il web è una sorta di specchio muto, perché manca quella apposizione di nuovi sensi che solo un essere umano reale e partecipe può trasmettere. Questo determina, in quell'utente alla ricerca di se stesso, un meccanismo a cortocircuito: la ricerca compulsiva di quegli aspetti che, anche se individuati (negli adolescenti soprattutto l'aggressività), non possono essere integrati nel resto della personalità, perché l'interazione web-mediata genera uno scambio solo virtuale. L'evoluzione, che nel suo svolgersi è sempre un atto creativo, non consiste solo nell'emersione di nuovi aspetti, ma si completa con l'integrazione di questi stessi aspetti all'interno delle personalità preesistenti. In questo modo si costituiscono nuovi assetti mentali, risultati non dalla semplice apposizione del nuovo, ma nuovi nella loro interezza. La mancanza di questa dinamicità nell'evoluzione costringe invece ciascuno a essere "solo quel se stesso" e questo in termini di creatività dell'atto evolutivo risulta appunto un impoverimento.

Quando ciò accade, la psicopatologia emerge. Lasciare fuori da sé aspetti anche importanti può avvenire per una sorta di critica interna a quegli aspetti o per una totale assenza di consapevolezza degli stessi. Nel primo caso ci troviamo di fronte a personalità più strutturate, in grado cioè di ripudiare qualcosa ritenuto non accettabile, nel secondo caso siamo di fronte a un rifiuto acritico di intere parti di sé. Qui non sono rigettati quegli aspetti che più o meno consapevolmente vengono ritenuti non accettabili, ma soprattutto quelli che mai hanno trovato un ambiente intorno in grado di accoglierli e valorizzarli. Il web in quest'ottica fornisce un rudimentale rispecchiamento proprio di queste caratteristiche, che soltanto lì trovano asilo. Come abbiamo detto, il riconoscimento di ciò che un bambino esprime nel mondo è fondamentale affinché egli possa raggiungere una completa e armonica espressione di sé. L'armonia è data dalla fluidità con cui è possibile accedere ai differenti aspetti di noi. Ovviamente, quando alcuni di questi sono stati rinnegati o del tutto negati, la fluidità e l'armonia vengono necessariamente perdute. Ma se in alcuni casi la presenza di un conflitto sottolinea ancora la presenza di un legame, troppo spesso invece il conflitto è bandito e si assiste alla dissociazione di parti che, non potendo essere integrate, cominciano a vivere di *vita propria*, come se non fossero un'unità. È evidente come personalità di questo tipo si sentano private di funzioni importanti che necessitano di essere trovate e rispecchiate, ma ancor prima necessitano di essere cercate, come accade nel web, ovunque si creda di scoprirle. Ristabilire un'armonia, laddove sia possibile, è il compito successivo, che in questo testo sarà trattato più avanti, nella descrizione dei modelli di terapia. Ognuno di noi è portatore di un'enorme quantità di caratteristiche e il benessere consiste nel poterle esprimere quasi senza accorgersene, e quindi in maniera libera e armonica, come strumenti diversi della stessa orchestra. Come diceva il poeta Walt Whitman (1855): "...io mi contraddico. Sono ampio. Contengo moltitudini...".

3.7 Giochi online

Il gioco non è soltanto un piacevole passatempo appannaggio esclusivo delle fasce più giovani di età, ma un'attività libera sempre presente e importante, anche se in forme e modalità differenti, in tutto l'arco della vita dell'uomo. Mentre giochiamo, a tutte le età, scarichiamo le nostre tensioni quotidiane canalizzandole in un'attività entusiasmante e creativa che coinvolge in maniera completa il corpo e la mente. Il gioco è un bisogno che ha la funzione di sospendere le attività cognitive della nostra mente, quelle finalizzate al raggiungimento di uno scopo nell'ambito, per esempio, del nostro lavoro. Di solito è radicato nell'immaginazione e nella fantasia, e può risultare creativo o compulsivo in relazione al livello di condivisione con gli altri e all'intensità dell'eccitazione che innesca (Winnicott, 1974). Il gioco è un'attività libera ma non per questo confusa; per poter giocare sono necessari un tempo definito dedicato e uno spazio adatto, oltre alla presenza di regole condivise dai partecipanti. Pertanto non è esclusivamente un momento che potremmo definire catartico, di benessere individuale, ma un'attività sociale articolata che consente di far emergere le proprie emozioni e di condividerle all'interno di un gruppo di pari.

La rivoluzione tecnologica e in particolare l'esplosione del fenomeno dei videogiochi hanno fatto emergere negli ultimi anni un nuovo terreno di applicazione del *giocare*, legato al mondo virtuale, che offre sempre più numerose possibilità di intrattenimento, proponendo parallelamente un nuovo modo di intendere questa irrinunciabile attività.

3.7.1 Storia dei videogiochi

Il mondo dei videogiochi ha una storia recente, tuttavia ha avuto un'evoluzione molto rapida compiendo passi da gigante in pochi anni. Le nuove generazioni, che più usufruiscono dei videogame, possono avere una percezione parziale del progresso tecnologico degli ultimi trent'anni; oggi siamo abituati a usare quotidianamente i nostri smartphone per navigare o per giocare, ma fino a poco tempo fa questo non era neanche immaginabile.

Se si desidera ripercorrere la storia dei videogame dal principio è necessario tornare indietro al 1947, quando venne ideato il primo prototipo di gioco elettronico, il *Cathode-Ray Tube Amusement Device*. Questo simulava il lancio di un missile verso un bersaglio, ispirandosi agli scenari della guerra appena conclusa. I giocatori potevano usare delle manopole per calibrare la traiettoria di raggi luminosi o missili, nel tentativo di colpire aerei bersaglio disegnati; sfortunatamente a causa dei costi e di altre circostanze il *Cathode-Ray Tube Amusement Device* non venne mai commercializzato, se non attraverso alcuni prototipi artigianali che rappresentano a tutti gli effetti gli antesignani dei videogame che oggi conosciamo. Nonostante il Cathode-Ray Tube Amusement Device sia il primo gioco elettronico a tutti gli effetti, non viene universalmente considerato il primo videogame poiché utilizzava un oscilloscopio e un tubo a raggi catodici senza alcun programma o processore.

Il primo videogame distribuito su larga scala risale al 1961, quando alcuni studenti del Massachusetts Institute of Technology crearono *Space War*. Il gioco consisteva nel pilotare la propria astronave cercando di abbattere quella del giocatore avversario, evitando contemporaneamente il pianeta posto al centro dello schermo e gli asteroidi di passaggio. Il gioco venne commercializzato e incluso in tutti i nuovi computer DEC divenendo così il primo videogioco distribuito su larga scala.

Gli anni successivi all'uscita di Space War videro la nascita dei videogiochi *arcade*, letteralmente i "videogiochi da sala giochi", ovvero delle macchine spesso molto ingombranti che funzionavano a gettoni con una grafica essenziale in bianco e nero, parenti dei *flipper* che si trovavano comunemente nei bar e in altri luoghi pubblici. Con l'affermazione dei primi videogiochi arcade si apre, sul finire degli anni Settanta, quella che per i videogame viene comunemente definita l'età d'oro (Kent, 2001), un periodo caratterizzato da grande aumento della popolarità e grandi innovazioni dal punto di vista sia qualitativo sia quantitativo. I titoli lanciati in questi anni, come *Space Invaders*, *Pac Man*, *Mario Bros*, ebbero un enorme successo, tanto che ancora oggi raccolgono appassionati e sono ben presenti nell'immaginario collettivo.

Parallelamente alla diffusione pubblica e mediatica degli arcade le case produttrici più importanti realizzarono versioni domestiche equivalenti dei giochi più noti, usufruibili comodamente da casa attraverso una console collegata al televisore; è il caso di *Pong*, uno dei videogiochi arcade più amati, con 20.000 *cabinet* venduti, lanciato pochi anni dopo anche sulla prima generazione di console. All'inizio degli anni Ottanta il mercato dei videogiochi accusò un brusco calo delle vendite, tuttavia nel 1983 l'uscita sul mercato della console *NES*, considerata una delle migliori console di sempre, ebbe l'effetto di rilanciare prontamente il mercato dei videogiochi e delle console giunte già alla terza generazione. Superata la crisi, si aprì un nuovo periodo florido: nel 1988 nasce il *Commodore 64*, mentre nell'anno successivo vengono introdotte le prime console portatili come il *Game Boy*, che dall'anno del suo rilascio ha venduto circa 120 milioni di copie (Businessweek.com).

Dagli anni Novanta ai primi anni del 2000 i videogame consolidano la posizione egemone nel campo dell'intrattenimento e vengono rilasciate tre generazioni di consolle sempre più potenti tra cui spiccano il *Sega Mega Drive*, il *Super Nintendo* e la *PlayStation 1*. Quest'ultima ebbe un successo planetario con oltre 40 milioni di copie vendute in due anni dalla sua entrata in commercio (Sony Computer Entertainment).

Una delle importanti novità introdotte dalla PlayStation fu l'utilizzo di un lettore *cd-rom* analogo a quello dei PC, per riprodurre i videogiochi sostituendo di fatto definitivamente le classiche cartucce o cassette per consolle.

In questi anni abbiamo assistito alla presentazione della settima generazione di consolle, che vede il *Nintendo Wii* e la *PlayStation 3* come capostipiti, due consolle all'avanguardia che di fatto hanno rivoluzionato il mondo dei videogiochi come mai era accaduto in passato.

La caratteristica fondamentale del *Wii* è la possibilità di giocare impugnando un joystick, o telecomando senza fili. In questo modo il giocatore, posto fisicamente al centro dell'azione, può utilizzare più liberamente i movimenti del suo corpo che, grazie a un sistema di rilevazione, vengono riprodotti fedelmente sullo schermo; per esempio è possibile giocare una partita di tennis impugnando il joystick come fosse una racchetta. Questa caratteristica rappresenta a suo modo una vera rivoluzione per gli appassionati di videogame aprendo prospettive del tutto nuove e inimmaginabili sull'interazione tra uomo e consolle, dove il corpo e i suoi movimenti sono coinvolti quanto i processi mentali. La semplicità e la facile intuitività del nuovo modo di giocare proposto dal sistema Wii sono la chiave del suo successo soprattutto tra i più giovani, con 97 milioni di copie vendute (VGChartz.com).

Un'altra grande novità introdotta in quasi tutte le consolle della settima generazione, è la presenza di un *modem* interno studiato per connettere la propria consolle su internet durante le sessioni di gioco. La prima consolle dotata di questo sistema è stata la *Sega Dreamcast*, tuttavia il successo maggiore di questa innovazione è legato alla PlayStation 3 che, con circa 72 milioni di copie vendute (VGChartz.com), ha contribuito ad alimentare il fenomeno globale del gioco definito "online". Grazie a internet milioni di utenti provenienti da diverse parti del mondo, ma accomunati dalla stessa passione per un videogioco, si incontrano nel contesto virtuale per sfidarsi, permettendo un'esperienza di gioco che supera di fatto i limiti concreti di spazio e tempo del gioco offline a cui eravamo abituati.

Oggi abbiamo a disposizione un numero pressoché illimitato di videogiochi diversi, disponibili per *consolle*, per *personal computer* o per *smartphone*, che con il tempo sono divenuti sempre più complessi e realistici, immergendo il giocatore in una dimensione di gioco virtuale mai ripetitiva o noiosa ma interattiva e ricca di stimoli.

Tra gli adolescenti, che rappresentano la fetta più grande degli appassionati di videogame, i videogiochi più utilizzati sono quelli di ruolo, meglio conosciuti con il nome di *MMORPG* (*Massively Multiplayer Online Role-Playing Game*), o i giochi di guerra, definiti "sparatutto in prima persona".

I MMORPG rappresentano la versione virtuale dei precedenti giochi da tavolo di genere *fantasy*; fra tutti il più popolare è sicuramente *World of Warcraft*, ma esistono molti altri titoli disponibili. In questa tipologia di gioco il giocatore è chiamato a creare il proprio personaggio immaginario, in questo caso un *avatar virtuale*, scegliendo inizialmente fra i vari personaggi di base prestabiliti, e a partecipare a una sfida fra gruppi di giocatori detti "gilde", che si sfidano per il raggiungimento degli obiettivi. L'ambientazione è il più delle volte uno scenario fantasy in cui i giocatori combattono contro mostri e la strategia di base è fondata sul raggiungimento di obiettivi o missioni, che consentono di "salire di livello", acquistando nuove abilità per accrescere il potere del proprio personaggio. Le missioni proposte risultano sempre più ardue richiedendo avatar sempre più forti e imponendo a giocatori veri e propri *tour de force* per portarle a termine. Lo svolgimento delle missioni non porta tuttavia verso la fine del gioco, ma rappresenta semplicemente una prova per le abilità acquisite dal giocatore e ciò ha portato a considerare questi videogiochi come videogiochi "senza fine". A conferma di questo, un'altra caratteristica fondamentale e distintiva degli MMORPG è che il gioco continua anche nel momento in cui non siamo connessi, come un universo parallelo sempre in movimento. Secondo molti studiosi proprio le caratteristiche intrinseche di questa famiglia di videogiochi potrebbero predisporre gli oltre 10 milioni di utenti a uso eccessivo, o meglio compulsivo, dei videogame, fino a forme di vera e propria dipendenza (Kuss e Griffiths, 2012).

Molto diversi ma altrettanto popolari sono i giochi sparatutto, tra cui ricordiamo in particolare la saga *Call of Duty*, che ha raggiunto numeri vertiginosi di vendite negli ultimi anni risultando il gioco più venduto per consolle e per PC nel 2010.

Il gioco offre la visuale in prima persona, cioè attraverso gli occhi del protagonista, un soldato impiegato in uno scenario di guerra storicamente esistito o inventato.

Immersi in un clima carico di tensione e violenza, si ha la possibilità di effettuare missioni di guerra collaborando con i compagni, oppure più comunemente di fronteggiarsi in battaglie all'ultimo sangue. L'obiettivo del gioco resta comunque collezionare il maggior numero di uccisioni senza restare uccisi a propria volta. La morte del proprio personaggio avviene più volte all'interno della stessa partita, ma nel gioco per fortuna c'è subito un'altra vita disponibile per continuare a giocare senza mai doversi fermare, annullando il limite temporale nelle connessioni. Diversamente rispetto agli MMORPG, ogni partita ha una durata prestabilita, tuttavia in una sessione di gioco vengono generalmente svolte più partite possibili poiché al numero delle uccisioni effettuate corrisponde l'acquisizione di punti all'interno della partita.

Per la sua popolarità e per il contenuto esplicito ritenuto di violenza, negli ultimi anni il genere sparatutto in prima persona è stato al centro di numerosi dibattiti che hanno portato a limitazioni nella vendita sulla base dell'età del videogiocatore.

3.7.2 Psicopatologia associata

I videogiochi online rappresentano, in particolare per bambini e adolescenti, il frutto più accattivante della rivoluzione tecnologica che stiamo vivendo e in pochi anni sono divenuti parte integrante delle esperienze di gioco e condivisione delle nuove generazioni. I giochi online hanno una capacità di attrazione e di interattività tale da catturare totalmente l'interesse del giocatore, così che se osserviamo una persona videogiocare da un punto di vista esterno ci appare isolato dalla realtà circostante e dissociato nella percezione convenzionale di tempo e spazio.

La tecnologia in cui la nostra società è immersa ha migliorato sotto molti punti di vista il nostro benessere e da un punto di vista soggettivo sta inevitabilmente contribuendo a cambiare il nostro modo di pensare e di relazionarci con il mondo. I più coinvolti in questa evoluzione sono bambini e adolescenti, grazie anche alla maggiore plasticità sinaptica cerebrale e a un'autentica naturalezza nell'interazione con la tecnologia digitale, in particolare i videogame. Le riflessioni a riguardo rimangono aperte sulla considerazione che la tecnologia stessa, in costante divenire, cambia anno dopo anno.

Ideati per il divertimento, i videogiochi sono stati impiegati con successo anche all'interno dei percorsi riabilitativi di patologie come i disturbi dell'apprendimento, la mobilitazione degli arti e la dislessia, favorendo la cura attraverso il loro utilizzo. Come vedremo in seguito, essi sono in grado di stimolare il circuito cerebrale del piacere e della ricompensa nel giocatore, e per questo possono essere dei validi insegnanti per accrescere le proprie abilità non solo all'interno del gioco. Nella stessa prospettiva, in un recente studio scientifico (Rosser et al., 2007) sull'impatto dei videogame nell'allenamento dei chirurghi, è emerso che la manualità che si acquisisce nelle sessioni di allenamento con videogame migliora le abilità chirurgiche nella laparoscopia. Seguendo questo stesso principio, l'Israeli Air Force ha incluso nell'addestramento dei piloti sessioni di allenamento con videogame che simulano il volo. In questo senso il progresso della tecnologia nell'ultima generazione di consolle, prima fra tutte il Nintendo Wii, lascia immaginare nuovi orizzonti di apprendimento e interazione fra uomo e videogame.

È stato dimostrato che giocando con i videogame di azione del genere sparatutto, in cui è richiesto di identificare rapidamente i nemici ed evitare di essere colpiti, risultano aumentate le capacità di processare e discriminare visivamente più oggetti in breve tempo (Green e Bavelier, 2003). Queste abilità tuttavia resterebbero limitate solamente in ambito virtuale, nell'interfacciarsi con un monitor, non traducendosi in maggiori abilità nella vita reale.

Oltre a questi effetti benefici e adattativi, negli ultimi anni sono emersi rapidamente quadri di *gaming patologico* con risvolti a volte drammatici, legati all'utilizzo estremo dei videogame, tanto da interferire con le attività della vita quotidiana e la salute. In alcuni casi questi episodi hanno avuto un grande risalto mediatico, come possibile causa di ritiro sociale in ambito giovanile, stimolando l'opinione pubblica e il mondo scientifico a una riflessione profonda sul rapporto tra uomo e videogiochi.

Dal punto di vista scientifico, anche se la dipendenza da videogame non è stata inclusa nel nuovo DSM-V, sono stati rilevati e studiati numerosi casi di fruitori, soprattutto maschi, con modalità di gioco online problematiche (Wood, 2008). Soprattutto quei ragazzi che presentano aspetti affettivi irrisolti sembrano incapaci di interrompere l'utilizzo del videogioco e al contrario manifestano la necessità di trascorrervi tempi progressivamente più lunghi, disinvestendo energie dai rapporti interpersonali e dalle attività scolastiche o lavorative. Videogiocare online è associato a sentimenti di grande partecipazione ed entusiasmo, mentre quando per un qualsiasi motivo il gioco non può essere disponibile, emergono sentimenti di mancanza, vuoto e irrequietezza, che possono esitare in comportamenti aggressivi o esplosioni di rabbia.

Il fatto che questo fenomeno faccia riferimento prevalentemente agli adolescenti è significativo, perché in questa fase della vita, dove si strutturano personalità e senso di identità, l'isolamento e la carenza delle relazioni sociali possono porre le basi per disturbi psichiatrici futuri.

In uno studio longitudinale della durata di due anni condotto da Douglas Gentile (Gentile et al., 2011) su giovani giocatori è emerso che una maggiore impulsività, minori competenze sociali e un monte ore di gioco che supera le 31 ore settimanali sono importanti fattori di rischio per diventare giocatori patologici. Questi dati confermano le linee guida dell'*American Academy of Pediatrics* (AAP, 2001), che suggeriscono di non superare il limite di due ore al giorno davanti a uno schermo.

Giocare senza il limite del tempo può avere serie ricadute nella vita reale dal punto di vista psicofisico e sociale, con alti livelli di stress, ridotta capacità di attenzione, alterazione del ritmo sonno-veglia, progressivo isolamento e crescenti difficoltà relazionali.

In particolare, come abbiamo visto precedentemente, l'utilizzo dei video-game online privilegia lo sviluppo di capacità di attenzione basate sull'immediatezza e la superficialità a discapito delle abilità di attenzione protratta che sono richieste per esempio nello studio. Nell'attività scolastica inoltre sono necessarie la capacità di procrastinare la propria soddisfazione e questo si contrappone all'idea della gratificazione immediata, irrealistica, proposta dai videogame online. Come già è emerso da studi riguardanti altri media quali la TV, è possibile pensare che essere connessi online molte ore al giorno interferisca con lo sviluppo delle capacità di attenzione rendendo i compiti quotidiani monotoni e poco gratificanti fino a divenire troppo frustranti. A un livello più concreto, se da un lato la tecnologia facilita l'apprendimento e l'accesso alle informazioni, dall'altro i videogiochi possono rappresentare una fonte di distrazione sempre presente. Da uno studio comparativo (Weis e Cerankosky, 2010) svolto in un periodo di riferimento di quattro mesi i giovani videogiocatori (6-9 anni) sono risultati meno coinvolti nelle attività post-scolastiche rispetto ai coetanei non giocatori e hanno ottenuto minori punteggi nella lettura e nella scrittura. Questo si traduce in una diminuzione del rendimento scolastico direttamente proporzionale alle ore di gioco quotidiane, che può risultare paradossale in virtù del fatto che spesso i giovani "gamer" appaiono particolarmente intelligenti rispetto ai coetanei.

Dal punto di vista fisico, trascorrere molte ore giocando seduti davanti allo schermo, in alcuni casi anche 16 ore al giorno, può favorire l'insorgenza di disturbi come l'emicrania, dolori cervicali, difficoltà a mantenere un'alimentazione adeguata e ad addormentarsi.

Pur considerando il fisiologico cambiamento dei ritmi circadiani in adolescenza, giocare in orari notturni può portare, infatti, a ridurre le ore di riposo proprio in un'età in cui il sonno è particolarmente importante per la salute e la crescita. L'illuminazione artificiale del monitor e l'eccitazione connessa con il gioco possono far perdere la cognizione del tempo e del bisogno di riposare, generando spesso quel circolo vizioso che estranea dai ritmi convenzionali della realtà. La regolarità del sonno è un elemento fondamentale per poter mantenere la concentrazione nelle attività del giorno successivo e per consolidare nella memoria ciò che abbiamo appena appreso.

Per lo stesso principio, giocare in maniera eccessiva può portare a pattern di alimentazione scorretta e a praticare poco esercizio fisico, con importanti conseguenze sulla qualità di vita; tuttavia gli studi scientifici sull'argomento sono ancora discordanti ed evidenziano come la problematica sia più nell'uso che si fa dei videogame nell'economia mentale individuale, piuttosto che nelle caratteristiche del mezzo in sé.

In effetti, da una review sistematica della letteratura scientifica (Kuss e Griffiths, 2012) sono emerse considerazioni importanti sui fattori di rischio specifici che concorrono nello sviluppo di problematiche psicopatologiche legate all'uso dei videogame; in particolare sono stati individuati fattori di rischio interni, come alcuni aspetti della personalità del giocatore e il livello di coinvolgimento nel gioco, oltre che esterni, legati alle caratteristiche strutturali intrinseche.

Gli adolescenti possono utilizzare il gioco online, specialmente i *giochi sparatutto*, per regolare in una dimensione protetta l'aggressività, connessa a emozioni disturbanti come la rabbia e la frustrazione, a discapito delle possibilità reali di affrontare attivamente gli eventi stressanti. L'introversione, l'impulsività e un basso livello di autostima nella vita reale, contrapposti a un'alta efficienza nel gioco online, sono considerati fattori predisponenti per un forte investimento emotivo nel gioco come modalità di evasione dai conflitti quotidiani. La scelta o la costituzione di un *avatar*, per esempio, rappresenta per un giovane giocatore l'occasione per integrare caratteri individuali con parti o funzioni sentite come mancanti, e che ora concorrono a strutturare aspetti di sé idealizzati.

Studi effettuati con potenziali evocati al livello cerebrale hanno evidenziato inoltre come l'esposizione ripetuta a videogiochi d'azione definiti sparatutto si traduca, differentemente da altre tipologie di gioco neutre, in una desensibilizzazione nella risposta alla presentazione di immagini di violenza (Bartholow et al., 2006). Questi risultati hanno avuto conferma anche durante l'esposizione a immagini di violenza reale, tuttavia non è stato ancora evidenziato un eventuale nesso fra la pratica di giochi violenti e la messa in atto di comportamenti aggressivi.

I giochi di ruolo strategici, d'altro canto, coinvolgendo il giocatore in attività di gruppo agirebbero positivamente sulle capacità relazionali ed empatiche; dopo una sessione di gioco online di 10 minuti si può evidenziare un aumento della sensibilità e della partecipazione emotiva (Greitemeyer et al., 2010).

Tuttavia proprio i giochi di ruolo strategici, o MMORPG, per le loro caratteristiche strutturali che prevedono un'alta partecipazione e l'impossibilità di giungere a una fine, possono promuovere situazioni di gioco estreme, destinate a diventare patologiche.

Come abbiamo sottolineato in precedenza, il gioco eccessivo può condurre a manifestazioni patologiche di dipendenza analoghe a quelle riscontrabili nella dipendenza da sostanze caratterizzate da craving, astinenza, tolleranza e modificazioni dell'umore. Nonostante la definizione classica di dipendenza sia legata più prettamente all'assunzione di sostanze psicotrope, recentemente abbiamo assistito alla comparsa di fenomeni di dipendenza associati alla ripetizione di un comportamento stereotipato che porta a una gratificazione – come nel caso del gioco d'azzardo patologico – definiti appunto dipendenze comportamentali (Griffiths, 2008).

Anche se, applicando i criteri per la diagnosi di gioco d'azzardo patologico a un gruppo di teenager inglesi, fruitori abituali dei videogame, è emerso che in un caso su cinque vengono rispettati i criteri per porre diagnosi di dipendenza comportamentale (Griffiths e Hunt, 1998), non è sempre possibile tracciare un confine tra ciò che è considerabile come evolutivo e ciò che potrebbe essere patologico.

Tutte le forme di dipendenza, sia da sostanze sia comportamentali, si fondano sul circuito di ricompensa e rinforzo e sono caratterizzate da salienza, tolleranza, ritiro, modifica dell'umore, ricaduta, conflitto; studi neuroscientifici effettuati con MRI (Magnetic resonance imaging) hanno suggerito che le aree cerebrali che si attivano nei videogiocatori abituali, quando vengono esposti a immagini riguardanti il videogioco, sono attive anche nei soggetti dipendenti da sostanze o dal gioco d'azzardo quando vengono esposti ai rispettivi stimoli specifici (Han et al., 2011). I videogame forniscono una stimolazione molto intensa per numero di stimoli nell'unità di tempo, decisamente più coinvolgente rispetto alle esperienze quotidiane nella vita reale; studi recenti hanno suggerito come, agendo sul rilascio di dopamina, possano portare a modificazioni a lungo termine nel circuito cerebrale della ricompensa similmente agli effetti della dipendenza da sostanze psicotrope (Weinstein, 2010). Tuttavia ciò che è emerso nella nostra esperienza clinica è che condizioni di dipendenza conclamata riguardino principalmente i pazienti adulti, mentre nei giocatori adolescenti sono rintracciabili i segni precursori di possibili future patologie di dipendenza, disturbi della personalità più o meno gravi, o risoluzioni spontanee, a conferma della difficoltà di fare diagnosi con pazienti in età evolutiva.

Il gaming online è per sua natura soprattutto un modo di comunicare attraverso aspetti parziali dell'identità, quelli che in quel preciso contesto sono più apprezzati dagli altri giocatori, che diventano anche i *migliori amici*, e che possono rimanere tali soltanto se si riescono a mantenere alte le *performance* nel gioco. Per questo motivo è facile imbattersi in giovani pazienti che dedicano *sessioni di allenamento* alla propria manualità nell'utilizzo della consolle, perché da lei dipendono le probabilità di sopravvivenza in un gioco che in quel momento è tutto il loro mondo, e a seguire la considerazione, la stima e una certa affettività dei *compagni alleati*.

Analizzeremo nei prossimi capitoli le operazioni mentali correlate a questo processo.

3.8 Social network

I *Social Network Site* (SNS) rappresentano il principale strumento del Web 2.0 (O'-Reilly, 2005) con il quale poter esprimere la propria personalità digitale e costituiscono il punto di arrivo odierno del processo di personalizzazione della rete iniziato negli anni Novanta. In quegli anni la diffusione del personal computer aveva portato alla proliferazione, online, di forum e blog, strumenti del cosiddetto Web 1.5, che già mostravano una diversa attitudine nei confronti del World Wide Web. L'abitudine alla presenza e all'uso di internet, infatti, ha permesso che non si facesse più un uso della rete solo strettamente individuale, ma che venisse anche condiviso attraverso un processo di *personalizzazione* che faceva cadere quel senso di anonimato che aveva dominato il Web 1.0 e che si era espresso, per esempio, attraverso i nickname.

Di fatti, dei tre elementi che secondo i professori americani Boyd ed Ellison (2007) accomunano tutti i social network il primo è la costruzione del profilo personale, una pagina unica dove si può digitare se stessi fino a "divenire". Dopo avere fornito all'SNS la propria e-mail come presunzione di esistenza, il profilo digitale inizia a prendere forma rispondendo ad alcune domande standard per tutti gli utenti, come età, genere, luogo di nascita e residenza. Successivamente può essere arricchito aggiungendo altri dati circostanziali come lavoro, hobby, orientamento sessuale, religioso, politico ecc. e soprattutto immettendo contenuti nel network, e quindi pubblicando pensieri, foto, video, musica, o anche manifestando il proprio apprezzamento nei confronti di un determinato contenuto. Secondo elemento in comune tra gli SNS è la richiesta di entrare in relazione all'interno del sito con altri utenti: viene richiesto per l'appunto di socializzare in questa piazza digitale. Le funzioni di *tagging* (contrassegnare), disponibili nella maggior parte dei siti facilitano proprio questo processo, "chiamando" gli utenti a partecipare.

Le reti sociali che qui si possono creare hanno dimensioni variabili date dal grado di partecipazione dell'utente, dal numero dei suoi interessi e contatti reali e da eventuali limiti posti dal servizio di social network. L'etichetta è variabile e include termini come "Fans", "Amici", "Followers" "Contatti" ecc., dipende dal network utilizzato e può implicare un diverso grado di possibilità di accesso e di contatto al proprio profilo. La maggior parte degli SNS richiede una conferma bidirezionale, ma non per tutti è così. Inoltre sembra che la maggior parte degli SNS si proietti verso una ricerca della crescita demografica "esponenziale". Solo alcuni, invece, limitano intenzionalmente l'accesso, costituendosi così come selettivi ed elitari. Tra questi "ASmallWorld" e "BeautifulPeople". *ASmallWorld* (Asmallworld.net), di Erik Wachtmeister, è una piattaforma sociale pensata per persone ricche e di successo a cui si può accedere esclusivamente tramite invito. In ASmallWorld si mantiene il profilo dell'alta società, e così, assieme al gusto del bon ton, sul sito si possono trovare annunci di eventi o la vendita di beni, tutto esclusivamente di lusso. Invece *BeautifulPeople* (BeautifulPeople.com) è uno dei social network più discussi, fondato in Danimarca nel 2002 da Robert Hintze. In questo luogo digitale esclusivo solo la richiesta d'iscrizione è libera e si realizza compilando un profilo e inviando una propria foto. La possibilità di accedere al sito, infatti, resta sospesa per 72 ore durante le quali la community del sesso opposto ha diritto di voto, anonimo.

Ritornando a ciò che i social network condividono, il terzo elemento comune è rappresentato dalla possibilità di visualizzare e di attraversare le altrui connessioni, potendo così estendere il proprio panorama di relazioni e di notare eventuali interrelazioni.

Tutta questa visibilità ha anche posto evidenti problemi nel rispetto delle normative di privacy, considerando che le "azioni digitate" sul social network divengono proprietà del social network stesso. Sembra paradossale, ma, parlando in termini generali, il proprio profilo riposto in un server esterno non è più personale e diviene proprietà altrui. Una nuova proprietà che rappresenta un caso particolare e fin qui ancora raro della giurisprudenza, in quanto normalmente i siti si dichiarano proprietari dei contenuti, ma non responsabili degli stessi, evitando quindi le attività di censura o le limitazioni alla visibilità di contenuti e gruppi. *Diaspora* (Joindiaspora.com), un SNS ancora in fase semi-sperimentale, sembra voler proporre un'alternativa a questo meccanismo. Permette, infatti, a ogni utente iscritto di gestire un proprio server e di collegarsi agli altri utenti senza passare per un server centrale, mantenendo quindi la proprietà delle informazioni personali, la possibilità di escludere ogni annuncio pubblicitario, la certezza di poter chiudere il proprio account e di essere l'unico in grado di farlo. È la decentralizzazione della rete, che riporta agli albori della storia di internet, che permette di mantenere "l'autonomia digitale".

3.8.1 Storia dei social network

Il primo social network site definibile come tale sembra essere stato *SixDegrees*, che dal suo lancio avvenuto nel 1997 permetteva agli utenti di creare profili, elencare i propri "amici" e, a partire dal 1998, anche di "navigare" nelle liste di contatti degli "amici" aggiunti. Sebbene il sito sia riuscito ad attrarre milioni di utenti, nel 2000 venne chiuso, non essendo riuscito a diventare economicamente vantaggioso. Dal 1997 al 2001 sono apparsi molti servizi di social network sul web, alcuni di questi con un orientamento etnico come MiGente, per le comunità latine, AsianAvenue, per gli asiatici residenti negli Stati Uniti, BlackPlanet, per le comunità afroamericane, che hanno ampliato e diversificato l'offerta di questi servizi. Nel 1999 appare in rete il sito LiveJournal (LJ), una comunità di blog, più che di blogger, messi in contatto con le modalità di un SNS e con la possibilità di personalizzare graficamente il proprio "diario digitale". Offre anche la possibilità di descriversi come persona creando una pagina utente nella quale inserire informazioni biografiche, la lista dei propri interessi o contatti o anche foto personali (linkate però a siti esterni).

Nel 2001, a partire da *Ryze*, si assiste a una nuova ondata nella proliferazione di SNS creati con l'intento di aiutare le persone a sfruttare le proprie reti aziendali. Fondato da Adrian Scott, infatti, il sito Ryze raccoglieva soprattutto appartenenti alle comunità tecnologica e informatica di San Francisco, nonché molti investitori e imprenditori interessati al mercato dei social network. Il sito non raggiunse però una popolarità di massa; tuttavia, proprio uno dei primi membri di Ryze, Jonathan Abrams, nel 2002 creò il sito *Friendster*, per competere con il famoso sito per "appuntamenti" *Match*, che ebbe ampia risonanza. La particolarità di Friendster stava nel fatto di rendere possibili le relazioni tra gli amici di amici, fino a un massimo di quattro gradi di distanza, anziché promuovere incontri tra persone con reti sociali totalmente separate, come se la qualifica di "amici di amici" permettesse di non considerarsi estranei, e quindi agevolasse gli incontri sul web e, se tutto avesse funzionato, anche dal vivo. Attraverso il passaparola, il sito si diffuse rapidamente, particolarmente nelle comunità gay, ma il suo successo fu paradossalmente anche la sua rovina. Infatti, le tecnologie e i server utilizzati non riuscirono a supportare la crescita demografica del sito, portando gli utenti a confrontarsi continuamente con errori, rallentamenti o sospensioni del sistema. Il sito però non scomparve dal web, e quando la sua popolarità era ormai al tramonto negli Stati Uniti, albeggiava invece in diversi paesi del sud-est asiatico come Filippine, Singapore, Malesia e Indonesia (Goldberg, 2007).

Nel 2003 viene avviato *MySpace*, che cresce rapidamente sia sfruttando l'ondata emigratoria da Friendster, sia attirando persone prima estranee al mondo delle società digitali. A dare un grande impulso a questo sito furono alcuni gruppi musicali locali, che sfruttarono i loro contatti per promuovere i propri eventi soprattutto fra giovani o post-universitari. Gli adolescenti iniziarono a usufruire in massa di MySpace nel 2004, ed è probabile che sia stato proprio il bisogno di socialità tipico di questa fascia d'età a facilitare la grande diffusione del sito, che presentava la peculiarità di poter caratterizzare abbondantemente la propria pagina-profilo.

Il 2004 è invece l'anno del lancio del famosissimo *Facebook* (Facebook.com), il social network generalista per eccellenza, che raccoglie tutte o quasi le precedenti modalità di interazione nella rete, connettendole con altri social media, come YouTube o Instagram, e ne sviluppa costantemente di nuove. Creato essenzialmente da Mark Zuckemberg, a partire dai suoi precursori Thefacebook e Facemash, il sito si espande inizialmente nell'Università di Harvard, diffondendosi negli Stati Uniti attraverso le altre università dalla Est alla West coast. Dal 2006 la possibilità di accesso viene ulteriormente estesa alle reti sociali delle scuole superiori e dal settembre dello stesso anno il sito si svincola dalle istituzioni scolastiche per aprirsi a chiunque dichiari di avere più di tredici anni. Attualmente Facebook rappresenta un fenomeno globale disponibile in oltre 70 lingue e dal 2012 conta circa 1 miliardo di utenti attivi che effettuano l'accesso almeno una volta al mese, classificandosi come primo servizio di rete sociale per numero di iscritti (Fowler, 2012).

Facebook, che dà la possibilità di mostrare il proprio volto, incentra il suo essere sulla condivisione della personalità (reale o presunta tale) in quanto centro di una rete sociale. Gli utenti, infatti, possono creare profili contenenti uno status, incoraggiati dalla domanda standard "a cosa stai pensando", fotografie, altri elementi multimediali come video, immagini, personali o caricate dalla rete, così come liste di interessi; hanno inoltre la possibilità di commentare questi "link", di scambiare messaggi, privati o pubblici, di chattare, di creare e aderire a "Gruppi" in cui si condividono interessi e a "Pagine" legate a cose o persone di loro gradimento. Il tasto "mi piace" è stato inserito nel 2010 proprio per esprimere più facilmente il personale gradimento; il tasto "non mi piace", al contrario, non è stato mai inserito, probabilmente perché l'espressione del disprezzo, tramite una simile applicazione, non avrebbe certo favorito lo sviluppo di nuove amicizie, che sono invece lo scopo del sito. Sul sistema di connessione sociale che si sviluppa nel sito poggiano anche molti dei videogame che pullulano nel network, in quanto si diffondono con un tam-tam mediatico fatto di inviti a partecipare, che rimbalza tra i vari utenti, a volte creando anche fastidio o addirittura esasperazione. Dal 2006 è attivo il *news feed*, un nuovo aggregatore che mostra in successione gli aggiornamenti propri e degli amici, mettendo maggiormente in risalto informazioni considerabili come *private*.

Twitter (Twitter.com), aperto al pubblico dal 2006, deriva il suo nome dal verbo inglese *to tweet* che significa "cinguettare"; raggiunse la celebrità nell'anno seguente con oltre 60.000 tweet al giorno (Douglas, 2007) fino ad avere nel 2012 circa 500 milioni di utenti attivi che effettuano l'accesso almeno una volta al mese (Lunden, 2012). Con la parola *tweet* ci si riferisce essenzialmente ai post degli utenti che, rispetto a quelli di Facebook, hanno la particolarità di avere una lunghezza massima limitata a 140 caratteri, raggiunta la quale i tweet vengono chiamati *twoosh*. Le dimensioni limitate dei post riflettono la concezione originaria del sito, fondata sull'idea di facilitare la velocità e la chiarezza nella comunicazione, evitando gli sproloqui.

Il sito, che può essere definito di *microblogging*, limita l'utilizzo e la condivisione massiccia di file multimediali, che invece costituiscono il pilastro di Facebook, e ciò rende il servizio molto facile da utilizzare. Twitter possiede nella sua interfaccia web una barra di ricerca e un riassunto di temi di attualità, o di tendenza (*trending topics*), che permettono una facile ricerca delle discussioni; con la funzione di *hashtag* è possibile creare un collegamento ipertestuale a tutti i messaggi recenti che citano lo stesso hashtag, cioè una o più parole d'interesse precedute dal simbolo cancelletto. La relazione tra gli utenti è quella tra *follower*, vale a dire tra coloro che, interessati a un argomento o al pensiero di una o più persone, ne seguono i tweet e volendo li commentano. Si struttura quindi una sorta di chat tematica con l'obbligo di essere concisi nell'espressione del proprio pensiero: si cinguetta insieme.

"Non siamo un social network, siamo un information network" (Abbott, 2012). Con questa frase Michael Abbott, VP Engineering di Twitter, descrive il social network dell'uccellino durante l'intervista in occasione di Mobilize 2011. D'altra parte non è un caso che a partire dal 2009 la domanda standard che precede il proprio tweet è "Che c'è di nuovo?".

Lo scopo di *Google+* invece, sembra essere quello di avvicinare il più possibile la vita sociale digitale a quella reale: "vogliamo portare nel software le sfumature e la ricchezza delle interazioni che sono proprie della vita reale. Vogliamo fare di Google un posto migliore includendo voi, le vostre relazioni e i vostri interessi". Nonostante il sito sia molto più recente degli altri colossi del settore e stia impiegando enormi risorse per recuperare il tempo perduto, la sua posizione appare di vantaggio se consideriamo che è il servizio sociale di Google, il principale motore di ricerca di internet e ancora oggi il sito più famoso al mondo, proprietario anche di YouTube (l'importantissimo social media audiovisivo del mondo digitale) e detentore di un proprio indirizzo di posta elettronica Gmail. Nell'anno 2011, dopo appena un paio di settimane dal lancio, viene annunciato il superamento di quota 10 milioni di utenti registrati (Page, 2011). Nel 2012 Google annuncia che il social network ha raggiunto la quota di 500 milioni di iscritti, dei quali 135 milioni sono utenti attivi (Gundotra, 2011). Il sito presenta alcune finezze e semplificazioni rispetto agli altri e precedenti servizi di social network, relative alla visibilità del profilo o alla facilità di accesso a elementi di proprio interesse. Le relazioni con gli altri utenti vengono per esempio organizzate attraverso le cerchie di contatti, definite da etichette, alcune delle quali, come famiglia, lavoro, amici, sono predefinite, lasciando comunque la possibilità di personalizzarle liberamente per "condividere le cose giuste con le persone giuste", come si legge nel sito. Huddle è il sistema di messaggistica di gruppo che permette a tutte le persone appartenenti a una cerchia di sapere che cosa succede. Il sito, come altri, integra le funzioni di chiamate e videochiamate tra gli utenti attraverso il servizio di "Videoritrovi". Tipico frutto della tecnologia di Google è invece "Spunti", un motore di ricerca per la condivisione online, in grado di generare un feed di contenuti provenienti da tutta la rete orientati in base al proprio insieme di gusti e interessi.

Tra i social network incentrati sull'immagine ricordiamo Flickr e Pinterest.

L'immagine che Flickr pone al centro del suo interesse è la fotografia, scattata personalmente e di ispirazione artistica. Nell'anno 2011 Flickr ha dichiarato di possedere più di 6 miliardi di immagini (Parfeni, 2011) e ha stretto importanti relazioni con partner commerciali per offrire la stampa di diverse tipologie di merce, come libri fotografici, stampe di grande formato, biglietti da visita e altro. Nonostante il risvolto economico, è importante sottolineare come Flickr offra agli utenti la possibilità di rilasciare le loro immagini a determinate licenze d'uso comune oppure di etichettarle con la dicitura "tutti i diritti riservati".

Le fotografie, che vengono organizzate in "set" fotografici e possono essere indicizzate attraverso parole chiave (*tag* e *tag* cloud per le parole più popolari) o per luogo di scatto, consentono agli utenti di reperire immagini relative a temi specifici. Nel sito esiste anche un semplice *photo editor*, un'applicazione in grado di modificare alcuni elementi della foto digitale. Anche in questo sito esiste la possibilità di controllare chi ha il diritto di vedere le foto, rendendo le proprie foto pubbliche o private. Nell'aprile 2008 Flickr ha ampliato il suo progetto "visivo" introducendo la possibilità, per gli utenti a pagamento, di caricare video.

Similmente alla precedente, un'altra bacheca in stile *photo sharing* è *Pinterest*, che consente di creare e gestire collezioni di immagini proprie o prelevate dalla rete, di oggetti o eventi, definite pin (perni) a tema: in pratica un catalogo degli interessi (interest). Il primo prototipo di Pinterest è stato lanciato nell'anno 2010 e aperto a tutti senza richiesta di invito. Fin dalla sua nascita Pinterest si è caratterizzato per il sostegno finanziario di un gruppo di imprenditori e investitori di successo, il che lo caratterizza per una tendenza al marketing, presentandosi come un'ottima opportunità, specie per il futuro, di business sia in termini di raccolta di dati e pianificazione di marketing per le aziende sia per la vendita al dettaglio. La pagina affari di Pinterest permette di promuovere le attività online, creando una sorta di "vetrina virtuale" ed è forse questo il motivo per il quale si tratta di un sito molto amato dal genere femminile (Andrew, 2012). Al suo interno è anche possibile, cosa abbastanza rara tra i social network, segnalare attività negative e offensive o bloccare altri utenti se non si desidera visualizzarne i contenuti. È il sito che ha raggiunto più rapidamente i 10 milioni di utenti.

Fulcro delle relazioni sociali di *Linkedin*, invece, è il lavoro, in modo particolare quello professionale. Gli utenti che si iscrivono a questo sito lo fanno essenzialmente per cercare lavoro con più facilità, contattando possibili colleghi. Pertanto nel profilo personale vengono inserite le informazioni tipiche del *curriculum vitae*, che viene anche valutato dal sito in base alla percentuale di completezza. Strettamente legata alla peculiarità del tema centrale di Linkedin – il lavoro – c'è quella della possibilità di catalogare i contatti acquisiti nel sito a seconda che si tratti di conoscenze dirette o meno, in modo più rigoroso rispetto ad altri social network. La sostanza delle relazioni, in questo caso, è fatta di scambio di referenze e raccomandazioni, che costituiscono le principali forme di "like it" del sito. Un altro strumento a disposizione dell'utente per aumentare la sua visibilità è quello di fornire direttamente consigli agli altri membri della comunità piuttosto che rispondere a domande specifiche relative ai diversi ambiti professionali nella sezione "Answers".

3.8.2 Social network e adolescenza

Attraverso i nuovi social media abbiamo assistito alla compressione delle abituali barriere spazio-temporali dell'interazione umana restringendo di fatto il mondo delle relazioni a un "villaggio globale interattivo" dove possiamo essere ovunque e subito.

Gli adolescenti sono gli utenti più coinvolti dai nuovi media sociali e questo è comprensibile nella misura in cui uno degli aspetti che caratterizza l'adolescenza è il bisogno emergente di instaurare nuove relazioni al di fuori del proprio contesto familiare e attraverso queste di iniziare a definirsi come individui. La nostra identità matura, infatti, nel corso di un lento e faticoso processo che attraversa l'intero arco dello sviluppo; durante questa fase della vita giungiamo alla scoperta di noi stessi e delle nostre capacità e su queste nuove basi iniziamo a formulare ed esprimere le nostre opinioni nonché a tracciare obiettivi per il futuro. Questo processo di crescita avviene all'interno della relazione con l'altro sia attraverso il *fare esperienze* nel proprio gruppo di pari, sia nel confronto con la generazione precedente. Nel percorso di identificazione l'adolescente sperimenta il senso di appartenenza a una collettività, di cui si riconosce parte integrante, mentre nel percorso di individuazione circoscrive le caratteristiche di unicità rispetto agli altri membri del gruppo, che sono sue proprie e di nessun altro.

Oggi, come dicevamo, la relazione con l'altro è vissuta in gran parte attraverso il web e le sue applicazioni; ciò consente agli adolescenti un nuovo punto di vista attraverso il quale sperimentare ed esplorare la propria identità contattando il pubblico della rete attraverso il profilo personale di un social network, la pagina di un blog o l'interfaccia di una chat. In questo senso la comunicazione online fornisce originali possibilità per rivelarsi e presentare se stessi. Gli adolescenti, in particolare, attraverso la comunicazione online, possono avvertire in misura minore le naturali incertezze o difficoltà che emergono nelle relazioni con gli altri; protetti dal loro profilo personale, soddisfano il bisogno di conoscere nuovi amici e di trarre conforto dal mantenersi in contatto con un ampio circolo di utenti con cui condividere tutto ciò che in qualche modo li rappresenta. Stabilire legami nel web può essere un modo per spingersi al di là delle proprie insicurezze, un tramite con il quale ragazzi, che altrimenti si percepirebbero *inadeguati*, cercano di acquisire un senso di competenza nel relazionarsi. È altrettanto verosimile che questa modalità tenda nel tempo a cristallizzare gli aspetti che si propone di tutelare, ostacolandone la risoluzione e trasformando le relazioni in rete nel surrogato delle relazioni autentiche di cui si ha timore, poiché, di fatto, nelle relazioni web-mediate, chiunque *si mette in gioco* diversamente rispetto all'interazione *vis-à-vis*. L'incontro con l'altro può essere definito *a rischio ridotto* perché entrambi i partecipanti, oltre a essere protagonisti del proprio spazio virtuale, possono in qualsiasi momento estromettere l'altro, semplicemente interrompendo la connessione (Scruton, 2010). In questo senso, online è possibile dominare anche lo *spazio dell'altro*.

Recenti studi scientifici condotti sulla relazione tra adolescenti, computer e qualità dei rapporti interpersonali (Desjarlais e Willoughby, 2010) hanno definito questo fenomeno come "compensazione sociale", enfatizzando il ruolo di supporto di queste applicazioni come *una stampella che aiuta a camminare*, e che consente di stabilire relazioni riducendo il livello di stress. In una prospettiva diversa è emersa tuttavia un'altra ipotesi, definita con l'espressione "ricchi sempre più ricchi". L'idea è che l'utilizzo dei nuovi media ampli semplicemente le possibilità di contatto partendo dal presupposto che a utilizzarli maggiormente siano individui integrati nella società e con evolute abilità sociali che trovano in internet un'estensione virtuosa. Da questa potenziale contrapposizione si evince come l'ambivalenza che sembra caratterizzare i nuovi media sia intrinseca soprattutto nelle modalità e negli scopi con cui questi sono utilizzati.

L'impulso reiterato a conoscere nuove persone fino a quel momento sconosciute espone a vari rischi, dal cyberbullismo a qualsiasi sollecitazione istintuale eccessiva, e può essere ritenuto un elemento che favorisce la manifestazione di disturbi sottostanti. Questo si verifica quando la maggior parte delle relazioni viene intrecciata nel web con scarso investimento nelle relazioni *dal vivo*. Inoltre, mentre utilizzare i social network per scambiare informazioni o comunicare interattivamente costituisce sempre una forma di arricchimento dell'esperienza, un'attività passiva come il "surfing", dove si scorre compulsivamente tra i profili personali senza interagire, favorisce un'idea disfunzionale di controllo dell'altro. La realtà contemporanea antepone spesso l'apparenza all'autenticità e consolida il diritto a proporre se stessi come un insieme di immagini parziali senza la possibilità di essere un'interezza. I social network ci consentono di essere quello che pensiamo di non poter essere, idealizzando le parti mancanti, a scapito della consapevolezza di limiti e fragilità. Da qui la tendenza a volte ossessiva all'esibizione e al protagonismo con l'illusione di poter essere sempre al centro dell'attenzione invece che elementi partecipi di una collettività.

I social network hanno moltiplicato le opportunità di contatto creando un'aspettativa di amicizia destinata a essere delusa, anche se la pagina personale di Facebook ci ricorda tramite un'apposita finestra il numero di contatti che abbiamo aggiunto proprio come "amici". Il numero dei contatti è in sostanza un indice di popolarità che accentua l'eccitazione che deriva dalla sovraesposizione, a discapito della qualità della relazione intesa come indice del nostro benessere.

Grazie a internet per incontrarci non abbiamo più bisogno di alzarci dalla sedia e uscire, e giovani appena adolescenti sono inevitabilmente investiti da stimoli continui senza che abbiano acquisito una sufficiente competenza alla loro gestione. *Navigare* da soli equivale a *uscire di casa* con un maggior rischio di esposizione e la comprensione dei genitori rispetto a situazioni poco conosciute è di solito scoraggiata dalla distanza culturale e a volte emotiva, determinata dal *dislivello digitale*. Questa condizione rende più difficile la partecipazione condivisa delle esperienze e a volte riduce anche i canali di comunicazione non verbale che, oltre a rappresentare il livello di interazione più autentico, spesso sono l'unico livello di comunicazione possibile.

La tipologia di comunicazione più diffusa tra gli utenti dei social network è monodirezionale; ne sono un esempio l'aggiornamento del proprio "stato" che consiste nel rispondere alle domande su di noi che Facebook stesso ci rivolge (*Come stai oggi? Come ti senti? Che succede?*), oppure la pubblicazione di qualcosa di originale che ci riguarda in quel momento. Ciò che esprimiamo ha come destinatario ogni amico della rete, cioè nessuno in particolare. In questo tipo di comunicazione l'altro è sollecitato semplicemente ad approvare o commentare brevemente ciò che abbiamo scritto, che resta nella rete anche se dopo poco non lo pensiamo più. L'immediatezza con cui questo avviene è paragonabile a quando commentiamo ad alta voce, senza riflettere, le immagini che vediamo scorrere alla televisione. Mancano quindi i margini per stabilire un dialogo riflessivo e costruttivo: ciascun utente è un produttore di informazioni di cui altri fanno "zapping".

Così come i contenuti, anche la forma del linguaggio adottato in internet ha subìto modificazioni dettate dalla velocità della comunicazione: il numero dei vocaboli utilizzati è tendenzialmente più ristretto e le parole stesse vengono abbreviate (non è insolito sostituire parole come comunque con "cmq" o tanto con "tnt"). La comunicazione nei social network ha poi un suo *slang* specifico, o gergo, che è stato sviluppato e realizzato dagli utenti stessi di internet e che è composto da acronimi da decriptare, come LOL, *Lot Of Laughs*, "ridere a crepapelle", IMHO, *In My Humble/Honest Opinion*, "secondo la mia modesta opinione", o AFAIK, *As Far As I Know*, "per quanto ne so", solo per citarne alcuni. Se da un lato il linguaggio su internet ha coniato i termini specifici, dall'altro si è appropriato di termini quotidiani investendoli di un senso nuovo o perlomeno diverso.

La nostra pagina personale su Facebook ci fornisce un'apposita funzione, "Diario", dove vengono registrate le nostre attività quotidiane sulla rete e dove possono scrivere solo gli amici che scegliamo rievocando l'idea del diario cartaceo, cronistoria dell'adolescenza pre-Facebook.

Lo stesso vale per il termine "chat" che deriva dal corrispettivo inglese di *chiacchierare* e oggi indica perlopiù i siti o le applicazioni in cui è possibile scambiare messaggi di testo in simultanea, utilizzando le mani su una tastiera invece della voce e dell'ascolto. La *messaggistica istantanea* è di fatto simile alle chat nella visualizzazione dei messaggi in tempo reale, ma differisce per il fatto che un *sms istantaneo* è indirizzato a qualcuno che già conosciamo, presente nella nostra rubrica. Nelle *chat* o *chatroom* si dialoga con utenti fino ad allora sconosciuti che si presentano alla nostra attenzione attraverso un *nickname*, una sorta di soprannome virtuale. La comunicazione attraverso una chat o un'applicazione di messaggistica istantanea si presenta come dialogica seguendo lo schema classico domanda-risposta. Quando chattiamo, a differenza di quando inviamo un messaggio, sappiamo che il nostro interlocutore lo riceverà e leggerà in tempo reale non essendoci sostanzialmente interferenze, come se stessimo parlando con lui al telefono. La risposta giungerà in maniera altrettanto immediata essendo l'unico limite la velocità con cui si riesce a scrivere sulla tastiera. In questo senso una chat costituisce una forma di comunicazione che integra le caratteristiche di una telefonata a quelle di un sms.

I testi generalmente sono stringati, ma ad arricchirne il contenuto contribuisce la possibilità di inviare *link* o rimandi a pagine web che vogliamo portare all'attenzione del nostro interlocutore e che contribuiscono a rendere il tutto più interattivo e personale. Abbiamo così maggiore libertà nel modulare il modo in cui desideriamo far conoscere i nostri interessi e gli argomenti su cui vogliamo confrontarci, scegliendo notizie, video, canzoni di cui vogliamo conversare fra gli innumerevoli rimandi della rete. Anche dal punto di vista grafico possiamo personalizzare lo sfondo della finestra di dialogo, il tipo di carattere con cui scriviamo e il colore rendendo la nostra schermata originale. In questo modo la comunicazione diviene in realtà a tre: utente-display-utente. Mentre l'altro digita e noi attendiamo appare scritto sul nostro display *Utente1 is typing...*, cioè l'*Utente1 sta scrivendo...*; ciò crea in noi una suspense, o meglio una ricettività, particolare, come quando dal vivo capiamo che qualcuno sta per dirci qualcosa che ha pensato ma che ancora non ha espresso. Questa attesa può essere volontariamente protratta poiché ciascuno di noi mentre digita ha la possibilità di vedere ciò che scrive e può modificarlo o ritoccarlo prima che venga letto; abbiamo cioè un maggiore controllo nel comunicare con l'altro e ci sentiamo inevitabilmente meno esposti, potendo anche abbandonare la conversazione quando desideriamo.

Come abbiamo precedentemente descritto, comunicando attraverso uno schermo, l'assenza della corporeità e del contatto visivo priva gli interlocutori dell'accesso reciproco alla dimensione più spontanea e autentica di se stessi, rendendo di fatto la comunicazione fra due utenti una comunicazione fra due sole menti. Ciò che si pone come barriera alla comunicazione esercita anche funzione protettiva poiché edulcora quegli aspetti emotivi spiacevoli su cui non abbiamo il controllo, per esempio rendendo un momento di silenzio meno imbarazzante, ma proprio per questo forse meno eloquente.

Secondo la prospettiva della **CMC** (*Computer-Mediated Communication*), la riduzione degli stimoli visivi e uditivi propria della comunicazione in un ambiente virtuale rende gli interlocutori meno preoccupati rispetto a come si è percepiti dall'altro, generando minori inibizioni anche nel trattare argomenti *sensibili*, come per esempio la sessualità (Valkenburg e Peter, 2009). Questo processo influisce sugli adolescenti perché riduce quel sentimento di inadeguatezza e di paura del rifiuto così presenti in questa fase della crescita, rendendo altresì la comunicazione online insolitamente confidenziale rispetto al dialogo *a tu per tu*, anche con lo stesso interlocutore. La comunicazione risulta meno inibita perché svincolata da una parte dalla percezione di quei confini interni a cui la vicinanza fisica dell'altro ci richiama, dall'altra dall'assunzione della propria responsabilità riguardo ciò che si scrive essendo protetti dallo schermo e dall'anonimato.

Questa dinamica a volte si riflette anche in situazioni che possono essere spiacevoli e a volte decisamente problematiche, come il *cyberbullismo*. Diversi studi riportano come questo fenomeno sia prevalente fra i più giovani con una percentuale che varia dal 10 al 35% (Mishna et al., 2011). Il termine cyberbullismo definisce appunto episodi di molestia fra adolescenti perpetrati attraverso il web, mentre il termine *cyberharassment* si riferisce a quelli che avvengono tra adulti o fra un adulto e un minore. La molestia si può manifestare attraverso varie forme: se si verifica con l'invio di messaggi dal contenuto aggressivo via chat o e-mail, viene definita "flaming". A volte si assiste a un vero e proprio furto di identità virtuale attraverso la pubblicazione di foto spiacevoli o la rivelazione di informazioni private, che danneggiano l'immagine di un utente, fino alla creazione di pagine personali senza che il diretto interessato ne sia a conoscenza. Le conseguenze del cyberbullismo possono essere imprevedibili, considerando che a essere coinvolti sono gli adolescenti con un'identità ancora in formazione e perciò più vulnerabile.

Solitamente nel mondo reale l'esperienza di una *brutta figura* rimane limitata al contesto in cui questa avviene e tende a perdere di importanza nel tempo, rimanendo legata alle circostanze in cui l'evento si svolge. In rete, al contrario, il profilo personale o il blog sono accessibili tecnicamente da tutti e i commenti relativi a un determinato evento invece che attenuarsi restano nella rete e possono moltiplicarsi esponenzialmente.

L'aggressività nel web non incontra il limite concreto dato dalla percezione della sofferenza fisica o emotiva della vittima, né il riconoscimento della responsabilità dell'atto aggressivo, sia per lo *status* di anonimato, sia per l'assenza di persone adulte. In questa prospettiva è stato dimostrato come i ragazzi i cui genitori sono meno coinvolti nell'uso di internet hanno maggiore possibilità di commettere atti di bullismo, mentre gli utenti che si avventurano rischiosamente nella navigazione hanno più probabilità di diventarne vittime (Vandebosch e Van Cleemput, 2009). È emerso, inoltre, come questi comportamenti trovino un corrispettivo anche nella vita *offline*, evidenziando disarmonie sottostanti all'uso della rete e, quindi, la necessità di mantenere vivo l'interesse, correlato alla comunicazione digitale e al suo rapido progredire.

3.9 Ritiro sociale e hikikomori

3.9.1 La cultura del ritiro sociale nella storia

"*Beata solitudo, sola beatitudo*", come dire che non c'è nulla di meglio per stare in pace che stare da soli. La frase, attribuita a Seneca ma resa celebre da San Bernardo da Chiaravalle, appare riportata in parecchi conventi e ben si presta a introdurre il tema del ritiro sociale.

In effetti, per quanto la natura dell'uomo tenda alla socialità fin dalla preistoria, accanto al valore dell'esperienza sociale molte culture hanno anche conosciuto fenomeni in cui alcuni singoli tendevano a isolarsi per varie motivazioni e con differenti modalità.

Il fenomeno originariamente appartiene più alle civiltà orientali, visto che l'idea di isolarsi per potersi concentrare nella meditazione appartiene da sempre, per esempio, all'esperienza religiosa buddista, che, in fondo, contiene tra i suoi insegnamenti l'invito ad astrarsi dalla materialità della vita quotidiana.

Nella civiltà occidentale antica, invece, si valorizza soprattutto la partecipazione alla vita della comunità, laddove anche il cosiddetto "*otium*", ovvero il tempo che i cittadini romani sentivano di potersi concedere nella propria casa per studiare o riflettere, vede riconosciuto il proprio valore, ma è considerato come un lusso, e accettato solo in quanto di durata limitata, in preparazione a una migliore partecipazione alla vita civile. Non si tratta quindi di un ritiro dalla società, ma di un momento strettamente collegato a questa. Negli altri casi, la solitudine è soprattutto frutto della sventura e non di una scelta, come nel caso di Ulisse, il più celebre eroe solitario della classicità, che, in effetti, ha come fine del suo viaggio quello di ricongiungersi con la sua comunità.

L'idea di un volontario abbandono del proprio gruppo per ritirarsi in solitudine si diffonde nel mondo occidentale nei primi secoli dell'era cristiana, dove storicamente il ritiro sociale ha avuto più un ruolo di vicinanza e legame con la *trascendenza* che di rinuncia alla socialità. Se la Bibbia descrive numerosi esempi di patriarchi e profeti che scelgono periodi di solitudine e isolamento, fino ad arrivare ai quaranta giorni di digiuno trascorsi nel deserto da Cristo prima di iniziare la sua predicazione, è solo tra il terzo e quarto secolo dopo Cristo che questa scelta si diffonde e prende una forma nuova: non più un periodo di meditazione limitato nel tempo, ma una scelta definitiva di una vita solitaria. Anche in questo caso il fenomeno arriva dall'oriente, visto che le prime forme di monachesimo si riscontrano in Egitto e in Asia minore, proprio in forma eremitica sull'esempio di Sant'Antonio e degli altri "padri del deserto", che, con modalità diverse, per favorire l'ascesi abbandonano le proprie comunità per scegliere uno stile di vita il più vicino possibile a Cristo, fatto di solitudine, rinunce e mortificazioni.

Meno di un secolo dopo anche la cristianità occidentale viveva una situazione simile con il fiorire di numerose esperienze monastiche soprattutto in Italia, Francia e Irlanda, esperienze che verranno gradualmente riorganizzate e raccolte sotto l'egida della regola di San Benedetto, che costituirà il paradigma del monachesimo occidentale.

Da questo periodo in poi l'idea di una volontaria reclusione in una solitudine più o meno marcata entra anche nella nostra cultura.

Se andiamo ad analizzare le varie circostanze fin qui citate noteremo alcune costanti: innanzitutto queste forme di abbandono della società vengono tollerate e nella maggior parte dei casi incoraggiate, in quanto fanno riferimento a un aspetto trascendente. Quindi il sacrificio della vita relazionale viene giustificato dall'ottenimento di un rapporto più intenso e completo con la divinità. In secondo luogo la maggior parte di queste esperienze, pur nascendo in contesti di isolamento e di vita solitaria, tende quasi sempre a strutturarsi in forme di vita comunitaria, anche se viene mantenuto nell'organizzazione quotidiana delle attività uno stile di vita che lascia più spazio possibile al silenzio e alla meditazione personale. In particolare alcuni ordini, tra cui per esempio quello dei monaci *certosini*, attuano una clausura molto rigorosa con gli adepti tenuti a rispettare il silenzio e a uscire dalle loro celle solo per le celebrazioni liturgiche e in rarissimi altri casi. Per quanto contraddittoria possa apparire questa definizione, essi costituiscono una comunità di eremiti, a cui è concessa, solo a determinate condizioni, la facoltà di allontanarsi dal convento per ritirarsi in una solitudine ancor più profonda, in qualche grotta o rifugio di fortuna.

Anche in questi casi tuttavia non viene a mancare del tutto un senso di appartenenza "sociale": ci si riconosce, infatti, in una stessa regola monastica alla quale tutti prestano obbedienza e si accetta in modo condiviso l'autorità di un *superiore*. Sia in oriente sia in occidente troviamo tra le motivazioni che spingono verso una scelta eremitica, un certo grado di rifiuto verso la società circostante, vissuta come corrotta o materialista e, quindi, di ostacolo al raggiungimento della propria pace interiore. Ciò tuttavia non induce l'eremita a sentirsi un *corpo estraneo*, piuttosto a considerarsi un'entità che agisce per il bene comune "dall'esterno", portando indirettamente beneficio a tutti grazie alla saggezza, alla preghiera e al sacrificio.

Altre forme di isolamento in cui è più forte il senso di rifiuto e di ribellione, come il *banditismo* o la *pirateria*, anche se storicamente piuttosto diffuse, sembrano legate alla necessità di organizzarsi e di sopravvivere al di fuori del contesto sociale di appartenenza, e non l'esito di una riflessione profonda.

A partire dallo sviluppo della società industriale si è iniziato a manifestare un fenomeno diverso: una sensazione di estraniamento da parte di una quota crescente di popolazione che non riesce più a riconoscersi né si sente riconosciuta dall'ambiente sociale in cui si trova. Un sentimento di alienazione, che è stato tra i temi più cari della riflessione culturale del Novecento e che, sottoposto alle trasformazioni generate dalla comunicazione digitale, sta dando origine a nuove forme di ritiro sociale.

Nel 1968 Dino Buzzati nell'incipit del suo racconto "L'umiltà" scriveva:

> Un frate di nome Celestino si era fatto eremita ed era andato a vivere nel cuore della metropoli dove massima è la solitudine dei cuori e più forte è la tentazione di Dio. Perché meravigliosa è la forza dei deserti d'Oriente fatti di pietre, di sabbia e di sole, dove anche l'uomo più gretto capisce la propria pochezza di fronte alla vastità del creato e agli abissi dell'eternità, ma ancora più potente è il deserto delle città fatto di moltitudini, di strepiti, di ruote di asfalto, di luci elettriche, e di orologi che vanno tutti insieme e pronunciano tutti nello stesso istante la medesima condanna.

Questo brano emblematico sottolinea un cambiamento profondo nel significato stesso di tale fenomeno. In passato il ritiro sociale ha svolto attivamente un ruolo di contatto più autentico con la realtà, attraverso un'esperienza di solitudine e distacco dall'immanenza, proprio per favorire un rapporto più intenso con la dimensione trascendente dell'esistenza. Oggi il ritiro sociale somiglia a una *fuga verso l'interno*, una ricerca di contatto con la parte più intima di noi, una *solitudine dei cuori*. Se prima il vivere sociale e i suoi vincoli erano vissuti come ostacoli che impedivano di comprendere a pieno l'essenza della realtà fuori di noi, ciò che si avverte ora, in una società sempre più attenta a intercettare le nostre necessità e a fornire le sue risposte, è la mancanza di un contatto diretto con la realtà interiore e l'intimità, che rappresentano bisogni più profondi di quelli su cui spesso si polarizza la nostra quotidianità.

3.9.2 Il ritiro sociale oggi: hikikomori

Un esempio interessante di questa nuova modalità di ritiro sociale ci arriva dal Giappone. A partire dagli anni Settanta si è osservato come un numero crescente di adolescenti o giovani adulti tendesse ad abbandonare le attività quotidiane di studio o di lavoro per trascorrere una quantità di tempo sempre maggiore nella propria stanza, perdendo gradualmente le relazioni sociali. L'interruzione dei rapporti con l'esterno arriva fino a situazioni di volontaria reclusione (Ricci, 2008) in cui non è consentito uscire dalla propria stanza se non per procurarsi rapidamente i pasti, preferibilmente durante le ore notturne. La maggior parte di questi soggetti vive in famiglia, dove anche i rapporti con i genitori sono interrotti o, nella migliore delle ipotesi, limitati al fatto che sono i genitori stessi a preoccuparsi del cibo e di altri mezzi di sostentamento, senza mai valicare la porta della loro stanza il cui accesso è proibito a chiunque. A questo fenomeno è stato dato il nome di *hikikomori*, che significa "stare in disparte", e la sua crescita esponenziale ha destato preoccupazione al punto che il governo giapponese ha deciso di stabilire criteri diagnostici precisi, in base ai quali la durata del ritiro sociale deve essere superiore a sei mesi, il ritiro sociale deve essere completo, senza preservare alcun tipo di rapporto, deve esserci rifiuto dell'attività lavorativa o scolastica, non deve verificarsi la presenza di altre patologie psichiatriche gravi preesistenti. I dati (Ministry of Health, Labour and Welfare, 2003) sono piuttosto controversi, dato che questa condizione è spesso vissuta con vergogna dalle famiglie che per questo evitano di chiedere aiuto, ma le stime più accreditate oscillano tra 400.000 e 2 milioni di individui coinvolti. Il soggetto tipo è maschio, di estrazione sociale medio-alta, figlio unico o primogenito, con un'età di esordio tra i 19 e i 27 anni.

Tamaki Saito, lo psichiatra che per primo ha utilizzato il termine hikikomori, pur sottolineando come il ritiro sociale sia l'elemento determinante, descrive altri sintomi correlati, come la fobia scolastica, l'agorafobia, sintomi ossessivo-compulsivi, inversione dei ritmi circadiani, depressione e pensieri di morte, che però raramente vengono messi in atto. Più frequentemente si verificano episodi di comportamento violento, specialmente nei confronti delle madri (Aguglia et al., 2010).

L'utilizzo di internet, per quanto non figuri tra le cause che portano al ritiro sociale, è presente nella maggior parte di giovani individui e possiamo supporre che contribuisca a favorire e a mantenere questa condizione, sospendendo la percezione del trascorrere del tempo e allo stesso modo garantendo un livello minimo ma necessario di rapporto con l'esterno.

Sia Tamaki Saito sia altri ricercatori (Aguglia et al., 2010) hanno formulato diverse ipotesi per spiegare le cause di questo fenomeno. È stato analizzato per esempio il sistema scolastico giapponese, un sistema molto selettivo, dove appare fondamentale fin dall'infanzia riuscire a frequentare la scuola giusta, che apre le porte all'ingresso in una determinata scuola elementare, da cui poi diventa più facile accedere a quella particolare scuola media e così via fino all'università. Per ognuno di questi passaggi è necessario affrontare esami molto complessi, per i quali ci si prepara con grande serietà e nei quali si mettono in gioco tutto il lavoro svolto fino a quel momento e le possibilità di carriera futura.

Questo modo di procedere tende a stimolare la competitività degli alunni, allo scopo di ottenere da loro i massimi risultati e incrementando conseguenti fenomeni di *bullismo*, che in Giappone sono molto diffusi, anche se meno evidenti rispetto a quanto accade in occidente o in altre culture, dove prevale una violenza di tipo fisico. Il bullismo a cui ci riferiamo, detto "ijime", rimanda al concetto di *tormento* o *persecuzione* e assume forme prettamente psicologiche, dove la vittima viene sistematicamente esclusa da tutto e trattata come se non esistesse. Il contesto intensamente competitivo di cui abbiamo fatto cenno rende difficile affrontare questo fenomeno, perché la vittima, sentendosi considerata *perdente* anche dalla scuola e fonte di vergogna per la famiglia, più facilmente si astiene dal chiedere aiuto.

Per meglio comprendere la pressione esercitata in queste condizioni è necessario riflettere su alcune peculiarità del contesto ambientale. Come molte altre culture dell'estremo oriente, quella giapponese risente fortemente dell'influsso del *confucianesimo*, che propone una società in armonia con l'ordine universale delle cose. Ciascuno contribuisce a quest'armonia collocandosi nel posto che gli spetta all'interno della società, rispettandone i valori tradizionali e relazionandosi in base all'ordine gerarchico che si viene così a stabilire. Strettamente legati a questa idea di armonia sono i concetti di "honne" e "tatemae" (Doi, 2001), che esprimono la differenza tra i desideri e le sensazioni che il soggetto prova dentro di sé e quelli che possono trovare una modalità di espressione in pubblico. Una traduzione istintiva e superficiale potrebbe integrarli nel nostro concetto di ipocrisia, ma in realtà essi evidenziano la necessità di preservare l'armonia, evitando il più possibile i conflitti e cercando di essere attenti a non ferire i sentimenti dell'altro; non sono cioè intesi come elementi di falsità, ma come uno sforzo, un sacrificio per adattarsi il più possibile alle superiori esigenze della società. Grandissima rilevanza assume il concetto di onore, per cui ammettere una mancanza o una sconfitta è un qualcosa che rischia di portare grave danno all'immagine che l'ambiente circostante rispecchia. Questo mette in pericolo la propria collocazione sociale, oltre a poter essere causa di dispiaceri e sofferenza per tutta la famiglia, soprattutto nel caso dei figli primogeniti sui quali si carica l'onore di tutta la stirpe. Questi aspetti culturali vengono chiamati in causa per spiegare l'elevato tasso di suicidi che affligge il Giappone, ma possono fornire una valida chiave di lettura anche per il fenomeno hikikomori, formulando l'ipotesi che un crescente numero di giovani decide di sfuggire a un meccanismo sociale insostenibile, rifiutandosi di assumere una posizione personale, per ritirarsi in solitudine.

Alla luce di quanto abbiamo detto possiamo ipotizzare che un percorso scolastico così descritto non si carichi solamente di aspettative volte a ottimizzare il proprio futuro, ma sia gravato da un valore esistenziale difficile da sostenere. Il valore di un individuo è stabilito rigorosamente dalla sua collocazione sociale e la riuscita in ambito scolastico orienta precocemente la possibilità o meno di occupare un posto in società che permetta di esprimersi pienamente e di essere riconosciuto per quello che si è. Definirsi come individuo significa tentare di far coincidere il più possibile il proprio "honne" con il "tatemae" (Doi, 2001), ma in certi casi è sufficiente una bocciatura a un esame per vanificare tutto lo sforzo messo in atto, precludendo la possibilità di realizzarsi e di esistere. Non si tratta di un fatto trascurabile: se l'immagine che l'ambiente mi rimanda e l'immagine stessa che ho di me sono così fortemente influenzate dalla collocazione sociale, l'essere costretto a occupare un posto che non esprime in pieno la mia identità è un fatto drammatico, che mette in secondo piano i sentimenti e i desideri più profondi, rispetto a quelli richiesti dallo status che mi è stato attribuito.

Chi scrive ha avuto la fortuna anni fa di poter vivere alcuni mesi sia in Cina sia in Corea. Per quanto le differenze culturali tra queste nazioni siano notevoli, soprattutto la Corea presenta notevoli affinità con il Giappone in questo campo, come dimostrato dalla presenza anche in questo paese del fenomeno hikikomori. Ebbene è ancora chiara nella memoria la sensazione di imbarazzo dei miei interlocutori locali nel momento in cui non riuscivano a collocarmi socialmente: io straniero, figlio di un dirigente di un'azienda locale, ma non ancora laureato né sposato, ancora iscritto all'università, sfuggivo a qualsiasi classificazione. L'imbarazzo, mai espresso direttamente ma percepibile con chiarezza, non era legato a una qualche forma di giudizio o di disapprovazione, quanto all'incapacità di relazionarsi con una persona in maniera esplicita, senza aver prima stabilito quali fossero le nostre rispettive collocazioni nel panorama sociale. Il dialogo con me risultava in un certo senso rischioso, perché non poteva seguire uno schema che chiarisse cosa esprimere di fronte a me e cosa no. Per uno straniero questo è alla fine poco rilevante, ma rende bene l'idea di come può essere difficile e di quali conseguenze può avere nella quotidianità porsi fuori da questo modello per una persona che viva e sia cresciuta all'interno di questa cultura. Il prezzo da pagare sembra essere la difficoltà se non addirittura l'impossibilità di relazionarsi con chi ci circonda.

Il fenomeno hikikomori può rappresentare una forma di fuga di fronte a una pressione eccessiva, se un individuo la avverte come insostenibile, sia per il timore di fallire, sia per l'incapacità di gestire un fallimento già avvenuto, come una bocciatura. Allo stesso modo può essere letto come una forma implicita di ribellione: il rifiuto di farsi catalogare, rendendo impossibile al sistema sociale dare una collocazione e di conseguenza attribuire a un individuo un valore definito. In un simile contesto culturale tuttavia l'esito più probabile è che, di fronte al rifiuto di farsi determinare dall'esterno, non segua un processo che porti l'individuo a un pieno riconoscimento di sé o a un'autodeterminazione. Questa probabilmente non sarebbe accettata dall'ambiente, ma il conflitto che ne scaturirebbe avrebbe in sé più valore di quello stato di non determinazione che spinge il soggetto a prolungare il suo isolamento. In effetti, il periodo medio di durata del ritiro di un hikikomori è di 39 mesi e, pur essendo estremamente variabile da caso a caso, Tamaki Saito (Pierdominici, 2008) ritiene molto improbabile che un paziente che ne è affetto torni spontaneamente a una vita sociale normale in assenza di una terapia idonea.

Un altro elemento determinante nella patogenesi dell'hikikomori è la *famiglia*, la sua struttura e i cambiamenti da essa subiti negli ultimi decenni. Con il passare del tempo, in Giappone si è assistito al passaggio da una famiglia tradizionale allargata a una famiglia nucleare, dove il compito educativo ricade quasi esclusivamente sulle madri, essendo i padri troppo assorbiti dal lavoro. Questo sarebbe all'origine di un attaccamento patologico di tipo simbiotico del figlio alla madre, considerata come unico punto di riferimento, all'interno di un'educazione tradizionale dove il genitore tende a essere fin troppo vicino al figlio e lo accudisce perché il figlio stesso in vecchiaia avrà l'obbligo di accudire il genitore. Un contesto di questo tipo rende normale che un figlio anche adulto, se non sposato, resti con i genitori che sono disponibili a sostenerlo economicamente per un periodo prolungato, e non è un caso, in questo senso, che i casi di hikikomori si riscontrino soprattutto in famiglie agiate.

In un'altra prospettiva, è stato evidenziato un atteggiamento diffuso di "freddezza" da parte dei genitori nei confronti dei figli, legato all'educazione tradizionale che, come abbiamo già rilevato, scoraggia l'espressione dei sentimenti profondi a favore di quelli socialmente accettati. I giovani sembrerebbero avvertire con frustrazione l'inadeguatezza di questo modello in una società sempre più *occidentalizzata* (Hattori, 2005).

In relazione alle osservazioni cliniche da noi compiute, pur tenendo conto delle grandi differenze culturali, potrebbe essere utile porre maggiore attenzione sulla figura paterna e in modo particolare sulla difficoltà di questa a svolgere una funzione naturale di "rottura" nel legame fusionale tra madre e figlio, per assumere il ruolo di colui che "introduce" al mondo esterno. Questa funzione paterna "mancata" sembra essere in relazione diretta con un'attività lavorativa quotidiana molto serrata e una conseguente intensità del tempo, tipiche della cultura giapponese.

Ciò configura l'hikikomori come una manifestazione patologica strettamente radicata in un contesto socioculturale specifico, tuttavia il ritiro sociale resta comunque il principale punto di riferimento nel fare diagnosi di internet addiction anche altrove.

3.9.3 Ritiro sociale nell'internet addiction

La nostra personale attività clinica ci ha posti di fronte a condizioni di ritiro sociale sempre più frequenti anche alle nostre latitudini e che presentano tanti aspetti sovrapponibili ai casi di hikikomori, per quanto nell'abuso di internet sembri giocare un ruolo più rilevante di quanto riscontrato in oriente. La domanda che dovremmo porci allora è: Come mai in un contesto culturale tanto diverso si manifestano due fenomeni tanto simili?

Un fenomeno di ritiro sociale come quello descritto finora sembrerebbe incompatibile con l'evoluzione che ha avuto la nostra società, che propone modelli di realizzazione di sé sempre più variegati e non necessariamente legati al proprio impegno o al proprio livello culturale. Sarebbe stato più logico aspettarselo cinquanta o sessant'anni fa, quando la morale sociale era più rigida e i livelli di aspettativa più elevati.

Eppure il fenomeno esiste e si presenta, per quanto limitato possa essere stato il nostro punto di osservazione, in costante aumento e probabilmente sottostimato. Di fatto, adolescenti e giovani adulti riducono sempre più la propria vita sociale, tralasciando amicizie, scuola o lavoro per ritirarsi progressivamente. A differenza di quanto osservato dagli studiosi nipponici, l'abuso del computer sembra intervenire più precocemente, costituendo nella maggior parte dei casi l'elemento che sostituisce rapidamente gli altri interessi e impegni.

È probabile che anche qui agisca una forma di pressione sociale, pur di natura diversa, che spinge questi giovani pazienti a fuggire o a ribellarsi. L'ipotesi che emerge con più credibilità è quella di essere di fronte a una *generazione iperstimolata*: il miglioramento generale delle condizioni socioeconomiche ha permesso ai genitori di offrire ai propri figli la possibilità di svolgere una quantità sempre maggiore di attività sportive, ricreative, culturali, mentre l'evoluzione tecnologica ha messo a disposizione strumenti sempre più potenti per allargare anche in questo caso il ventaglio delle esperienze disponibili tramite TV, cellulare, internet ecc.

Questo fenomeno, che si è verificato con estrema velocità, inevitabilmente ha trascurato l'aspetto emotivo ovvero il fatto che tutte queste attività proposte generano un carico di emozioni anch'esso maggiore di quanto accadeva in precedenza. E mentre è stata rivolta una grande attenzione a fornire gli strumenti opportuni per poter vivere al meglio queste esperienze sul piano concreto, è venuta meno la preoccupazione di fornire gli elementi corretti per gestire il sovraccarico emotivo che ne può derivare. Nello specifico, è cresciuto il numero di attività proposte e gestite da un adulto (ma lo stesso vale per le attività "proposte" dal computer) rispetto a quelle gestite in autonomia e questo contribuisce ad aumentare il carico emotivo. Il fatto che la proposta e spesso la gestione siano in mano a un'altra entità pone un individuo nella posizione di cercare di soddisfare le aspettative, vere o presunte, dell'organizzatore (adulto) o del sistema organizzativo (computer); così anche un gioco può diventare una richiesta di *performance*.

A questo aumento di stimolazione si aggiunge, come abbiamo già avuto modo di vedere, un indebolimento della funzione di *rispecchiamento emotivo* in epoca infantile, sostituita precocemente da uno schermo che sempre più genera emozioni, in quanto sempre più diffusa è l'interattività nei giochi e nei programmi per i più piccoli. L'interattività digitale non è in grado di attribuire un significato pieno alle esperienze, come accade invece attraverso lo sguardo materno, e sembra avere privato chi manifesta una sintomatologia di ritiro di uno strumento per poter imparare a riconoscere, contenere e gestire le proprie emozioni.

Infine, analogamente a quanto accennato in riferimento alla cultura giapponese, anche il *ruolo della funzione paterna* appare indebolito e messo in discussione. La naturale funzione paterna di elemento di rottura della simbiosi madre-figlio e di guida nell'esplorazione del mondo esterno è resa più difficile dal senso di inadeguatezza di molti genitori: la velocità esponenziale con cui cambia la società in cui viviamo rende presto obsolete le esperienze accumulate facendo sì che molti padri si trovino in difficoltà, non sapendo essi stessi dare un nome e un significato alle esperienze vissute dai figli, che quindi non vengono condivise. Come abbiamo già avuto modo di dire, in molti casi i padri sembrano ereditare l'insicurezza legata al fatto di appartenere a una generazione che ha rifiutato molto di quanto proveniva loro dall'esperienza tradizionale dei genitori, senza però essere riusciti a colmare queste lacune con una nuova prospettiva e nuovi valori.

L'insieme di questi elementi fa sì che sia sempre più facile imbattersi in ragazzi decisamente maturi da un punto di vista razionale e intellettivo, ma completamente incapaci di comunicare con la propria emotività. Il graduale ritiro sociale può essere la risposta all'impossibilità di tollerare gli stimoli che inevitabilmente genera il contatto con la realtà, pur in presenza di tutti gli strumenti e le abilità pratiche per affrontare e gestire le situazioni.

È facile comprendere come i sentimenti di frustrazione – in particolare la rabbia, che risulta spesso negata – siano a volte impossibili da mentalizzare, poiché, se dissociati dalla consapevolezza, non possono diventare conflitti. Dai vissuti, infatti, emerge più che il ricordo di rimproveri o disapprovazione per determinati comportamenti, la sensazione che l'irritazione, l'aggressività, l'odio non abbiano trovato spazio nella propria esperienza di vita. Essere rimproverati costituisce senza dubbio una frustrazione, e se il rimprovero è fuori misura può anche risultare traumatico e condurre a esiti simili a quelli presentati dai nostri pazienti, ma qualsiasi frustrazione se posta in modo da essere tollerata è uno strumento che consente a ogni bambino di capire il significato (in questo caso negativo) di alcune azioni. L'*anello mancante* in questi casi sembra essere proprio la possibilità di dare un significato a certi atteggiamenti e a certe emozioni. Sentimenti come la rabbia sono vissuti come qualcosa di cui non si sente l'appartenenza né il senso di responsabilità, qualcosa in contrasto con la razionalità della propria immagine. Le cause naturalmente possono essere molteplici, ma quelle che abbiamo riscontrato più frequentemente rimandano ad aspettative troppo elevate, oltre che a modalità di gestione dei rapporti familiari che non danno spazio ai conflitti: le discussioni vengono evitate il più possibile e vissute come causa di danni irreparabili, per cui è necessario fare ogni sforzo per sopire i contrasti. La conseguenza diretta è che invece di imparare a gestire queste situazioni e le frustrazioni connesse come *esperienze possibili*, grazie alla mediazione dell'ambiente familiare, esse vengono vissute come fonte di estremo pericolo. Da una parte qualsiasi sensazione avvertita come negativa stenta a essere riconosciuta, dall'altra manca la possibilità di tollerare anche livelli minimi di frustrazione (Miller, 1996).

Da qui la crescente difficoltà a confrontarsi con la realtà esterna, fonte di poche soddisfazioni e di tante frustrazioni intollerabili che sembrano accumularsi fino a esitare in episodi di rabbia che ovviamente sfugge alla gestione e al controllo. In una sorta circolo vizioso, questo non fa che aumentare la percezione delle emozioni *eccessive* come pericoli potenziali, visto che la loro emersione pare avvenire solo in forma *esplosiva*. Il ritiro sociale a questo punto diventa funzionale a proteggere il soggetto dal contatto con il mondo esterno, ma prima ancora dalla propria rabbia, vissuta come un elemento di estraneità che non deve essere suscitato. Una doppia paura quindi, verso l'esterno e verso se stessi. L'utilizzo di internet in questi casi, oltre a essere legato a una funzione di filtro per rendere indiretto il contatto con l'esterno, sembra svolgere anche una funzione più complessa: l'utilizzo di giochi online (molto diffuso in queste tipologie di pazienti) costruisce una sorta di realtà parallela in cui è possibile vivere esperienze anche gratificanti.

Il gioco rappresenta una dimensione *sotto controllo*, pensata in modo da sottoporre i fruitori a difficoltà crescenti e quindi più facilmente tollerabili, visto che lo scopo è quello di far vincere il giocatore, che altrimenti non si appassionerebbe. La scelta cade di solito su giochi a tema violento, quasi nel tentativo di voler cercare una soluzione al problema della rabbia irrisolta, in modo virtuale e quindi con la consapevolezza illusoria che non sia concretamente distruttiva.

Si capisce quindi come la capacità di contattare, di riconoscere la propria rabbia diventi un fattore prognostico importante: se il paziente arriva ad accettare quello che prova come un qualcosa che gli appartiene, una parte di sé si avvia verso un processo di integrazione con la conseguente acquisizione della capacità di uscire dall'isolamento. Se, al contrario, questa integrazione è impossibile o troppo gravosa, sembra venir meno l'opportunità di usare l'aggressività come mezzo per entrare in relazione con la realtà esterna e con gli altri, facendo di internet l'unico elemento che sostiene un equilibrio precario e lo perpetua attraverso la tendenza a un livello di isolamento sempre maggiore.

Bibliografia

AAP, American Academy of Pediatrics (2001) Children, adolescents, and television. Pediatrics 107:423-426

Abbott M (2012) Estratti dall'intervista Mobilize 2011. http://gigaom.com/2011/09/27/twitter-mobilize-2011/; http://www.liquida.it/michael-abbott/. Accessed 25 January 2013

Aguglia E, Signorelli MS, Pollicino C et al (2010) Il fenomeno dell'hikikomori: cultural bound o quadro psicopatologico emergente. G Ital Psicopatol 16:157-164

Amsterdam B (1972) Mirror self-image reactions before age two. Dev Psychobiol 5:297-305

Andrew (2012) A who's who of social media. http://imbuemarketing.com/2012/a-whos-who-of-social-media-infographic/. Accessed 15 January 2013

Aristotele (2012) La fisica. Libro IV (trad. Castelli LM). Carocci, Roma

Arnetoli C (2009) Tempo, transfert e organizzazione mitica dell'esperienza: cronologia e cronomitia. Gli argonauti 11:117-149

Arnetoli C (2010) Le metamorfosi del giovane adulto. Tempo, trasformazioni e narrazioni mitiche del sé. AeP, pp 75-95

Bartholow BD, Bushman BJ, Sestir MA (2006) Chronic violent video game exposure and desensitization to violence: behavioural and event-related brain potential data. J Exp Soc Psychol 42:542-536

Bion W (1962) Learning from experience. William Hainemann, London (trad. it. Apprendere dall'esperienza. Armando Editore, Roma, 1972)

Boyd DM, Ellison NB (2007) Social network sites: definition, history, and scholarship. J Comput Mediat Commun 13: 210-230. http://jcmc.indiana.edu/vol13/issue1/boyd.ellison.html. Accessed 10 January 2013

Bowlby J (1972) Attaccamento e perdita, vol. 2. La separazione dalla madre. Bollati Boringhieri, Torino

Brelich A (1966) Introduzione alla storia delle religioni. Edizioni dell'Ateneo, Roma

Buzzati D (1968) L'umiltà. In: La boutique del mistero. Mondadori, Milano.

Casanova C (2009) Famiglia e parentela nell'età moderna. Carocci, Roma

Cioffi F, Luppi G, Vigorelli A (1998) Il testo filosofico. Edizioni scolastiche Bruno Mondadori, Milano

Contini MG (2006) Le famiglie oggi: problematicità e prospettive di cambiamento. Rivista Italiana di Educazione Familiare, vol. 2. University Press, Firenze

Costa SA, Lo Voi S (1977) Eredità del mondo antico: la civiltà classica e medievale. Zanichelli, Bologna

Desjarlais M, Willoughby T (2010) A longitudinal study of the relation between adolescent boys and girls' computer use with friends and friendship quality: support for the social compensation or the rich-get-richer hypothesis? Comput Hum Behav 26:896-905

Doi T (2001) Anatomia della dipendenza. Raffaello Cortina Editore, Milano

Douglas N (2007) Twitter blows uo at SXSW conference. Gawker. http://gawker.com/tech/next-big-thing/twitter-blows-up-at-sxsw-conference-243634.php. Accessed 5 February 2013

Fonagy P, Target M (1991) Attaccamento e funzione riflessiva. Raffaello Cortina Editore, Milano

Fowler GA (2012) Facebook tops billion-users mark. The Wall Street Journal (Dow Jones). http://online.wsj.com/article/SB10000872396390443635404578036164027386112.html. Accessed 19 February 2013

Freud S (1920) Al di là del principio del piacere. Opere, vol 9. Bollati Boringhieri, Torino

Gaddini E (1980) Note sul problema mente-corpo. In: Scritti. Raffaello Cortina Editore, Milano (1989), pp 470-502

Gaddini E (1984) L'attività pre-simbolica della mente infantile. In: Scritti. Raffaello Cortina Editore, Milano (1989), pp 618-632

Galimberti U (1999) Enciclopedia di psicologia. Garzanti, Milano

Garella A (1991) Coazione a ripetere e memoria. Riv Psicoanal 3:517-561

Gentile DA, Choo H, Liau A et al (2011) Pathological video game use among youths: a two-year longitudinal study. Pediatrics 127:319-329

Goldberg S (2007) Analysis: friendster is doing just fine. Digital Media Wire. Retrieved July 30, 2007 from http://www.dmwmedia.com/news/2007/05/14/analysis-friendster-is-doing-just-fine. Accessed 18 February 2013

Green CS, Bavelier D (2003) Action videogame modifies visual selective-attention. Nature 423:534-537

Greitemeyer T, Osswald S, Brauer M (2010) Playing prosocial video games increases empathy and decreases schadenfreude. Emotion 10:796-802

Griffiths MD (2008) Videogame addiction: further thoughts and observations. Int J Ment Health Addiction 6:182-185

Griffiths MD, Hunt N (1998) Dependence on computer game playing by adolescents. Psychol Rep 82:475-480

Gundotra V (2011) Google+: communities and photos. Google Blog. http://googleblog.blogspot.com/2012/12/google-communities-and-photos.html. Accessed 13 February 2013

Hall ET (1966) La dimensione nascosta. Bompiani, Milano

Han DH, Bolo N, Daniels MA et al (2011) Brain activity and desire for internet video game play. Compr Psychiat 52:88-95

Hartmann H (1939) Ego psychology and the problem of adaptation. Interational Universities Press, New York (trad. it. Psicologia dell'io e problema dell'adattamento. Bollati Boringhieri, Torino, 1966)

Hattori Y (2005) Social withdrawal in japanese youth: a case study of thirty-five hikikomori clients. Jof Trauma Pract 4:181-201

Kent SL (2001) The ultimate history of video games: from pong to pokemon, the story behind the craze that touched our lives and changed the world. Prima Publishing, New York

Khan M (1963) The concept of cumulative trauma. International Universities Press, New York

Kohut H (1971) Narcisismo e analisi del sé. Bollati Boringhieri, Torino (1976)

Kuss DJ, Griffiths MD (2012) Internet gaming addiction: a systematic review of empirical research. Int J Ment Health Addiction 10:278-296

Laufer E, Laufer M (1986) Adolescenza e break down evolutivo. Bollati Boringhieri, Torino

Lunden (2012) Analyst twitter passed 500m users in June 2012 140m of them in us Jakarta biggest tweeting city. http://techcrunch.com/2012/07/30/analyst-twitter-passed-500m-users-in-june-2012-140m-of-them-in-us-jakarta-biggest-tweeting-city/. Accessed 5 February 2013

McLuhan M (1962) The Gutemberg galaxy: the making of typographic man. University of Toronto Press Inc., Toronto (trad. it. Rizzo S. Armando Editore, Roma, 1976)

McLuhan M (1964) Understanding media: the extension of man. McGraw-Hill, New York (trad. it. Capriolo E. Il Saggiatore, Milano, 1967)

Miller A (1996) Il dramma del bambino dotato e la ricerca del vero sé. Bollati Boringhieri, Torino

Ministry of Health Labour and Welfare (2003) Community mental health intervention guidelines aimed at socially withdrawn teenagers and young adults. Ministry of Health, Labour and Welfare, Tokyo

Mishna F, Cook C, Saini M et al (2011) Interventions to prevent and reduce cyber abuse of youth: a systematic review. Res Social Work Prac 21:5-14

Negroponte N (1995) Being digital. Alfred A Knopf Inc., New York (trad.it. Filippazzi F. Sperling&Kupfer, Milano, 1995)

O'Reilly T (2005) What is Web 2.0. Design patterns and business models for the next generation of software. http://oreilly.com/web2/archive/what-is-web-20.html. Accessed 15 January 2013

Page L (2011) Official post by Larry Page. 14 luglio 2011. https://plus.google.com/+LarryPage/posts/dRtqKJCbpZ7. Accessed 13 February 2013

Parfeni L (2011) Flickr boasts 6 billion photo uploads. Softpedia. http://news.softpedia.com/news/Flickr-Boasts-6-Billion-Photo-Uploads-215380.shtml. Accessed 29 February 2013

Piaget J, Inhelder B (1948) La rappresentazione dello spazio nel bambino. Giunti-Barbera Editore, Firenze (1979)

Piaget J, Inhelder B (1960) La psicologia della prima infanzia (dalla nascita al settimo anno). In: Katz D et al Trattato di psicologia. Bollati Boringhieri, Torino, pp 272-309

Pierdominici C (2008) Intervista a Tamaki Saito sul fenomeno hikikomori. www.psychomedia.it. Accessed August 2008

Platone (2003) La Repubblica. Libro VII (trad. Sartori F. Laterza, Bari, pp 451-457)

Ricci C (2008) Adolescenti in volontaria reclusione. Franco Angeli, Roma

Rivoltella PC (2007) Screen generation. Vita e Pensiero, Milano

Rosser JC, Lynch PJ, Cuddihy L et al (2007) The impact of video games on training surgeons in the 21st century. Arch Surg 142:181-186

Scruton R (2010) Hiding behind the screen. New Atlantis 28:48-60
Stern DN (1987) Il mondo interpersonale del bambino. Bollati Boringhieri, Torino
Stern DN (2004) Il momento presente in psicoterapia e nella vita quotidiana. Raffaello Cortina Editore, Milano
Valkenburg PM, Peter J (2009) Social consequences of the internet for adolescents: a decade of research. Curr Dir Psychol 18:1-5
Vandebosch H, Van Cleemput K (2009) Cyberbullying among youngsters: profiles of bullies and victims. New Media Soc 11:1349-1371
Weinstein AM (2010) Computer and video game addiction: a comparison between game users and non-game users. Am J Drug Alc Abuse 36:268-276
Weis R, Cerankosky BC (2010) Effects of video game ownership on young boys' academic and behavioral functioning: a randomized, controlled study. Psych Sci 21:463-470
Whitman W (1855) Leaves of grass (trad. it. Foglie d'erba. Einaudi, Torino, 2005)
Winnicott DW (1958) Dalla pediatria alla psicoanalisi. Martinelli, Firenze
Winnicott DW (1965) Sviluppo affettivo e ambiente. Armando Editore, Roma
Winnicott DW (1974) Gioco e realtà. Armando Editore, Roma
Winnicott DW (1989) Psycho-analytic explorations. The Winnicott trust (trad. it. Esplorazioni psicoanalitiche. Cortina, Milano, 1995)
Wood R (2008) Videogame-addiction: further thoughts and observation. Int J Ment Health Adduction 6:182-185

Sitografia

http://about.pinterest.com. Accessed 15 January 2013
http://asmallworld.net/login.php?rurl=http://www.asmallworld.net/home (Accessed 15 January 2013)
http://www.beautifulpeople.com/en-IT (Accessed 25 January 2013)
http://images.businessweek.com/ss/06/10/game_consoles/source/7.htm (Accessed 25 January 2013)
www.facebook.com
www.googje.com/+/learnmore/?h/=H
https://joindiaspora.com (Accessed 15 January 2013)
http://royal.pingdom.com/2012/01/12/visualizing-mobile-phone-penetration-per-country-1991-2010-animation/ (Accessed 25 January 2013)
http://royal.pingdom.com/2012/02/16/almost-8-new-internet-users-added-worldwide-every-second-infographic/# (Accessed 25 January 2013)
http://www.scei.co.jp/index_e.html (Accessed 25 January 2013 Sony Computer Entertainment Inc.)
https://twitter.com
http://www.vgchartz.com/tools/hw_yoy.php (Accessed 25 January 2013)
www.youtube.com/yt/press/statistics.html (Accessed 25 January 2013)

Il nucleo fondamentale della dissociazione 4

4.1 Introduzione

Nell'ambito dell'internet addiction l'evidenza clinica e i rimandi contro-transferali delle relazioni terapeutiche hanno orientato il nostro pensiero verso la necessità di separare la psicopatologia riscontrata in pazienti adulti da quella emersa, con contorni meno definiti, in pazienti adolescenti. Abbiamo in precedenza accennato a come tali differenze siano la testimonianza di un gap generazionale che tende a riproporsi anche nella presentazione dei sintomi, che appaiono correlati a diverse modalità di interagire con realtà e relazioni web-mediate. Nonostante ciò, *immigrati e nativi digitali* sembrano avere a disposizione dinamiche difensive in parte sovrapponibili. Mi riferisco al ricorso che entrambi fanno a difese o *dispositivi dissociativi*, pur con profonde differenze strategiche e strutturali. In senso più ampio, dove c'è un comportamento compulsivo c'è uno stato dissociativo in atto, proprio come fosse una parziale e temporanea incapacità di intendere e di volere, che sospende le funzioni coscienti della mente. Penso alla razionalità, alla logica e alla forza di volontà che sono spesso travalicate e inefficaci nel contenimento della spinta compulsiva. Questo vale nell'ambito di tutte le dipendenze patologiche fino alle patologie ossessivo-compulsive che, essendo primariamente disturbi del pensiero, svolgono un ruolo di *trait d'union* tra le *addiction* e i fenomeni dissociativi. Il punto cruciale di ciò che vogliamo trattare è come riuscire a integrare all'interno del concetto di dissociazione lo stesso comportamento patologico (prolungate ore di connessione) che pazienti immigrati e nativi digitali svolgono con finalità tanto diverse, da giustificare modelli comprensivi e percorsi riabilitativi altrettanto differenti. Per fare questo è bene ripercorrere gli alterni destini del modello dissociativo, culturalmente europeo e di difficile collocazione nosografica, che fin dall'origine fu posto come elemento di continuità tra nevrosi e psicosi, smarrendo in parte la propria identità nel passaggio dal pensiero psicopatologico francese a quello tedesco.

4.2 Origini del concetto di dissociazione

4.2.1 Il pensiero psicopatologico francese

Il concetto di dissociazione si fonda sulla maturazione di un pensiero psicopatologico in un ambito culturale ben definito, che è quello francese del secondo Ottocento, dove il riferimento speculativo immanente alla clinica è quello della crisi di un soggetto, inteso in senso cartesiano, unitario, ad alta coesione e strutturato sulla continuità del *cogito* (Descartes, 1637). Questo portò la psicopatologia francese, fin dagli inizi dell'Ottocento, a individuare il concetto di psicosi nella perdita di tale continuità, sottolineandone l'alterazione della logica, la formazione di un'idea dominante e il conseguente parassitismo di tutto l'apparato psichico (Ferro e Riefolo, 1996).

Jean Martin Charcot, lavorando a Parigi nell'ospedale Salpetrière, per primo fu impressionato dall'originalità e dall'incomprensibilità di certi sintomi, descritti come fenomeni convulsivi riproducibili, che furono denominati *attacchi di isteria epilettica* (Charcot, 1887) e poi distinti dai quadri clinici dell'epilessia, che invece poggiavano su un'incontrovertibile base organica. Egli, rivelandosi un osservatore scrupoloso e intuitivo, ebbe il merito di individuare nella progettualità e nel senso della progettualità la matrice comune dove si articolavano i segni e i sintomi apparentemente *slegati* dell'isteria. La sua opera appare come una sorta di crocevia tra il pensiero psicopatologico precedente, fondato sulla neurologia, e la nascente psicologia, che si preoccupava di mettere a fuoco i livelli multipli della coscienza in cui si declinava la supposta unità del soggetto.

Da qui prendono le mosse la psicoanalisi e il lavoro di Sigmund Freud, che di Charcot era assistente e allievo. Proprio questo si rivelò un elemento determinante perché consentì a Freud di osservare i quadri isterici, che pazienti perlopiù donne riproducevano esclusivamente nella relazione con Charcot, avendo così una *visione di campo* su come si sviluppava una scena isterica, sul senso del suo procedere e sulla realtà comunicativa che essa proponeva (Freud, 1888). Freud passò dalla tecnica ipnotica all'analisi psichica, privilegiando la terapia e la comprensibilità dinamica dei sintomi alla loro catalogazione. Nella sua incessante ricerca di un meccanismo eziopatogenetico riuscì a definire i concetti fondamentali di *resistenza* e *rimozione*, risalendo l'ordine cronologico fino alla scoperta del trauma, riattualizzato nel transfert e condiviso con il paziente (Freud, 1893). Freud considerò la dissociazione il meccanismo responsabile degli *stati secondi* presenti nei quadri isterici, ovvero un'operazione mentale volta a rimuovere un'idea dalla totalità delle idee che albergano nella coscienza, dopo aver convertito nel corpo (sintomo somatico) o spostato all'esterno (fobia) l'*affetto* che la rendeva incompatibile (Freud, 1896).

In linea con il pensiero psicopatologico francese, egli accolse un'idea di dissociazione come qualcosa che coinvolgeva il soggetto nel tentativo di ripristinare una precisa logica rispetto a contenuti di cui l'*Io cartesiano* non riusciva a farsi carico e che quindi diventò *portante* dell'opposizione tra coscienza e inconscio. Freud, pur mantenendo una concezione unitaria dell'isteria, accettò la distinzione di una forma *petite* (Freud, 1923), caratterizzata dai fenomeni di conversione e dai sintomi psichici più comuni, da una forma *grande*, dove venivano descritti fenomeni di dissociazione psichica che, pur appartenendo saldamente al quadro dell'isteria, furono assorbiti nel *gruppo delle schizofrenie* di Eugen Bleuler (1911).

4.2.2 Il pensiero psicopatologico tedesco

La linea teorica della psicopatologia tedesca, che ha prodotto riflessioni fondamentali sul concetto di psicosi, suggerisce un'idea dell'Io molto legata agli schemi della filosofia romantica e sottolinea, nel definire il soggetto, la presenza di qualcosa che ne turba i confini e che si annuncia come *altro*, come *doppio*. L'attenzione è posta sui rapporti tra il soggetto, l'altro, e il mondo, in una prospettiva fluida e dinamica, e non a caso Hegel collocò la dialettica come fondamento della fenomenologia (Hegel, 1830). Il soggetto si configura come un insieme di forze coese all'interno e quindi, sul piano clinico, diventa plausibile una debolezza o addirittura punti di incrinatura di questa coesione. In quest'ottica Griesinger (1843), uno dei pensatori più interessanti dell'epoca, proponeva un'idea dell'Io colta nella sua dimensione psicoevolutiva e quindi di una soggettività che si crea in modo turbolento durante l'adolescenza, come una fusione molto complessa che ha dei momenti di definizione progressiva. Tale idea, singolare per la sua precocità, è presente anche in Kraepelin (1904) che, parlando di debolezza dell'Io nell'ambito delle psicosi, non si riferisce a un'eventuale debilità costitutiva del soggetto, quanto piuttosto a un apparato con dei punti di difficile aggregazione e quindi suscettibile di funzionamenti che implicano un decremento di questa incerta coesione. Questa idea filosofica della complessità dell'individuo, che richiamava un'attenzione inedita per la vita interiore, si arricchisce dei contributi delle neuroscienze dell'epoca, che giustificavano tale complessità con l'evidenza di una rete osservabile di associazioni indagate dalla neuroanatomia e dalla neurofisiologia. Emerge così l'importanza del corpo, inteso in senso concreto, come elemento portante di questa concezione del mentale e quindi i fenomeni di coesione sono concretizzati in questa idea di associazione come descrizione di comunicazioni anatomo-funzionali tra le varie parti del sistema nervoso. Eugen Bleuler, nel tentativo di porre in rilievo gli aspetti costitutivi di un'esperienza psicologica ed esistenziale diversificata come quella psicotica, non può che far riferimento a questa idea di dissociazione che diventa elemento cardinale nella descrizione del mentale e nella teorizzazione della *dementia praecox* (Bleuler, 1911). Il suo lavoro può essere meglio compreso se si considera la particolare atmosfera creatasi all'ospedale Burghölzli, dove egli lavorava e dove a cavallo di Ottocento e Novecento confluirono le riflessioni cliniche di figure collegate alla psicoanalisi nascente, come Carl Gustav Jung e Karl Abraham. L'impostazione nosografica di Bleuler ha di fatto integrato la psicopatologia francese con quella tedesca favorendo il passaggio di tutte le forme di dissociazione mentale della psicopatologia isterica nel *gruppo delle schizofrenie*, restando l'isteria puramente ridotta alla sua fenomenologia di conversione somatica o nelle forme *petite*, dove il meccanismo soggiacente è la rimozione.

È evidente che il concetto di dissociazione come Bleuler lo propone non coincide con il concetto di dissociazione inteso dalla scuola francese e che Freud ha presente nella definizione del quadro di isteria. In effetti, la dissociazione di origine francese si riferisce non tanto a un indice di complessità del soggetto quanto a un suo funzionamento su basi di controllo di certe situazioni non comprese dalla logica cartesiana. In questo senso essa rappresenta un crinale fra ciò che è accolto e ciò che non è accolto, dove invece la dissociazione tedesca è più il segno di un'incrinatura nell'*arcipelago* del soggetto. Sono quindi nozioni diverse rispetto all'idea psicopatologica che le sostiene (Ferro e Riefolo, 1996).

4.3 Funzioni della dissociazione

Nell'incontro con la *psicopatologia web-mediata* questi due modi diversi di intendere il modello dissociativo, oltre a sottendere a varie patologie nella clinica psichiatrica attuale, sembrano fare riferimento all'uso diverso che della dissociazione fanno da una parte gli adulti affetti da una dipendenza patologica (*gambling online* e *cybersex*) e che usano la dissociazione per operare una partizione a livello dei vissuti e dei pensieri, dall'altra i giovani, *nativi digitali*, alle prese con il mantenimento dell'unico livello di coesione possibile nelle relazioni con il proprio gruppo di pari (*gaming online* e *social network*). In questo caso la dissociazione ha come oggetto l'esperienza emotiva rispetto al suo correlato somatico, che, in una concezione delle emozioni come ponte tra la mente e il corpo, ne rappresenta la potenziale dolorabilità, o meglio la parte sensibile, quella che si somatizza. La polarità opposta è rappresentata da quel senso psichico di incertezza e precarietà che precede l'esperienza emotiva di qualunque natura essa sia, che ci fa *sentire vivi* e che nell'ambito della tecnologia digitale è proporzionale al livello di interattività.

Le emozioni passano per il corpo come i sentimenti per la coscienza, quasi a segnare il limite che la presenza fisica dell'altro pone alla nostra spontaneità. Arrossire in pubblico è una manifestazione della mente attraverso il corpo, sfugge al nostro controllo ed è avvertita sempre come dolorosa. Più il corpo è investito più l'esperienza emotiva va oltre la nostra capacità di trattenere ed elaborare. Non esistono emozioni buone o cattive, esistono emozioni che possono essere contenute e di cui si può fare esperienza e al contrario emozioni che travalicano la nostra capacità di contenimento fino a compromettere il senso di identità.

Di fronte a una *brutta figura* un adolescente può sentirsi letteralmente *andare in pezzi* e innescare comportamenti evitanti il rischio che questa esperienza possa ripetersi. Le emozioni possono essere dissociate dai pensieri annessi attraverso comportamenti reattivi, che si organizzano in modelli compulsivi diversi, oppure, come è accaduto a quei *nativi digitali* che presentano difficoltà nelle relazioni, risultare primariamente impedite nella capacità di essere riconosciute. Questo accade quando si verificano anomalie nella fase di rispecchiamento primario, una fase precoce della vita dove le emozioni condivise sono le basi del personale sentimento di esistere. Il rispecchiamento prevede una relazione interattiva dove è importante una reciproca partecipazione, che nasce nell'incontro di due sguardi mentre pensano la stessa cosa. Di solito succede tra un bambino e chi gli sta intorno, ed è lecito pensare che con uno *screen* digitale tutto ciò abbia una natura diversa. Procediamo con ordine.

4.4 Dissociazione come difesa

Nella patologia dissociativa la dissociazione è una difesa, proprio come accade nel pensiero psicopatologico francese, e distingue due principi organizzatori, l'isteria e le psicosi acute.

Il principio organizzatore isterico fa riferimento alla *dissociazione* della coscienza, con meccanismi di difesa progressivi, che vanno dall'espressività somatoforme all'alterazione della comunicazione e della relazione (Bromberg, 2007).

Il principio organizzatore delle psicosi acute ha come elemento centrale la *destrutturazione* della coscienza.

In tutti i casi la patologia dissociativa nasce quando esiste una situazione insopportabile che non consente compromessi accettabili con il mondo esterno. A tutti gli stadi dello sviluppo la maturità del sé psicologico rappresenta il fattore critico nel determinare la capacità individuale di adattarsi alle sfide evolutive interne ed esterne. L'individuo ha bisogno di raggiungere una prospettiva comprensiva e integrata, dove i sentimenti procurati dagli eventi sono concepiti come rappresentazioni mentali che sono reali e allo stesso tempo non reali. Ciò permette al soggetto di trovare una prospettiva flessibile e, per dirla con Winnicott (1971), di giocare con la realtà alla ricerca di un modo più confortevole di vivere con essa, grazie alla creatività. Per alcune persone essere reali nel mondo reale coincide con un'esperienza di sé troppo dolorosa. Quando un individuo non è stato messo adeguatamente nella condizione di giocare con la realtà avrà bisogno di creare inconsapevolmente stati alterati di coscienza, ovvero stati dissociativi, la cui matrice sensoriale ha lo scopo di annullare le percezioni relative alla realtà ordinaria.

Le reiterazioni di questi stati a scopo difensivo fanno della dissociazione una *difesa* e possono, con il tempo, costruire la dinamica di base della dipendenza patologica, fino a configurare i modelli compulsivi stessi come *forme comportamentali dissociative*. Per questo motivo le vere dipendenze patologiche non sono mai il frutto di una scelta consapevole o una semplice ricerca del piacere, ma piuttosto esperienze dissociative transitorie che permettono al soggetto di uscire temporaneamente dalla sua realtà allo scopo di risolvere una condizione di disagio persistente, divenuta insopportabile. In altre parole, attraverso la sensorialità derivante da un'alterazione dello stato di coscienza, il soggetto riesce a mantenere un livello sufficiente di autostima, un'immagine congrua di sé e una certa sicurezza nelle situazioni sociali, ma sempre sotto un incombente sentimento di precarietà, che in parte è rimosso. Da qui l'impossibilità di costruire la propria esistenza come lineare nel tempo e che invece proprio al tempo stesso sembra essere impermeabile (tempo circolare). In questo senso la dissociazione crea una distorsione retrospettiva del passato e della propria capacità di immaginare e organizzare il futuro. La sequenza lineare del tempo di cui si fa esperienza viene modificata diventando un sistema protettivo che genera un'amnesia, perlomeno rispetto alla memoria percettiva degli eventi, ma non rispetto alla memoria esperienziale che rimane intatta.

La dissociazione è una difesa globale contro la presenza di un trauma o di una paura per un potenziale trauma e si presenta come una capacità ipnoide della personalità (Bromberg, 2007). Il suo obiettivo è la sopravvivenza, la sua tendenza invece è quella di strutturarsi come stato patologico eludendo qualsiasi forma di integrazione o cambiamento. La dissociazione è un processo inibitorio attivo che normalmente esclude dalla coscienza percezioni interne ed esterne, ed è pertanto un meccanismo di sbarramento che protegge la coscienza ordinaria dall'inondazione di un eccesso di stimoli (Young, 1988). Negli stati dissociativi patologici, la parte scissa della coscienza, o lo stato modificato di coscienza, si comporta come un'identità mentale indipendente dalla personalità globale, che risulta incapace di esercitare qualunque controllo sulla porzione scissa.

Di fronte a un'esperienza della realtà insopportabile o intollerabile, scrive Goldberg (1999), si possono determinare due manovre psichiche che spiegano i fenomeni della dipendenza. Una è il diniego, l'altra è un'attività che reca sollievo. La costruzione di un settore scisso, insita in tutte le forme di dipendenza da una sostanza, da un oggetto o da un comportamento, diventa il tratto caratteristico di una separazione che comporta la ricerca di una forma di piacere o sollievo, oltre che un cambiamento degli obiettivi e dei valori personali. In moltissimi comportamenti di dipendenza patologica possiamo osservare gli sforzi disperati per evitare di essere scoperti e l'assenza di ogni forma di vera colpa o rimorso. Quello che sembra emergere spesso è invece il tentativo di evitare la vergogna conseguente allo smascheramento che, oltre a rivelare una falsa immagine di se stessi, comporta sempre il rischio di un crollo dell'identità.

4.4.1 Evidenze cliniche

I *gambler online* e gli *internet sexual addicted* presentano comportamenti compulsivi ancor più dissocianti perché svolti in contesti dove manca la presenza fisica dell'altro e di conseguenza l'investimento emotivo che sull'altro si fa nella relazione. Esistono giochi d'azzardo come il *poker online*, dove il contesto mantiene un certo livello di interattività, e altri come le *slot machine*, dove è più facile raggiungere uno stato di alienazione dall'ambiente. Lo stesso accade nella separazione concettuale del *cybersex* dal *cyberporn*, dove uno rappresenta un ambito interattivo (chat) e l'altro un ambito autistico (immagini pornografiche). Più il contesto è autistico e più la clinica si correla alla dipendenza patologica; al contrario, più il contesto è interattivo e più il fare diagnosi dovrà considerare nuovi livelli di quella psicopatologia, che abbiamo chiamato web-mediata e che sembra essere maggiormente a carico dei disturbi del pensiero e dell'identità. Di solito le difese dissociative in questi pazienti escludono dall'ambito della coscienza stati depressivi o spunti persecutori, a volte legati a dubbi sulla propria identità di genere, più spesso a una percezione incerta della propria immagine globale. In senso concreto la mente del giocatore d'azzardo è completamente invasa dal bisogno di accedere a quello stato di forte eccitazione che raggiunge l'acme durante la *giocata* e che allo stesso modo annulla sottotraccia ogni emozione, pensiero e agito, che non siano correlati alla giocata stessa. Il giocatore ricava numeri da giocare da originali combinazioni con le targhe delle macchine o attraverso associazioni con le parole stesse che gli vengono dette, vivendo tra rituali, superstizioni e scaramanzie di ogni tipo, con l'unico scopo di giocare eludendo controlli e cercando denaro. Non c'è spazio per altro e questo gli consente non solo di tenere al di fuori della mente contenuti inaccettabili, ma anche di godere di quel crescente livello di eccitazione che precede l'attesa e diventa perdita di controllo durante l'atto compulsivo. Lo stesso capita agli *scommettitori online* o ai compratori compulsivi di "gratta e vinci", che sembrano scandire il loro tempo con fasi di *attese eccitanti*; più queste si protraggono, più la dissociazione sarà in funzione.

La fruizione passiva nel *cyberporn* è intensamente compulsiva e l'atto masturbatorio può essere ripetitivo o unico e prolungato, ma in entrambi i casi perde quella funzione catartica o di scarico rispetto alla tensione emotiva che la sostiene. Questo accade perché il dipendente da *cyberporn* non utilizza la propria immaginazione, o meglio quelle immagini interne che, essendo immagini mentali, sono concepite e non percepite e quindi necessitano di una certa fatica psichica per essere mantenute vivide durante l'atto e che portano al successivo senso di appagamento. La tendenza sarà quella di reperire immagini sempre più eccitanti, saltando da un sito all'altro, con frequenza crescente e senza allentare lo stato di tensione che, come in un cortocircuito, rimane costante anche quando è sottotraccia, dissociando dal campo mentale ciò che non può essere integrato (Tonioni, 2011). Il dipendente da *cybersex* appare strutturalmente più evoluto in maniera proporzionale al livello di investimento affettivo vissuto nella relazione web-mediata, che a sua volta può essere il modo per dare vita ad aspetti di sé scissi dal resto dell'identità (perversioni) o via di fuga da relazioni di coppia sentite come penose e umilianti. Nel *cybersex* maggiore è il numero dei contatti, progressivamente svuotati di significato, più gli accessi in rete alla ricerca di un partner saranno compulsivi e dissocianti dalla realtà quotidiana.

4.5 Dissociazione come organizzazione

Nell'ambito della dissociazione il concetto di organizzazione, o dispositivo, prevede una concezione ad *arcipelago* del sé individuale, in linea con il pensiero psicopatologico tedesco. Sul piano delle posizioni teoriche è necessario fare riferimento a un'idea di se stessi come non lineare (Ferro e Riefolo, 2006), che introduce all'ipotesi dell'esistenza di *mutevoli e molteplici stati del sé* (Mitchell, 1993), di *differenti stati della mente e differenti costellazioni psichiche* (Bollas, 1999), della *pluralità degli stati psichici* (Ogden, 2001), di *stati del sé paralleli e multipli* (Bromberg, 2007) e che conduce all'idea di funzione mentale come *movimento fra plurimi stati del sé* (Ferro, 2007; Ferruta, 2011; Boccara et al., 2011).

La dissociazione, al di là della sua natura difensiva, è un dispositivo di base della funzione della mente stessa, che permette, attraverso la modalità sia creativa sia patologica, il mantenimento della continuità del senso di esistenza (Riefolo, 2012). Essa non è intrinsecamente patologica e la psiche non nasce come un tutto integrato, che in seguito, come esito di un processo patologico, si scinde o si frammenta, ma, al contrario, fin dall'origine non è unitaria e si struttura attraverso la molteplicità delle sue configurazioni, che con la maturazione sviluppano una coerenza e una continuità vissute come un senso coeso di identità. Per questo la dissociazione è un dispositivo basilare per il funzionamento mentale in toto ed è centrale per la stabilità e la crescita della personalità. Ciò che va continuamente esplorato è il confine tra una dissociazione come risultato di relazioni traumatiche e una dissociazione come processo strutturale/strutturante della mente.

La capacità di un essere umano di vivere in modo spontaneo, autentico e consapevole dipende dalla presenza di una dialettica continua tra il senso di separatezza e unitarietà degli stati del sé, che sono parti della propria identità e che necessitano di rimanere in comunicazione reciproca (Bromberg, 2007). Quando sul piano evolutivo tutto procede bene, l'individuo è solo vagamente e a tratti consapevole dell'esistenza di stati del sé individuali e delle loro rispettive realtà, perché ogni singolo aspetto funziona come parte della sana illusione di essere interi, di avere un'identità personale unitaria e uno stato cognitivo ed esperienziale, sentito come *essere se stessi*. Nel corso dello sviluppo la personalità umana tende a manifestare un aumento della sua interezza, che sta a indicare l'esperienza di sentirsi connessi agli altri in maniera sicura e creativa. L'esperienza di interezza relazionale consente di conservare l'individualità e di abbandonarla a un altro senza il timore di perderla. Per questo è possibile sentirsi *uno in molti* (Bromberg, 2007), restando negli spazi dei sé multipli senza la necessità di dissociarli. La dissociazione come dispositivo rappresenta una funzione sana e adattiva della mente, un processo di base che permette a diverse parti di noi di funzionare in modo ottimale quando ciò di cui abbiamo veramente bisogno è una totale immersione in una singola realtà, in un singolo affetto forte e una sospensione della capacità autoriflessiva. Accade nelle passioni, nell'innamoramento, nell'immersione dell'artista nel suo mondo creativo, dove l'investimento è tutto su un oggetto ed esclude tutto il resto. Non è possibile vivere in una costante condizione di integrazione, molte delle esperienze sono vissute con modalità inconsapevoli e spesso si mostrano identità diverse in contesti diversi, che riflettono la molteplicità delle relazioni con gli altri.

Operando in questo modo il dispositivo dissociativo *struttura e organizza inconsciamente la personalità* (Moccia, 2012) e, in condizioni normali, migliora le funzioni integrative dell'Io escludendo gli stimoli in eccesso o irrilevanti; al contrario, in condizioni patologiche le naturali funzioni della dissociazione vengono mobilitate per un uso difensivo (Young, 1988).

4.5.1 Evidenze cliniche

La caratteristica del lavoro clinico con gli adolescenti cyber-dipendenti sta nella paradossale sovrapposizione di primi ed evidenti segnali di ritiro sociale con il bisogno di mantenere serrato lo *status* di essere online. Il paradosso è che una malattia che si presenta come una patologia delle relazioni *dal vivo*, nel senso del progressivo impoverimento, trovi in un eccesso di relazioni digitali il suo sintomo principale. In realtà non si tratta di un eccesso, ma di una tendenza all'esclusività, una scelta obbligata, dove a rimanere esclusa è prima di tutto la relazione con il corpo inteso in senso concreto e solo successivamente la relazione con l'ambiente circostante. In questi pazienti il dispositivo dissociativo non si comporta da difesa e quindi non esclude la possibilità di vivere interamente le emozioni, ma al contrario sembra garantirne l'unica forma di esistenza possibile. Mi riferisco a *gaming* e *social network* che rappresentano aspetti diversi di uno stesso processo e che pongono come fine ultimo la necessità di fare esperienza. Le esperienze web-mediate, pur non essendo vissute interamente come qualsiasi occasione normale di incontro, hanno in sé quel livello di tensione presente prima di ogni attesa, che in questi casi rappresenta tutta l'emotività e l'esperienza possibili.

La necessità di vivere uno stato di tensione e di attesa è proporzionale all'interattività ed è presente in ciò che accade in un videogioco, così come nell'arrivo della risposta *che aspettavamo*, se siamo in chat. In entrambi i casi *facciamo esperienza*, ma al di fuori della possibilità di sentirci interamente rispecchiati, perché lontani dall'essere a contatto fisico.

In un videogioco online, dove si condividono esperienze con altri giocatori, le tensioni emotive sono vissute nella mente e avvertite inconsapevolmente nel corpo a livello neurovegetativo, con movimenti involontari del viso e degli arti, senza però corrispondere a un'integrazione della fisicità, come accadrebbe con un movimento ampio e coerente, di cui peraltro si avrebbe consapevolezza.

Nelle relazioni tra esseri umani tutto ciò che è fisico diventa emotivamente visibile e quindi rispecchiabile anche nei casi dove questa competenza non esiste.

Durante gli incontri di psicoterapia la difficoltà peculiare incontrata con i pazienti è stata quella di poter incrociare e mantenere anche solo uno sguardo, per cercare di *vedere dentro*. Quando questo è accaduto, il rimando contro-transferale è stato quello di un sentimento di profondo dolore, una ferita aperta, come aver toccato un *nervo scoperto*. L'impossibilità di essere considerati emotivamente è di solito correlata a un'idea persecutoria e a sentimenti di rabbia profonda, di solito dissociati. Non è un caso che la maggior parte dei giochi digitali coinvolti in casi di dipendenza patologica sia ad alto contenuto di aggressività. Alla domanda "che cosa hai fatto oggi?", un ragazzo mi ha risposto con aria soddisfatta e arrossendo appena, "oggi ho ucciso duemila persone!". Aveva trascorso tutto il giorno dietro a un mirino e dopo avermelo raccontato sembrava più sicuro di sé. Dal suo punto di vista aveva realmente vissuto un'esperienza di aggressività e il rossore accennato sul viso ne manifestava l'autenticità attraverso un vago senso di colpa. Questo è un paziente che ha rivelato parti non verbali di sé, che ne sente la competenza e che potrebbe avere una prognosi favorevole. Altri al contrario non riescono a esprimere nulla che non sia un progressivo ritiro dalle relazioni, a volte erroneamente interpretato come depressione.

In chat e social network si assiste a un incremento dell'ideazione paranoide, grazie alla possibilità di interpretare una parola *scritta*, piuttosto che sentirne una *ascoltata*. Ho incontrato pazienti che in un social network si limitavano a osservare la vita degli altri, per poi soffrire per un sentimento di esclusione e per l'idea di non potersi integrare. In senso concreto la dissociazione funziona come dispositivo (Ferro e Riefolo, 2006) attraverso lo *screen* digitale, che si comporta come *barriera contro stimoli emotivi eccessivi* (Laplanche e Pontalis, 1995), realizzando nei pazienti l'unica forma di relazione possibile. Ricordo un ragazzo che nella fase finale della terapia è riuscito a lasciare il suo PC per accettare l'invito di una ragazza conosciuta in chat. Si sentiva *senza pelle* e per garantirsi una difesa alternativa il giorno dell'incontro si ubriacò, riuscendo però a onorare l'appuntamento. Anche lui ha una prognosi favorevole. Allo stesso modo un giovane candidato a sviluppare un esordio psicotico, grazie al suo PC, rimane agganciato all'unica parte di realtà che può ancora permettersi. In adolescenza non si dovrebbero definire dipendenze patologiche fasi di abuso che hanno in sé qualcosa di funzionale alla crescita, così come il rischio stesso di una sua interruzione. Il dispositivo dissociativo nel suo operare sembra essere allo stesso modo l'elemento cardine sia nella formazione sia nella remissione dei sintomi, fungendo da spartiacque tra la possibilità di *rischiare* in un incontro dal vivo e la necessità di difendere parti della propria identità.

4.6 Trattamento della dipendenza da internet

Come abbiamo avuto modo di sottolineare, la dipendenza da internet rappresenta, pur avendo caratteristiche proprie, una forma di espansione di disturbi comportamentali descritti prima di essa, soprattutto il gioco d'azzardo patologico e le condotte sessuali compulsive. Da questo punto di vista corre il rischio di essere sottovalutato il maggiore potenziale dissociativo, connesso al comportamento compulsivo, che qualsiasi interazione web-mediata ha sull'individuo, rispetto alle esperienze di dipendenza svolte attraverso relazioni reali. In ogni caso valgono per essa gli stessi fondamenti terapeutici utilizzati nei percorsi di riabilitazione e cura delle patologie compulsive.

La compulsività, prima ancora di essere dotata di una funzione e di un significato nell'organizzazione mentale del paziente, deve essere contenuta. Contenere in questo caso significa prima di tutto riabilitare, perché le condotte compulsive generano sempre un certo livello di disabilità. Questo vuol dire preoccuparsi, quasi *ortopedicamente*, di prevenire la naturale tendenza alle ricadute al di là delle reali possibilità di successo. Ancora una volta quello che conta è la nostra partecipazione attiva, o meglio emotiva, in ciò che stiamo facendo, la nostra reale disponibilità a farci carico di relazioni più gravose che gravi, che spesso esitano, dentro di noi, in sentimenti di impotenza e delusione profonda. I pensieri e i concetti che seguiranno sono il frutto della nostra esperienza sul campo svolta con molte difficoltà e continue rielaborazioni.

Nella dipendenza da internet il sintomo da contenere sono le *ore di connessione*, intese primariamente in senso quantitativo, anche se, sia nel caso dei giocatori d'azzardo sia nei disturbi della condotta sessuale, il tempo trascorso su internet può essere inteso come *spazio mentale occupato*. Voglio dire che la mente di un paziente compulsivo è costantemente invasa da un'idea pervasiva indipendentemente dal momento in cui il comportamento patologico si agisce. Uno *scommettitore patologico*, per esempio, può sembrare costantemente insofferente, confuso e depresso, per poi apparire improvvisamente vitale e propositivo. Di solito quando questo accade il paziente è ricaduto e si è dissociato da ciò che lo opprimeva, attraverso l'operazione di attendere il risultato di una *giocata*, fatta magari prima del nostro incontro. L'esperienza di eccitazione e benessere connessa dura quanto è lungo il tempo dell'attesa e agisce sul paziente come fosse un farmaco *depot*. Lo stesso accade ai *sexual addicted* che attendono con continuità il momento opportuno per entrare in rete eludendo il controllo dell'ambiente circostante. Lo stato dissociativo, che sta a monte della compulsività, ha bisogno di essere mantenuto incessantemente, perché rappresenta l'unica forma di organizzazione possibile rispetto al rischio di una destrutturazione. Nelle forme di *craving online* ciò che dissocia non è la durata del tempo trascorso durante l'atto compulsivo, ma quella dello stato di eccitazione che precede la scarica e il dissolvimento della tensione. Lo stato di eccitazione a sua volta è sostenuto da una rappresentazione mentale correlata che si rinforza progressivamente con la quantità e la frequenza delle ricadute, che nel caso delle dipendenze online hanno l'aggravante di verificarsi al di fuori dei normali contesti di realtà e quindi senza limiti spazio-temporali. Dobbiamo pensare a una sorta di *corto-circuito* che necessita di essere interrotto, per poter creare uno *spazio mentale alternativo*, dove sono destinati a comparire con tempi e modalità diverse i contenuti precedentemente dissociati a scopo difensivo. In questo senso, a parte i trattamenti residenziali, i modelli di **riabilitazione di gruppo** rappresentano una risorsa indispensabile, perché agiscono direttamente sul contenimento del sintomo attraverso un'esperienza affettiva condivisa. Secondo il mio modo di vedere, nei diversi modelli di riabilitazione di gruppo i riferimenti teorici sottostanti sono secondari all'importanza del vissuto emotivo fondato sul bisogno comune di *non ricadere* e quindi alle narrazioni, ai conflitti, ai ricordi, ai sentimenti di colpa e di vergogna che faticosamente possono essere presentati. Lo stesso vale per le battute, le risate, gli scherzi che spesso sono accenni di creatività e che rendono ogni gruppo riabilitativo un *legame*, qualcosa di cui si può sentire la mancanza. Il gruppo può spezzare la condotta compulsiva interrompendo il sintomo. Questa interruzione è per definizione momentanea, nel senso che un buon percorso riabilitativo non si attesta sulla lunghezza dei tempi di astensione, ma sui cambiamenti strutturali nel pensiero e nell'affettività dei pazienti tra una ricaduta e l'altra.

Ogni gruppo di riabilitazione è fondato su assunti di base e regole precise, che sono importanti e potenzialmente trasformativi non tanto per i rimandi teorici a cui fanno riferimento, quanto per il modo specifico con cui vengono applicati. In questo fondamentale è il *rigore* e non la *rigidità*. Essere rigorosi significa riuscire ad adattare lo stesso setting terapeutico a condizioni cliniche diverse, senza dissolverne il potenziale contenitivo. Porre una regola è un atto terapeutico solo se il paziente riesce a riconoscerla come frustrazione ed è in grado di tollerarla. Essere rigidi significa invece imporre qualcosa che, riconosciuto come frustrazione, non può essere tollerato. Così facendo è necessario *accompagnare* i pazienti nel loro punto di *massimo sforzo possibile*, perché questo rappresenta per loro un'occasione di crescita e per noi un'occasione di riconoscere premiata la nostra fatica, che in questo caso si configura come capacità di attesa. Il rigore è un elemento indispensabile, perché funzionale ad alimentare un processo terapeutico; la rigidità, al contrario, è un modo di presentare un nostro tratto irrisolto con il rischio inconsapevole di proiettarlo sui pazienti. Una cosa ancora diversa è presentare ai pazienti i nostri limiti perché questo significa mostrare loro fino a dove possiamo arrivare, ovvero qual è, nel prenderci cura di loro, il nostro punto di massimo sforzo possibile. Proprio in quel punto, in caso di ricaduta, dobbiamo aspettarli, senza andare oltre. In altre parole, dobbiamo essere disposti a perderli, prima ancora di provare ad accoglierli. Un paziente che ricade è un paziente che è tornato a *difendersi* da solo e allo stesso modo i nostri limiti sono espressione di massima autenticità.

Le ricadute non rappresentano un'interruzione del percorso di cura, ma un'occasione per far emergere elementi affettivi, che sono segnali di una certa competenza al legame. Questi elementi affettivi sono le basi sulle quali è possibile riprendere la terapia e compaiono di solito sotto forma di sensi di colpa, di cui i pazienti hanno consapevolezza. Le ricadute devono essere dotate di senso, integrate in un'idea di continuità del processo terapeutico e considerate in stretta relazione con i contenuti e le operazioni mentali che si svolgono nei colloqui di **psicoterapia**. Non occorre sottolineare quale forma di psicoterapia sia più opportuna, perché i pazienti non hanno bisogno di un modello teorico, ma della nostra devozione, ovvero la nostra capacità di resistere a relazioni difficili che, se funzionano, ci faranno sentire a tratti demotivati e impotenti. Nei disturbi compulsivi la relazione terapeutica più opportuna è quella che dura nel tempo, quella che sopravvive alle separazioni e quella che struttura nei pazienti la *capacità di sentirsi depressi* (Winnicott, 1984), dove la depressione non è da intendersi come esito patologico, ma come funzione integrativa della mente. Nei soggetti compulsivi il suo opposto è il continuo bisogno di eccitazione. Considerando l'uso difensivo che questi pazienti fanno della dissociazione, gli interventi di psicoterapia devono essere mirati a favorire il passaggio *dalla dissociazione al conflitto*, che a sua volta consente un'elaborazione condivisa dei contenuti dissociati. Avere questa occasione significa che la relazione sta funzionando e che quindi dobbiamo preoccuparci di quando inevitabilmente non sarà più così. Mi riferisco alla naturale oscillazione, presente in ognuno di noi, tra elementi di eccitazione e sentimenti depressivi che, alternandosi nel corso del nostro lavoro, danno risonanza al vissuto dei pazienti, essendone parte speculare. Di fatto quando ci sentiamo demotivati per quello che sentiamo come un fallimento terapeutico, abbiamo l'occasione di capire come si sentono i nostri pazienti lontani da internet, gioco e chat.

Le relazioni terapeutiche dovrebbero nascere come fossero tutte a tempo indeterminato, perché la durata di una relazione ne determina la qualità. Una relazione che dura, se non è perversa, diventa affettiva e quindi potenzialmente e reciprocamente trasformativa. Una relazione che dura prevede a sua volta la nostra personale competenza a deprimerci. Quando un paziente ricade perché ha giocato online oppure ha passato tutta la notte su una chat erotica, il nostro sconforto è proporzionale alla gratificazione che sentiamo quando al contrario ci ringrazia, perché *si sente meglio*. Nel nostro lavoro il bilancio tra frustrazioni e gratificazioni è inutile, perché si tratta di parti identiche e complementari dello stesso insieme.

La somministrazione di **farmaci** deve tenere conto delle riflessioni già fatte e quindi non deve mai essere automatica, ma sempre pensata. Le indicazioni dei protocolli in ambito di ricerca farmaceutica o qualsiasi altro modo *automatico* di somministrazione non può prendere il posto del nostro pensiero. L'uso di antidepressivi, per esempio, non deve essere precoce e mirato a prevenire una depressione che non è ancora comparsa. Non deve, in sostanza, porsi lo scopo di sostituire nei pazienti la fonte di eccitazione rappresentata dall'atto compulsivo, ma rendere possibile il massimo livello di depressione tollerabile che, a sua volta, necessita di essere condiviso e non represso. I farmaci stabilizzanti dell'umore possono aiutare i pazienti a controllare impulsi ed eccessi emotivi solo se l'atto di prescrizione o somministrazione veicola affettività e contenimento da parte nostra, ovvero solo se la relazione funziona. Lo stesso vale per i farmaci ansiolitici che devono *risparmiare* quella quota necessaria di angoscia che il paziente riesce a tollerare e che quindi è passibile di essere mentalizzata. Esistono farmaci neurolettici di seconda generazione che sono di grande aiuto nell'attenuare la spinta compulsiva nei casi più gravi, quelli dove la compulsività diventa quasi una perdita temporanea della capacità di intendere e di volere. I neurolettici sono utili soltanto quando la ricaduta è vissuta dal paziente con sentimento di consapevole *terrore*, ovvero quando il paziente si è *arreso* all'idea che la compulsione è *più forte di lui*. Qualsiasi intervento farmacologico perde di senso se il paziente, che ha diritto a diffidare di noi, non è ancora in grado di destabilizzare la sua organizzazione difensiva e quindi accettare una mediazione nei sintomi.

I **familiari** di questi pazienti hanno un ruolo determinante e la loro presenza e partecipazione attiva al contenimento della compulsività è di solito un segno prognostico favorevole. I giocatori d'azzardo online possono eludere i controlli più facilmente e, nonostante le ingenti perdite di denaro, giocare appena si rende disponibile una connessione. I pazienti *sexual addicted* sono afflitti da profondi sentimenti di vergogna che spesso riescono a condividere con i familiari più stretti, nonostante la bassa autostima che hanno di sé. Il contenimento della condotta compulsiva operato dalle famiglie è complementare a quello del gruppo di riabilitazione e a quello della relazione terapeutica individuale. Spesso questi tre livelli non sono sufficienti a prevenire la ripresa dell'attività compulsiva, anche se non è importante riuscire a impedire una ricaduta, quanto far sentire al paziente che, ricadendo, ha qualcosa da perdere.

4.7 Trattamento dei fenomeni dissociativi

Il trattamento terapeutico e riabilitativo di quelli che abbiamo definito *nuovi fenomeni dissociativi* presenta le difficoltà peculiari che si incontrano nelle relazioni con pazienti adolescenti, questa volta acuite da elementi clinici nuovi e quindi poco comprensibili, caratteristici del *digital divide*. Se per i pazienti *immigrati digitali* il fulcro della terapia si concentra sulla quantità delle ore di connessione, nei pazienti *nativi digitali* l'elemento cardine da considerare è la qualità del *ritiro sociale*, ovvero l'analisi della funzione che questo ha nell'ambito della propria economia mentale. Durante gli incontri di psicoterapia la competenza dei pazienti a entrare in relazione dal vivo è proporzionale alla possibilità o meno di mostrarsi motivati, partecipando attivamente al processo terapeutico. Esistono in questo senso pazienti *collaboranti*, che riescono a interagire con gli stimoli emotivi e a reagire di fronte alle frustrazioni, e pazienti *non collaboranti*, che sembrano sottrarsi allo scambio emotivo, riducendo le potenzialità trasformative della relazione terapeutica. Questo ha imposto variazioni sostanziali nell'applicazione delle terapie e ha orientato i percorsi riabilitativi verso finalità diverse, considerando che in certi casi un eccessivo uso di internet rappresenta l'unico modo di mantenere una relazione con gli altri e con la realtà. Per questo motivo i fenomeni dissociativi devono essere inquadrati come tratti disfunzionali dell'adolescenza, anziché manifestazioni conseguenti a un disturbo di dipendenza.

4.7.1 Pazienti collaboranti

La **psicoterapia** deve tenere conto delle differenze appena descritte per poter adattarsi a bisogni che non sono gli stessi, ma al contrario, anche qui, si modulano sull'asse dissociazione-conflitto, ovvero sulla possibilità che aspetti dissociati della mente, una volta integrati, possano diventare conflittuali e quindi essere elaborati. I pazienti che abbiamo definito *collaboranti* rappresentano l'apice di questa possibilità perché riescono a connettersi agli altri e all'ambiente attraverso l'*aggressività*, o meglio attraverso un uso estroflesso di questa. Ciò appare evidente nelle reazioni rabbiose, spesso agite, quando sono messe in discussione le ore di connessione, così come nei contenuti di molti giochi digitali, vissuti con profonda partecipazione emotiva o attraverso una costante tendenza all'oppositività, che si organizza in tratti caratteriali durante la relazione. In questi pazienti il ritiro sociale non ha i caratteri del ritiro autistico, ma sembra usato quasi in modo provocatorio per innescare una risposta o una reazione dell'ambiente familiare o scolastico. Non si tratta quindi di una rinuncia, ma di uno stimolo verso l'esterno, visibile come visibile appare l'aggressività coartata, presente in ogni forma di interazione con la realtà, sia concreta sia digitale. È qui che questi pazienti risultano collaboranti, nella loro tendenza a reagire usando l'aggressività come *ponte* verso l'esterno e come unica espressione emotiva correlata al corpo e alla capacità di sostenere relazioni *dal vivo*. In questi pazienti i sintomi legati al ritiro sono meno evidenti e sempre ego-distonici e questo facilita la produttività di contenuti conflittuali durante la relazione, ma ne complica il corso, attraverso fasi di sospensione o di frequenza incostante negli incontri di psicoterapia. In questo caso è come se questi pazienti *collaborassero non collaborando*, esprimendo in questo modo tutta l'emotività possibile, e di fatto nell'atto di attaccare la realtà ne rimangono in qualche modo attaccati. Ciò accade primariamente nei nostri confronti e nella terapia e determina la parte più gravosa del nostro lavoro. Del resto l'aggressività è correlata alle emozioni fin dall'origine e strettamente legata al movimento del corpo e all'istinto di conoscere ed esplorare. Per un bambino *urtare contro qualcosa* equivale alla scoperta di un mondo che non è lui e che promuove a sua volta il movimento finalizzato a incrementare il rapporto con l'esterno e i processi di individuazione (Winnicott, 1958). Al contrario, un bambino che tiene dentro l'aggressività ci appare teso, ipercontrollato e molto serio, proprio come accade ai nostri pazienti che nel tentativo di reprimere i propri istinti aggressivi si rendono in qualche modo disponibili a essere perseguitati dagli altri (Winnicott, 1984). Questo incrementa il rischio di esposizione ad atti di bullismo o altre forme di prevaricazione che, ai loro occhi, giustificano la tendenza al ritiro e al disinvestimento del corpo e delle emozioni. Per questo motivo l'aggressività manifesta verso familiari e curanti rappresenta un tentativo riuscito di connettersi alla realtà *dal vivo*, dove è possibile vedere un complesso emotivo inespresso che inizia a prendere forma anche nel corpo. Durante la terapia questo significa assistere a un'inversione di tendenza delle dinamiche di ritiro, con la ripresa della frequenza scolastica, di un'attività sportiva, o attraverso una neonata competenza a immaginarsi fisicamente sessualizzati. In ogni caso l'uso del corpo, i suoi movimenti, e qualsiasi espressione finalizzata all'interazione con l'esterno e veicolata dall'aggressività sono gli elementi che più dobbiamo osservare nel corso della relazione terapeutica. Essi rappresentano un parametro fondamentale per dare un significato alla rabbia e un nome alle emozioni.

In questo senso i **gruppi di riabilitazione** si sono mostrati un contenitore ideale pur con le naturali difficoltà, sorte nel passaggio dalla relazione duale con il PC a quella gruppale con soggetti coetanei. Durante i primi incontri la tendenza è stata quella di ricreare un rapporto *vis-à-vis* con la psicologa conduttrice, escludendo una dimensione relazionale allargata. Per molto tempo nessun livello di coalizione o complicità si è strutturato tra i pazienti, che cessavano qualsiasi interazione una volta terminata la seduta. Per alcuni mesi arrivavano presso il nostro ambulatorio quasi per forza di inerzia, fino alla comparsa dei primi cenni di legame emotivo espresso di solito sotto forma di *battute di spirito*, dove il piacere dell'ilarità diventa esperienza di benessere fisico e sfuggendo al controllo individuale risulta *condiviso*. È stato significativo per noi vedere due giovani pazienti che improvvisavano *una partita a carte* a cui si erano appassionati, aspettando l'inizio della seduta e dopo essersi ignorati per mesi. I gruppi sono condotti con lo scopo di favorire l'espressione dell'emotività che rappresenta il *focus* del percorso riabilitativo, essendo anche il principale anello di congiunzione tra mente e corpo. In questo caso, trattandosi di adolescenti, nessun fondamento teorico è più importante della competenza a riconoscere e a esprimere le emozioni, specialmente se rispecchiate all'interno di un gruppo di pari.

Con questi pazienti mai si è resa necessaria la somministrazione di **farmaci**; in questa scelta non ha inciso la giovane età ma il buon livello di collaborazione che essi hanno evidenziato con terapie di altra natura (psicologiche e occupazionali). È necessario evitare l'uso di antidepressivi per cercare di risolvere la tendenza al ritiro, perché in questo caso non siamo di fronte a una sindrome depressiva, ma a una tendenza antisociale. Lo stesso vale per i farmaci neurolettici e stabilizzatori, che non hanno un ruolo significativo perché la dissociazione opera più sul versante psicosomatico che sul versante puramente mentale e questo è un elemento protettivo rispetto al rischio di un crollo dell'identità verso la disgregazione. La somministrazione di ansiolitici in dosi quasi *pediatriche* può veicolare la nostra presenza, intesa come vicinanza, in momenti particolari della terapia dove l'ansia sociale diventa fobia.

Il ruolo dei **familiari** è fondamentale, sia perché di fatto attesta una presenza concreta, sia perché rappresenta, quando sono presenti entrambi i genitori, un tentativo di *comunicazione a tre* dove il terzo è inizialmente la terapia. Successivamente questa lascia spazio all'attivazione di nuovi canali comunicativi triangolari, regolarmente assenti nelle famiglie dei nostri pazienti, che sono sembrate capaci di comunicare solo con modalità duali. Le assenze scolastiche, assieme alle esplosioni di rabbia, sono in genere gli elementi di preoccupazione più eclatanti, perchè socialmente non accettati, ma sono anche l'evento che ha più probabilità di avvicinare i nostri pazienti ai loro genitori, provocando in essi le stesse reazioni e finalmente la stessa unità di intenti.

4.7.2 Pazienti non collaboranti

I pazienti che abbiamo definito *non collaboranti* non hanno a disposizione la possibilità di estroflettere l'aggressività, e risultano per nulla oppositivi, quasi *in balia* della relazione terapeutica, come se avessero *poco da difendere*. Per questo giocano meno al computer e in loro l'assenza apparente di aggressività ne indica un'introflessione che diventa uno scudo invalicabile per molte forme di scambio emotivo. Qui il ritiro sociale appare più grave e si configura come ritiro dalle relazioni e non come opposizione a una norma convenzionale. Si tratta di un comportamento *non sociale* che è diverso dal comportamento *antisociale*. La **psicoterapia** in questo caso deve essere orientata al mantenimento di un'organizzazione, prima ancora di essere pensata come reale strumento di cambiamento. La mancanza di contenuti conflittuali, che sono sostituiti da reciproci sentimenti di impotenza, porta a un impoverimento della relazione e questo comporta da parte nostra la capacità di sopravvivere alle *parti psicotiche* (Bion, 1967) della loro e della nostra personalità. In altre parole, il momento condiviso di massima impotenza o rabbia introflessa rappresenta anche la comunicazione affettiva più profonda, che diventa espressione di vicinanza e non di assenza reciproca. Le ore spese al computer non si strutturano in nulla che può far pensare a una specifica dipendenza, ma sembrano avere un fine esplorativo e conoscitivo fino a costituire l'unica forma di esperienza possibile. Il corpo quasi mai è sede di emozioni se non sotto forma di sintomi psicosomatici e non viene vissuto con intenzionalità e consapevolezza, come fosse *feticizzato* (Winnicott, 1971). La direzione della psicoterapia sarà quella di evitare che la dissociazione diventi *disgregazione*, prima ancora di promuovere qualsiasi forma di conflitto. Qui la competenza al conflitto e all'emotività non ha in questa fase un ruolo significativo, ma primari diventano il bisogno di coesione e il sentimento di vicinanza, che vuol dire accettazione di una presenza e quindi di una quota di realtà. In questi pazienti la paura degli altri diviene spesso persecuzione, senza possibilità di reazione a un trauma che spesso non viene verbalizzato.

Questi pazienti presentano difficoltà evidenti a prendere parte alle relazioni di *gruppo* e la loro partecipazione è vincolata a un supporto terapeutico individuale più serrato. La riabilitazione si presenta come un tentativo di rieducazione alla relazione con gli altri, prima di essere un'occasione per riattivare spontaneità ed emozioni. Le prime forme di partecipazione attiva si manifestano come espressioni di rabbia intensa e non come espressioni di un livello di aggressività permanente. Gli aspetti *schizoidi* sono inversamente proporzionali agli accessi rabbiosi e quindi possono essere considerati un'*inversione di tendenza*. Quando questo accade occorre prestare particolare cura alla continuità della funzione di contenimento, che viene messa a dura prova e necessita di essere alimentata attivamente.

Per questo motivo nel percorso terapeutico i **familiari** rappresentano un indispensabile elemento di sostegno, una sorta di *contenitore allargato*. Non dobbiamo però dare per scontata la loro presenza, perché i familiari dei nostri pazienti raramente costituiscono un nucleo aggregato. Non mi riferisco allo status giuridico (separazioni, divorzi, adozioni ecc.), ma al concetto di nucleo *emotivamente* aggregato da un'esperienza affettiva comunitaria. Questo sembra essere l'anello mancante, la consapevolezza di sentirsi parte di un insieme a tre e che appare evidente in quelle sedute di psicoterapia che necessitano di un confronto con i familiari, essendo peraltro molti dei nostri pazienti minorenni. Questi incontri si svolgono su uno sfondo di costante aggressività, allo stesso modo esplicita e negata. Il *gruppo dei familiari*, allargato a tutti i genitori e costituito per bisogno reciproco, nasce con la doppia funzione di incrementare la condivisione di pensieri comuni e acquisire la competenza a sopravvivere a dinamiche di gruppo. Non a caso i familiari che accettano di confrontarsi in gruppo promuovono dentro i figli elementi affettivi che muovono le relazioni e rendono di fatto le prognosi più favorevoli.

Il timore che i sintomi osservati e orientati al ritiro possano essere precursori di un'evoluzione psicotica ha reso possibile in qualche caso la somministrazione di basse dosi di **farmaci** ansiolitici e neurolettici, che si sono rivelati utili nel contenere crisi d'angoscia o spunti persecutori. Qui gli spunti persecutori non devono essere intesi come la base della formazione di un delirio, ma come unica possibilità di mantenere una comunicazione con la realtà. Sono quindi *a monte* del tentativo di ricostruzione delirante che segue un crollo psicotico e per questo, prima di essere contenuti, devono essere dotati di senso e interpretati. Con questi pazienti l'evoluzione e il cambiamento non passano attraverso la repressione degli spunti persecutori, bensì attraverso l'accettazione della *persecutorietà*. Stabilire quanti di loro evolveranno verso un esordio psicotico, facendo dell'abuso di internet un sintomo predittivo, è un dato da definire con cautela in considerazione di diverse variabili.

Bibliografia

Bion WR (1967) Second thoughts. Heinemann, London (ed. it. Armando Editore, Roma, 1970)
Bleuler E (1911) Dementia praecox oder gruppe der schizophrenien. In: Aschaffenburg G (1911) Handbuch der Psychiatrie, Deuticke, Leipzig und Wien (trad. ingl. International Universities Press, New York, 1950; trad. it. La Nuova Italia, Firenze,1985)
Boccara P, Faccenda N, Gaddini A, Riefolo G (2011) Gli ospiti inattesi. Note sugli stati del Sé e del breakdown psicotici. http://www.spiweb.it/index.php?option=com_content&view=article&id =1131: gli-ospiti-inattesi&Itemid=436. Accessed 15 February 2013
Bollas C (1999) The mystery of things. Routledge, London New York
Bromberg P (2007) Clinica del trauma e della dissociazione. Raffaello Cortina Editore, Milano
Charcot JM (1887) Leçons du mardi a la Salpêtrière. Polycliniques, Paris
Descartes R (1637) Opere (1637-1649). Bompiani, Milano (2009)
Ferro A (2007) Evitare le emozioni, vivere le emozioni. Raffaello Cortina Editore, Milano

Ferro FM, Riefolo G (1996) Le figure dell'isteria. Metis, Chieti
Ferro FM, Riefolo G (2006) Isteria e campo della dissociazione. Borla, Roma
Ferruta A (2011) Continuità e discontinuità tra narcisismo sano e patologico. Rivista di Psicoanalisi LVII 1:17-34
Freud S (1888) Isteria. In: Opere, vol. 1. Bollati Boringhieri, Torino (1966)
Freud S (1893) Meccanismo psichico dei fenomeni isterici. In: Opere, vol. 2. Bollati Boringhieri, Torino (1966)
Freud S (1896) Nuove osservazioni sulle neuropsicosi da difesa. In: Opere, vol. 2. Bollati Boringhieri, Torino (1966)
Freud S (1923) Nevrosi e psicosi. In: Opere, vol. 9. Bollati Boringhieri, Torino (1966)
Goldberg A (1999) La mente che si sdoppia. La scissione verticale in psicoanalisi e psicoterapia. Astrolabio, Roma
Griesinger W (1843) Die pathologie und therapie oder psychischen. Krankheiten, Stuttgart
Hegel GWF (1830) Fenomenologia dello spirito. Bompiani, Milano (2000)
Kraepelin E (1904) Trattato di psichiatria (ed. it. Vallardi, Milano)
Laplanche J, Pontalis JB (1995) Enciclopedia della psicoanalisi. Economica Laterza, Bari
Mitchell SA (1993) Speranza e timore in psicoanalisi. Bollati Boringhieri, Torino
Moccia G (2012) Essere due menti: processi dissociativi e strutture di soggettività. In: Candela R, Cappelli L, Carnaroli F et al Dissociazione scissione rimozione. Psicoanalisi contemporanea: sviluppi e prospettive. Franco Angeli, Milano, pp 116-126
Ogden TH (2001) Conversations at the frontiers of dreaming. Karnac, London
Riefolo G (2012) Scissione e dissociazioni nell'evoluzione del processo analitico. In: Candela R, Cappelli L, Carnaroli F et al Dissociazione scissione rimozione. Psicoanalisi contemporanea: sviluppi e prospettive. Franco Angeli, Milano, p 170
Tonioni F (2011) Quando internet diventa una droga. Einaudi, Torino
Young WC (1988) Psychodynamics and dissociation: all that switches is not split. Dissociation 1:33-38
Winnicott D (1958) Through pediatrics to psycho-analysis. Tavistock Publications, London (ed. it. Martinelli, Firenze, 1975)
Winnicott D (1971) Playing and reality. Tavistock Publications (trad. it. Gioco e realtà. Armando Editore, Roma, 1993)
Winnicott D (1984) Deprivation and delinquency. The Winnicott Trust, London (ed. it. Raffaello Cortina Editore, Milano, 1986)

Psicopatologia web-mediata 5

5.1 Introduzione

Correlare quanto detto sulla psicopatologia con l'attività di ricerca relativa all'internet addiction necessita di ulteriori riflessioni nel tempo. Qui abbiamo cercato di integrare la nostra idea di dissociazione con le possibili trasformazioni in atto sul funzionamento di mente e cervello, per come sono state evidenziate dalle ricerche scientifiche finora compiute.

Abbiamo organizzato questo capitolo raggruppando gli studi che hanno indagato la relazione tra internet e cervello secondo l'area neurofunzionale di riferimento (percezione, attenzione, memoria, pensiero e istintualità). Gli studi relativi all'area dell'affettività e dell'intelligenza sono stati inseriti rispettivamente nell'istintualità e nel pensiero, mentre il ruolo della coscienza riteniamo sia stato ampiamente dibattuto nella trattazione della dissociazione.

Le ricerche descritte e le considerazioni annesse sembrano evidenziare un *nuovo profilo cognitivo*, dove aumentano le capacità visuomotorie, ma anche la distraibilità a scapito della concentrazione operativa. Cambiano i modi e i tempi di lettura tra ipertesti e attività multitasking, cambia il rapporto tra memoria biologica e memoria di lavoro, così come il nostro modo di apprendere e di pensare. Gli istinti pervadono le relazioni con maggiori possibilità di essere scaricati online piuttosto che agiti nella realtà. Diminuisce la capacità di attendere e di mentalizzare le assenze a favore di un atteggiamento compulsivo che sembra quasi caratterizzare una *nuova normalità*, dove la tendenza sembra essere quella di vivere tutto il tempo possibile e qualsiasi esperienza al di là del loro vero significato.

5.1.1 Tecnologia e cervello

L'idea che la tecnologia digitale abbia un ruolo nella formazione dei nostri pensieri rappresenta il filo conduttore di molte ipotesi di ricerca con cui gli studiosi di diverse discipline stanno esplorando gli effetti di internet sul nostro funzionamento mentale e sui suoi processi cognitivi ed emotivi.

Sappiamo che ogni tipo di apprendimento provoca cambiamenti nel cervello e internet, poiché facilita l'accesso alle risorse educative, è una tecnologia destinata a trasformare il funzionamento della nostra mente. Stare online implica ripetere azioni molto simili tra di loro, perlopiù a grande velocità, e significa anche essere sottoposti a un flusso costante di stimoli/informazioni che coinvolgono i nostri sensi simultaneamente, in modo particolare la vista e l'udito. L'utilizzo di internet implica sia fornire risposte rapide agli stimoli che si presentano sullo schermo, sia ricevere rinforzi, feedback o ricompense che incoraggiano la ripetizione di determinate azioni fisiche e mentali.

Vista in questi termini, la rete funziona in modo non troppo dissimile da una "Skinner box", la famosa scatola utilizzata negli esperimenti sul condizionamento operante in psicologia generale, in cui il topo schiaccia una leva e ottiene una ricompensa; navigando in internet clicchiamo utilizzando il mouse e otteniamo rapidamente risposte, informazioni, sms e altro, dimenticando spesso quanto succede intorno a noi, perché all'interno di uno stato dissociativo transitorio. Questo assorbimento nel medium internet è collegato alla velocità e alla quantità di stimoli che tale strumento è in grado di inviare simultaneamente: finiamo per restare inchiodati alla rete.

D'altra parte, internet ha conseguenze psicologiche sul nostro cervello non solo perché ci impegna in determinate attività, ma anche perché non ci impegna in determinate altre attività, dato che il nostro corredo neuronale si modifica in base alle attività fisiche e mentali nelle quali lo coinvolgiamo.

McLuhan (1986) affermava che i medium ci cambiano e cambiano il nostro modo di pensare e di agire, e che quindi possono modificare il funzionamento della mente. Rispetto ad allora e alla celebre frase "il medium è il messaggio", oggi possediamo gli strumenti scientifici per dimostrare empiricamente tale idea e le neuroscienze ci stanno fornendo una serie di dati sul funzionamento plastico del cervello grazie ai quali diventa possibile studiare le trasformazioni cui va incontro attraverso l'esperienza, in direzione sia funzionale sia disfunzionale.

5.1.2 Studio di internet e delle neuroscienze

Dalle neuroscienze sappiamo che il cervello umano è *plastico* e quello di un bambino ancora di più, e che una vasta gamma di esperienze quotidiane possono cambiarne le connessioni neuronali e le funzioni.

In un esperimento (Small et al., 2009) che utilizzava scansioni dell'attività cerebrale di pazienti di mezza età e anziani in risposta all'utilizzo di un motore di ricerca su internet, è stato evidenziato come le tecnologie digitali stiano di fatto cambiando i nostri cervelli, aumentandone l'attività in diverse regioni. Lo studio ha reclutato 24 individui, divisi in due gruppi a seconda della loro familiarità con gli ambienti digitali e di ricerca su internet, esplorando con tecniche di neuroimaging i cambiamenti della loro attività cerebrale mentre svolgevano diversi compiti. Attraverso le scansioni sono state individuate differenze significative di attività cerebrale nella regione del lobo frontale sinistro (nello specifico, nelle regioni frontali, nel cingolato anteriore e nell'ippocampo) tra soggetti pratici di PC e soggetti novizi. I ricercatori hanno suggerito che la ricerca su internet possa alterare la reattività del cervello nei circuiti neurali che controllano i processi decisionali e i ragionamenti complessi. L'esperimento ha poi evidenziato che, attraverso l'uso del computer (dopo appena 5 ore), i novizi mostravano un'attività progressivamente simile agli esperti, in altre parole avevano già *riprogrammato* il cervello.

Variazioni dell'attivazione neurale in regioni diverse possono essere previste in qualsiasi attività di apprendimento. Ripetendo un'attività fisica o mentale, modifichiamo alcuni circuiti del nostro cervello, rafforzandoli e costruendo mano a mano un'abitudine (Doidge, 2007).

La *neuroplasticità* rappresenta il modo con cui, nel nostro cervello, possiamo costruire le abitudini, le stesse che, grazie ai circuiti sviluppati, desideriamo mantenere. Il meccanismo deputato all'apprendimento, al cambiamento e allo sviluppo è lo stesso che può portare alla fissità e alla patologia: è come se i nostri neuroni fossero indotti a costruire circuiti, ma anche a mantenerli nel tempo e, quindi, nei casi di apprendimento di adattamenti disfunzionali o patologici, la mente si allena a mantenerli. Per questo molte forme di dipendenza si aggravano con il ripetere determinati comportamenti e pensieri annessi, rafforzando percorsi neurali specifici e favorendo quei processi di cronicità ben noti in campo clinico.

In altre parole, "gli strumenti che usiamo per scrivere, leggere, manipolare in altro modo le informazioni lavorano sulla nostra mente, mentre la nostra mente lavora con essi" (Carr, 2011, p 65) e gli studi sulla neuroplasticità cominciano a fornirci delle chiavi di lettura per spiegare come gli strumenti tecnologici usati dall'uomo per estendere il suo sistema nervoso, ne modellino la struttura biologica, rinforzando determinati circuiti neurali e indebolendone altri.

5.2 Percezione

La percezione è il processo mentale grazie al quale viene riconosciuta la natura di un oggetto. Grazie a questo processo cognitivo le qualità di uno stimolo vengono integrate con i dati di memoria, attraverso quattro elementi: la ricezione di uno stimolo esterno, la registrazione, l'elaborazione primaria (riorganizzazione e integrazione dei dati) e l'attribuzione di un significato. La funzione percettiva può essere studiata secondo la differenziazione in due momenti fondamentali: 1) secondo una linea di causalità neurofisiologica e quindi basandosi sulle caratteristiche dello stimolo che è all'origine della sensazione, le modificazioni fisico-chimiche della membrana recettoriale e la traduzione in impulsi elettrici che attraverso le vie nervose e le reti neuronali raggiungono le aree corticali del sistema nervoso centrale; 2) secondo una linea specificatamente psicologica, e quindi comprendendo altre funzioni psichiche, come l'apprendimento, la memoria, le rappresentazioni, l'affettività, l'attenzione (Sarteschi e Maggini, 1982).

Jaspers (1965) distingue la percezione dalla rappresentazione, intesa invece come riattivazione di esperienze percettive passate, in assenza degli stimoli sensoriali che ne erano all'origine. Le percezioni hanno carattere di concretezza e obiettività, vengono inquadrate e integrate nei parametri spazio-temporali, hanno contorni precisi ed evidenti, hanno carattere costante (nel senso che si continua a percepire ciò che è intorno anche se l'interesse si volge a qualcosa di diverso), non dipendono dalla volontà né possono essere create e modificate a piacere. Le rappresentazioni, invece, sono un evento del tutto interiore, hanno carattere di soggettività e si collocano nello spazio interno rappresentativo, sono spesso imprecise, vaghe e incostanti (se l'attenzione e l'interesse si riducono le rappresentazioni tendono a scomparire), sono dipendenti dalla volontà e possono essere create e modificate a piacere.

Fisiologicamente il processo rappresentativo è indispensabile a quello percettivo e la percezione a sua volta non corrisponde mai a una semplice trascrizione dei caratteri oggettivi della realtà esterna. Solo per mezzo delle rappresentazioni fondate su un'esperienza appresa siamo in grado di stabilire un collegamento con ciò che percepiamo del mondo esterno e ciò che viene percepito, dunque, è costituito da alcuni dati provenienti dalla realtà, ma da un maggior numero di elementi rappresentativi interni.

5.2.1 Internet, percezione e videogiochi

Da un punto di vista percettivo, internet è una fonte di stimoli continua, rapida e multimodale. Stare davanti a un PC connesso significa essere sottoposti a una vera *tempesta sensoriale*, capace di saturare le nostre risorse attentive con effetti di assorbimento e conseguente potenziale esclusione di stimoli esterni, provenienti dal mondo reale, e di stimoli interni (quali fame, sete e altri stimoli biologici).

La rete fornisce un flusso continuo di stimoli che affluiscono alle cortecce visive, uditive e somato-sensoriali e stimola i nostri sensi (soprattutto vista e udito) a scapito dell'olfatto, del gusto e del contatto fisico con l'altro.

La ricerca scientifica ha esplorato le potenziali conseguenze sulla percezione e sulle abilità motorie legate alla diffusione dei videogiochi.

Un'ipotesi che è stata testata è quella secondo cui i videogiochi aumenterebbero le capacità attentive visuali delle persone: in altre parole, i videogiocatori dovrebbero saturare la loro capacità attentiva visuale più lentamente rispetto ai non-videogiocatori. In effetti, a livelli di complessità a cui i non-videogiocatori hanno da tempo esaurito le loro risorse attentive e percettive, i videogiocatori presentano sufficienti risorse per eseguire il compito ed evitare i distrattori. L'idea che questa popolazione di individui possieda capacità attentive visuali e percettive maggiori è confermata, anche se non appare ancora chiaro se l'aumentata capacità di processare le informazioni nel tempo sia dovuta a una maggiore velocità nell'analisi delle informazioni o a un'incrementata abilità di mantenere aperte diverse finestre attentive in parallelo (Green e Bavelier, 2003).

Nel 2006 gli stessi ricercatori (Green e Bavelier, 2006) hanno studiato la capacità di elaborazione visiva dei giocatori rispetto ai non-giocatori, cioè la capacità di tenere l'attenzione su oggetti che si muovono in maniera indipendente. I soggetti che hanno partecipato allo studio erano giovani (18-23 anni) che avevano giocato con un videogioco d'azione per almeno tre o quattro giorni alla settimana nei sei mesi precedenti. È emerso che questi erano in grado di indicare oggetti che si muovono in modo casuale su uno schermo con più precisione rispetto a chi non gioca, manifestando una maggiore capacità di attenzione visiva, un miglioramento dell'attenzione spaziale nel campo visivo e una migliore elaborazione temporale delle informazioni visive (vale a dire che i giocatori hanno mostrato meno deficit di attenzione al verificarsi di molti eventi in rapida successione).

Dati come questi, provenienti da studi correlazionali, tuttavia, non chiariscono la direzione di tale associazione: è possibile che le persone con buone capacità di rilevamento siano più abili nei videogiochi d'azione e, pertanto, più propense a trascorrere il loro tempo dediti a questi giochi. Tale autoselezione potrebbe avere anche basi biologiche, dal momento che ricerche recenti dimostrano che la velocità con cui gli individui migliorano in un videogioco può essere stimata in base alle dimensioni del loro striato dorsale, una regione associata alla flessibilità cognitiva (Erickson et al., 2010).

In un ambito più specifico è stata valutata l'attenzione visiva in diversi compiti, testando i partecipanti (bambini e adolescenti) in una semplice attività di ricerca visiva, in un'attività più complessa in cui molti oggetti in movimento devono essere localizzati contemporaneamente e nella loro capacità di riallocare le risorse di attenzione una volta che erano state assegnate a un compito. I risultati hanno mostrato che i giovani giocatori eseguono più velocemente tali mansioni rispetto ai non-giocatori, ottenendo risultati che i non-giocatori possono ottenere solo da adulti (Dye et al., 2009).

Tuttavia, va ricordato che le attività per cui sono stati studiati gli effetti dei videogiochi sono di solito computer-based e, cioè, che l'esperienza nel videogioco predice le prestazioni di navigazione in un ambiente virtuale, ma non sembra correlata a capacità di navigazione in ambienti reali. Sembra, infatti, che i videogiochi possano migliorare le attività che combinano rapide risposte motorie con l'elaborazione visiva (capacità visuomotorie), ma in ambienti di piccole dimensioni (Richardson et al., 2011).

In generale, come confermano studi su programmi controllati, è stato scoperto che dieci ore di training con un videogioco d'azione migliorano l'attenzione spaziale e le donne sembrerebbero beneficiare più degli uomini di questo training (McCarley et al., 2004).

Gli effetti del training sono stati studiati anche rispetto alla sensibilità al contrasto, definita come la capacità di rilevare piccoli incrementi in toni di grigio su sfondo uniforme. È stata trovata una maggiore sensibilità tra gli abituali giocatori e un miglioramento percentuale nella sensibilità al contrasto anche nei non-giocatori quando sottoposti a training (Caplovitz e Kastner, 2009).

La relazione tra videogiochi e incremento delle abilità visuomotorie appare, in realtà, molto più complessa di quanto i dati sopra esposti possano far pensare. Esistono condizioni di contorno che rendono efficaci i videogiochi nel migliorare alcune capacità e piccole differenze procedurali potrebbero avere effetti specifici sui risultati. I training con i videogiochi non sempre possono garantire il miglioramento nel realizzare determinati compiti complessi anche al di fuori del laboratorio e sembra che solo i videogiochi d'azione riescano più costantemente a migliorare le competenze visuomotorie e a determinare risultati trasferibili al di là dei videogiochi stessi (Boot et al., 2008).

In termini generali, i videogiochi d'azione allenano i partecipanti a prendere decisioni migliori circa la probabilità dei risultati sulla base dell'esperienza precedente. Essi non sembrano migliorare la capacità di valutare consapevolmente e di riflettere su elementi di prova, ma aumentano la capacità di valutare in modo automatico un ambiente sensoriale. Dato che raramente i videogiochi d'azione ripetono esattamente la stessa situazione, l'apprendimento in tale contesto incoraggia un miglioramento della rapidità e della precisione nell'imparare le statistiche in tempo reale e accumulare queste conoscenze in modo più efficiente.

5.3 Attenzione

L'attenzione è la funzione preposta alla selezione dei compiti e degli stimoli, nonché all'elaborazione degli stessi; consiste nella capacità di mettere a fuoco contenuti soggettivi e oggettivi specifici in relazione al proprio stato di coscienza. All'attenzione viene attribuita una funzione molto importante nella regolazione e nella coordinazione dell'attività mentale e del comportamento, in quanto tale funzione guida i processi di frammentazione e successiva riconnessione del flusso informativo, favorendo e incanalando impressioni e idee che destano interesse mentre inibisce le altre (Sarteschi e Maggini, 1982). L'attenzione è volontaria, quando è il soggetto a focalizzare la propria attenzione su un evento interno o esterno, involontaria quando un oggetto attrae l'attenzione del soggetto senza che vi sia da parte di questo uno sforzo consapevole. Più elevato è il grado di attenzione volontaria, tanto minore sarà quello dell'attenzione involontaria (Sims, 2004).

Escludendo le alterazioni di tipo quantitativo (iperprosessia e ipoprosessia), i disturbi dell'attenzione che non sono da mettere in relazione con lesioni cerebrali vengono distinti in *distraibilità*, quando l'attenzione è facilmente distolta da stimoli anche di bassa intensità, e in *difficoltà di concentrazione* quando è presente una ridotta capacità di mantenere nel tempo un'attenzione adeguata.

5.3.1 Internet e processi attentivi

La ricerca su internet e i processi attentivi ha avuto un notevole sviluppo, sia in funzione dello studio delle potenzialità di apprendimento che la rete sembra aprire, sia in funzione dei rischi che tale tecnologia potrebbe portare in termini di diminuzione delle capacità attentive e della concentrazione, con maggiore distraibilità.

Come ci ricorda Carr (2011, p 84) "la condizione normale del cervello umano, come quella dei cervelli della maggior parte degli animali, è la distrazione". Siamo naturalmente portati a spostare lo sguardo e la nostra attenzione in perlustrazione dell'ambiente, alla ricerca di segnali significativi di cambiamento e, proprio per questo, stimoli ripetuti privi di alterazioni entrano a far parte dello sfondo della nostra percezione, finendo per essere ignorati.

Attraverso il suo modo di funzionare e le sue richieste, internet fornisce un tipo di allenamento che si avvicina molto più alla distrazione che alla concentrazione. Infatti, le sue caratteristiche in termini di stimolazione sensoriale, in particolare la velocità, appaiono in sintonia con il nostro modo di funzionare predisposto alla distrazione. Gli stimoli si susseguono rapidamente, le parole sono accompagnate da suoni e da immagini spesso cangianti che catturano l'attenzione. Per fare un esempio, la scritta *Google* compare ogni giorno con caratteristiche grafiche diverse. I link, con le loro brevi indicazioni verbali, stimolano a entrare e a uscire dai testi, rendendo meno accattivante l'azione di soffermarsi sulla loro interezza. I contenuti appaiono spezzettati e questa loro caratteristica rende più difficile il lavoro proprio della concentrazione e della riflessione sul testo.

In rete sembra venir meno quell'immersione totale nel testo che i libri tipicamente stimolano, quello stato mentale che caratterizza la lettura assorta e che crea un forte rapporto tra lettore e libro.

Sappiamo che la lettura in senso classico facilita la capacità di prestare attenzione in modo continuativo e tale sforzo consapevole, che può essere allenato, è alla base della capacità riflessiva e di elaborazione. I libri agevolano una forma di concentrazione nel tempo e di assorbimento nel testo di tipo lineare, che favorisce la capacità di prestare attenzione a un'unica cosa con la necessaria continuità: scorriamo le righe del testo da sinistra a destra, dall'alto in basso e pagina dopo pagina. Anche internet usa la comunicazione scritta per condividere informazioni e contenuti, ma la configurazione del testo appare diversa, trattandosi di un *ipertesto*.

Dal punto di vista dell'attenzione, la rete catalizza il nostro interesse e, al tempo stesso, lo disperde. Siamo concentrati sullo schermo, ma distratti dagli stimoli continui che si succedono al suo interno.

L'assorbimento che accompagna l'uso di internet sembra avere caratteristiche diverse dalla lettura concentrata, perché assomiglia a una *distrazione costante* più che a una *concentrazione continua* e questo probabilmente è uno dei motivi per cui una connessione prolungata può favorire alcune forme di dissociazione mentale.

5.3.2 Leggere in internet

L'apprendimento legato ai libri sembra essere diverso da quello mediato da internet, dove l'assimilazione dei contenuti non avviene più tramite lettura delle pagine da sinistra verso destra e dall'alto verso il basso, ma saltellando qua e là alla ricerca di informazioni di proprio interesse (Tapscott, 2008).

Il mondo del web è un ambiente in cui viene favorita la lettura rapida delle pagine, dove le persone tendono a cliccare velocemente su contenuti e immagini e la tipologia di lettura non sembra quella che regola l'apprendimento che si acquisisce attraverso i libri, ma favorisce il pensiero distratto, il rapido passaggio da un concetto a un altro e un apprendimento di superficie, in cui vengono a mancare l'approfondimento critico e l'elaborazione dei contenuti (Carr, 2011).

Lo *schema di lettura F* rappresenta un comportamento di ricerca visuale tipico del web, dove le persone sono solite leggere tutta la prima riga (o le prime due, tre righe) di un documento o di una pagina, per poi leggere sempre meno le righe seguenti, scegliendole in modo casuale o saltando in basso nella parte sinistra. La parte destra dello schermo è quasi sempre ignorata. Al contrario, nella ricerca di un'immagine in mezzo ad altre sembra prevalere un procedimento casuale in cui ci si muove all'interno della pagina, utilizzando anche la visione periferica (Nielsen, 2006; Shrestha e Lenz, 2007).

I dati di ricerche come queste rinforzano l'importanza della concisione nello scrivere testi online e documentano come la lettura si stia modificando in modi che sembrano influire sulla percezione degli stimoli, sulla capacità attentiva e, da ultimo, sull'apprendimento.

Anche i *tempi di lettura* sembrano essersi modificati: le persone si soffermano sulla maggior parte delle pagine web per meno di dieci secondi (Nielsen, 2006), un tempo nettamente inferiore a quello richiesto per la lettura sistematica di tutti i contenuti presenti in una pagina. Questo ha ripercussioni in termini di approfondimento del testo, concentrazione e memoria: la lettura approfondita e la concentrazione diventano più difficili, perché la necessità di muoversi in un ambiente digitale fatto di link e di scegliere tra i diversi stimoli, richiede coordinazione mentale e capacità decisionale a discapito del lavoro di interpretazione delle informazioni. Leggiamo velocemente e decidiamo dove indirizzare l'attenzione (funzioni esecutive della corteccia prefrontale), spesso senza consapevolezza, e questo interviene sui meccanismi deputati alla comprensione e alla memorizzazione. Del resto caratteristiche come l'interattività, la non-linearità, l'immediatezza di accesso, la presenta di immagini e dell'audio sono aspetti che la letteratura tradizionale non possiede (Liu, 2005).

Nell'era digitale le persone leggono di più e anche una quantità maggiore di cose, documenti, libri e articoli. Il tempo dedicato alla lettura è aumentato, ma, essendo anche aumentati i canali di informazione, è diminuito il tempo dedicato a ciascun mezzo. Per fare un esempio, ogni documento su internet possiede circa nove link e la velocità della sua lettura è proporzionale alla tendenza immediata a passare al link successivo che, in quel momento, attira maggiormente l'attenzione. La lettura sullo schermo può essere definita *non lineare*, una lettura selettiva diversa da quella esaustiva e profonda caratteristica dei libri. La maggior parte delle persone, come abbiamo accennato, legge solo le prime righe di un documento e decide se questo può essere di suo interesse, non "scende" nella pagina alla ricerca di altri contenuti, come fosse impedito a fermarsi.

In una recente ricerca circa l'80% dei giovani ha dichiarato che preferisce leggere un testo digitale piuttosto che cartaceo, ma il 68% ha anche affermato di ricordare meglio le informazioni quando ha fisicamente in mano un libro o un articolo, utilizzati per lo studio (Ramirez, 2003).

A differenza di quanto si pensava in passato, sembra inverosimile che i documenti digitali sostituiscano completamente la carta stampata. Ciascun mezzo sembra avere le sue proprietà che sono ricercate dagli individui in modo attivo: per compiti di ricerca e informazione generale è preferita la navigazione online, mentre per la lettura profonda e lo studio di un testo, quando è necessario un effettivo apprendimento delle informazioni, si preferisce la versione stampata degli stessi documenti (Liu, 2005).

Le ricerche continuano a mostrare che chi legge testi lineari comprende di più, ricorda e impara meglio rispetto a chi legge testi disseminati di link (Carr, 2011, p 156).

5.3.4 Attenzione e giochi al computer

Dati interessanti sulla relazione tra internet, attenzione e apprendimento provengono dallo studio dei giochi al computer.

Un'ipotesi che è stata formulata è quella per cui televisione e giochi al computer possano interferire con lo sviluppo delle capacità di attenzione richieste in classe, riducendo la concentrazione in compiti meno interessanti e che non comportano cambiamenti e stimoli rapidi (Christakis et al., 2004; Johnson et al., 2007; Zimmerman e Christakis, 2007; Bioulac et al., 2008; Courage e Howe, 2010).

È stato perfino suggerito un collegamento tra l'aumento della diagnosi di disturbo da deficit di attenzione-iperattività (ADHD) e il boom dei videogiochi (Acevedo-Polakovich et al., 2007).

Assodato l'alto livello di interattività e l'impegno cognitivo conseguente, i giochi digitali online, che rappresentano una delle attività più amate da bambini e adolescenti, non sembrano poter insegnare quel tipo di concentrazione che ha a che fare con il mantenere l'attenzione in classe e in contesti simili.

A conferma di tale ipotesi, uno studio longitudinale statunitense ha registrato il comportamento riferito da genitori e bambini sull'esposizione alla televisione e ai videogiochi. Come misura dei problemi di attenzione, lo studio ha invitato gli insegnanti a segnalare le difficoltà dei bambini nello svolgimento dei compiti e il gioco digitale è stato associato a un rischio maggiore di sviluppare difficoltà rispetto alla televisione. In particolare, è stato rilevato che coloro che superavano le due ore di tempo passato davanti a TV o PC avevano più probabilità di presentare difficoltà specifiche (Swing et al., 2010).

5.3.5 Attenzione e multitasking

La ricerca ha esplorato poi l'effetto del *multitasking* sull'attenzione e, di conseguenza, sui processi cognitivi che da essa dipendono, memoria e apprendimento.

In quest'epoca saturata da media e informazioni, il multitasking è già un fenomeno prevalente, specialmente tra i giovani. Il termine multitasking si riferisce alla possibilità di partecipare a due o più attività digitali in parallelo: per esempio, navigare online e contemporaneamente inviare un sms. Da un punto di vista tecnico si tratta di un'operazione semplice, da un punto di vista biologico di un'operazione complessa e la ricerca ha evidenziato che, nonostante la tecnologia possa sostenere l'apprendimento, alcune applicazioni, che stimolano il multitasking, possono costituire una distrazione. È stato evidenziato che studenti adulti che fanno un uso intenso di sms sono distratti da tale uso e che il multitasking non sembra migliorare la capacità di spostare l'attenzione tra i vari compiti, influendo sul loro apprendimento (Howard-Jones, 2011).

Gli individui con condotte multitasking croniche hanno maggiori difficoltà nell'ignorare gli stimoli poco significativi, sono meno capaci di tenere da parte le rappresentazioni irrilevanti nella memoria e sono meno abili nel sopprimere l'attivazione di attività secondarie. Queste persone sono distratte dai media che utilizzano, mentre, viceversa, coloro che non hanno condotte di multitasking frequenti sono maggiormente in grado di orientare la propria attenzione in maniera volitiva (Ophir et al., 2009).

Navigare su internet richiede alla nostra mente di lavorare su più fronti e le nostre capacità attentive possono risentire negativamente dei cosiddetti "costi di commutazione". In altre parole, lo spostamento dell'attenzione da un compito all'altro esige una serie di processi cognitivi che lo accompagnano. Cambiare compito comporta una sorta di aggiornamento degli schemi cognitivi e delle regole procedurali e il cervello nel cambiare obiettivi richiede del tempo perché l'assetto collegato a ogni attività precedente interferisce cognitivamente sull'implementazione di una nuova attività. È come se il cervello avesse bisogno di *resettare* prima di essere di nuovo coinvolto.

La ricerca in psicologia ha evidenziato come la nostra abilità nell'assolvere a diversi compiti contemporaneamente sia, nella migliore delle ipotesi, limitata e, nella peggiore, effettivamente impossibile. Un modello che si muove in questa direzione, per esempio, è il "limited capacity model" di Annie Lang, sviluppato nel 2000, che sottolinea la progressione passo per passo dei processi cognitivi coinvolti nell'analisi delle informazioni e illustra i meccanismi consci e inconsci che determinano quali informazioni siano selezionate e codificate (Lang, 2000).

In uno studio più specifico è stato proposto a due gruppi di studenti di ascoltare la stessa lezione e alla fine è stata testata la loro capacità di apprendimento. La condizione di multitasking è stata costruita consentendo solo al gruppo sperimentale di usare il computer portatile per effettuare navigazione, ricerche e comportamenti sociali, mentre il gruppo di controllo non poteva usare il PC. L'ipotesi alla base di questa ricerca, ovvero che gli studenti con il computer in uso avrebbero ottenuto risultati significativamente inferiori rispetto a quelli appartenenti al secondo gruppo e che la diminuzione della memoria e della capacità di apprendimento sarebbe stata indipendente da qualsiasi attività secondaria svolta, è stata confermata (Hembrooke e Gay, 2003). Anche in precedenza è stato indicato come sessioni di navigazione intense e continuate generino uno stato di distrazione continuativa e abbiano conseguenze negative sull'apprendimento e sulle performance scolastiche (Grace-Martin e Gay, 2001).

5.3.6 Attenzione e multimedialità

Negli ultimi anni i media, andando contro quelle che erano considerate le regole dell'elaborazione delle informazioni, hanno costruito dei format che chiedono agli utenti di prestare attenzione a più input contemporaneamente: le "Headline News" della CNN, per esempio, presentano icone su previsioni del tempo, risultati sportivi, quotazioni della borsa e notizie che compaiono sul nastro scorrevole a fondo schermo, contemporaneamente alla presenza del giornalista che legge le notizie in stile tradizionale. Questa modalità di presentazione dei contenuti è in linea con quanto accade in una pagina online. In termini teorici, messaggi simultanei richiederebbero quella che è stata definita una processazione parallela delle informazioni. Tale nozione è antitetica rispetto all'idea di attenzione così come l'abbiamo sempre intesa, cioè come una capacità fortemente legata a un sistema gerarchico di selezione dei processi (Bergen et al., 2005)

La ricerca nell'ambito della comunicazione e la psicologia cognitiva sono state chiare circa la nozione di processazione parallela delle informazioni: gli esseri umani hanno scarse capacità di assolvere a tale compito. Quando poi le informazioni differenti arrivano a canali sensoriali diversi (per es. canale visivo e canale uditivo) le scarse capacità diventano insufficienti.

In un saggio del 1990 Robert Pitman suggeriva che, a differenza delle vecchie generazioni, la nuova *generazione x* (per intenderci, gli adolescenti degli anni Novanta) aveva la capacità di analizzare e processare input provenienti da diverse fonti simultaneamente, cioè aveva appreso l'abilità di processare le informazioni con processi paralleli complessi (Pitman, 1990).

Un'ipotesi alternativa all'idea dell'analisi parallela delle informazioni ipotizzata da Pitman è quella del raggruppamento percettivo: è cioè possibile che alcuni format siano caratterizzati da una struttura semantica superordinata che permetterebbe agli spettatori di assorbire più facilmente differenti messaggi provenienti da diverse fonti. Gli individui, cioè, possono applicarsi nel riconoscimento delle informazioni provenienti da diverse fonti qualora queste siano percepite come parti di un unico, coerente messaggio. Si parla in questo caso di raggruppamento percettivo delle informazioni (Treisman, 1982): i diversi messaggi sarebbero combinati tra di loro attraverso un procedimento semantico per raggiungere un insieme olistico che richiederebbe minori risorse per essere ricevuto e analizzato.

Nonostante ciò i nativi digitali non sembrano più complessi nell'attenzione; non è presente, infatti, alcun risultato che suggerisca che i giovani possano allocare le proprie risorse attentive in maniera più efficiente rispetto a quanto suggerito dai tradizionali filoni di ricerca ed è chiaro che la processazione parallela delle informazioni non si verifica a causa della discordanza dei messaggi e della loro complessità.

Come sottolineato da Carr (2011) "la divisione dell'attenzione richiesta dai prodotti multimediali affatica ulteriormente le nostre facoltà cognitive, riducendo le capacità di apprendimento e indebolendo la comprensione" (p 158) e forse "accettiamo volentieri la perdita di concentrazione, lo sparpagliarsi della nostra attenzione e la frammentazione dei nostri pensieri, in cambio dell'abbondanza di informazioni interessanti, o almeno divertenti, che riceviamo" (p 163).

5.4 Memoria

La memoria è il meccanismo che permette all'uomo di fissare, conservare e rievocare esperienze e informazioni sia acquisite sia derivate da pensiero ed emozioni. La memoria contribuisce alla continuità dell'esperienza fornendo le basi di ciò che succede quotidianamente nella realtà.

Nel processo di formazione della memoria sono stati distinti due stadi: la memoria *a breve termine* (o *primaria*), stadio durante il quale si formano le tracce mnesiche, che però non vengono consolidate, e la memoria *a lungo termine* (o *secondaria*), fase nella quale le tracce si consolidano così da poter perdurare nel tempo.

La memoria primaria è un centro di raccolta temporanea dove le tracce mnesiche sostano per il tempo necessario alla loro trasformazione in codici mnesici più duraturi (Sarteschi e Maggini, 1982). Tuttavia la memoria primaria va intesa come una funzione molto più complessa e dinamica di un semplice contenitore di informazioni, perché proprio per mezzo di essa gli elementi derivanti dall'esperienza presente vengono integrati con elementi richiamati dalla memoria secondaria, in base a ciò che è più adatto in una data situazione. La capacità di apprendimento e la durata della memorizzazione di un certo materiale sembrano dipendere dalla ripetizione del materiale stesso, dalla possibilità di stabilire delle associazioni tra i vari elementi che lo costituiscono e dall'affettività del soggetto.

Si distingue una memoria procedurale, implicita e inconscia, che riguarda facoltà come le abilità motorie e la struttura grammaticale, da una memoria dichiarativa, esplicita.

I disturbi della memoria possono essere di tipo quantitativo o qualitativo. Quelli quantitativi includono: ipermnesia (aumento permanente o transitorio), ipomnesia (diffuso e progressivo indebolimento), amnesia (perdita di memoria definita anterograda o retrograda a seconda che riguardi eventi successivi o precedenti l'evento). I disturbi di tipo qualitativo sono definiti paramnesie e comprendono le illusioni della memoria (deformazioni delle informazioni precedentemente registrate) e le allucinazioni della memoria (falsi riconoscimenti e falsi ricordi).

5.4.1 Internet come deposito della memoria

L'avvento dei PC e della rete ha posto seriamente la questione della memorizzazione: se con un *clic* possiamo disporre di informazioni archiviate e depositate nella grande "memoria" di internet, allora memorizzare può diventare una perdita di tempo. I database forniscono dei depositi di memoria che risultano più ampi e più facilmente accessibili della memoria biologica. La cosiddetta *memoria al silicio* offre la straordinaria opportunità di immagazzinare e raccogliere, in un unico luogo, informazioni e idee, rendendole accessibili a tutti e a portata di mano. Una tale concentrazione del sapere fa di internet una biblioteca integrata e *democratica* del sapere.

Tuttavia, questo punto di vista rischia di trascurare il fatto che la memoria non è soltanto un processo accumulativo di dati e di conoscenze, ma rappresenta un'attività del pensiero complessa e ricca di sfumature, infatti "l'arte del ricordo è l'arte del pensiero" (James, 2003). Questo conferma che la memoria biologica non funziona come il disco fisso del PC, dove registriamo dati che restano stabili nel tempo e dove ciò che cambia è solo l'*ampiezza* dello spazio disponibile.

La metafora del cervello come computer, cara alla psicologia cognitiva degli anni Sessanta-Settanta, è stata con il tempo ridimensionata nelle sue proprietà euristiche e non sembra adattarsi neanche allo studio della memoria: il cervello non è un computer.

La fantasia che internet possa costituire una memoria non soltanto più capiente del cervello, ma anche sostitutiva dell'attività di memorizzazione, corre il rischio di farci dimenticare che i processi mnesici sono processi biologici vitali e in continuo mutamento, diversi dalla semplice registrazione di parole, immagini e suoni.

5.4.2 Memoria biologica

Gli studi di Kandel (2010) hanno dimostrato che la formazione di ricordi a lungo termine implica modificazioni biochimiche e anatomiche, che comportano cambiamenti nel numero delle sinapsi in base all'apprendimento, processo che implica la crescita e il mantenimento di nuove terminazioni sinaptiche e l'attivazione di determinati circuiti neurali a scapito di altri.

Più specificatamente, la memoria a breve termine produce cambiamenti nella funzione delle sinapsi, mentre quella a lungo termine comporta anche variazioni anatomiche e l'attivazione di geni, in risposta a stimolazioni ambientali.

La maggior parte dei contenuti della memoria a lungo termine è rappresentata da ricordi al di fuori della nostra coscienza. A sua volta, la memoria a lungo termine non è più concepita come un magazzino con una capienza più o meno limitata, una biblioteca della mente in cui cercare le informazioni immagazzinate, ma parte attiva dei processi cognitivi complessi, come il pensiero e il problem solving. Essa ha un ruolo attivo nella costruzione di quegli schemi concettuali che permettono alla nostra coscienza e al nostro pensiero di apprendere e di approfondire le loro conoscenze.

La costituzione della memoria implicita, che si basa su un'attività consolidata e di cui non si ha consapevolezza, così come della memoria esplicita, che invece prevede uno sforzo di richiamo cosciente, implica processi di consolidamento in cui sono coinvolte strutture cerebrali in dialogo tra loro, in particolare corteccia e ippocampo.

Molte connessioni tra i ricordi, infine, vengono costruite nel sonno ed è probabile che i sogni siano coinvolti in questi processi di consolidamento della memoria esplicita e di organizzazione coerente della stessa. Quando dormiamo, eventi neurali che avvengono nell'ippocampo aiutano a coordinare la riattivazione di tracce mnesiche diurne, permettendo di riprodurre nella corteccia le attività che hanno caratterizzato tali esperienze. Questi processi sembrano avere l'importante funzione di *fissare* i nostri ricordi e di migliorare la nostra capacità di *rievocazione*. Il sonno regolare e sufficiente è essenziale al cervello per imparare in modo efficiente e questo è un altro motivo del perché un uso prolungato e soprattutto notturno di internet, alterando il ritmo del sonno, può influire negativamente sulla memoria.

La differenza tra memoria biologica e informatica è evidente se si considera che la memoria biologica a lungo termine è un processo creativo e che la sua formazione e il suo mantenimento hanno a che fare con la costruzione di connessioni tra neuroni, regolate da segnali biologici, chimici, elettrici e genetici, mentre quella informatica è costituita da bit binari, che non ammettono sfumature. Un computer assorbe le informazioni e le salva nella sua memoria, il cervello le elabora continuamente e la qualità della memoria dipende proprio da tale elaborazione.

Quando il cervello ricorda, è diverso dal cervello che ha configurato la memoria iniziale (Le Doux, 2002).

5.4.3 Internet come memoria di lavoro

La memoria di lavoro descrive la capacità di conservare le informazioni nell'attenzione e rappresenta uno dei principali ostacoli alla nostra capacità di apprendere nuovi concetti. Internet è in grado di espanderne la capienza in modo esponenziale, anche se essa non può essere equiparata alla memoria a lungo termine dell'essere umano, che è caratterizzata dalla possibilità di formare terminazioni sinaptiche e di ritoccare la forza delle loro connessioni. Questa funzione è alla base del processo dell'apprendimento, perché ogni volta che il cervello si modifica rende più facile apprendere idee e abilità nuove.

Il rapporto tra internet e memoria di lavoro è stato oggetto di studio da parte di chi si è occupato di *brain training* o *training cognitivo computer-based*. Diversi risultati hanno portato a concludere che la memoria di lavoro può essere allenata e il training cognitivo computer-based ha dimostrato di aumentare le attivazioni della corteccia frontale e parietale a essa associate (Howard-Jones, 2011).

Uno studio sulla formazione della memoria di lavoro ha dimostrato che miglioramenti individuali di questa sono correlati con i cambiamenti della densità corticale del recettore della dopamina e tale risultato va a sostenere l'idea che la formazione della memoria di lavoro possa aiutare la trasmissione delle informazioni nel cervello (McNab et al., 2009) e la capacità di risolvere i problemi in situazioni nuove (Jaeggi et al., 2008).

L'attenzione è il modo attraverso cui consolidiamo i ricordi, nel senso che, mantenendo per un tempo sufficiente una data informazione nella memoria di lavoro, che è un tipo di memoria a breve termine e che costituisce la memoria della coscienza di ogni specifico momento, si permette il trasferimento di tale informazione nella memoria a lungo termine.

Quando vogliamo ricordare qualcosa dobbiamo concentrarci mentalmente su di essa, ripeterla nella mente e più ci coinvolgiamo in questo processo, ovvero più elaboriamo l'informazione associandola sistematicamente alle conoscenze significative della nostra memoria, più la memorizzazione diventa acuta e profonda. Senza questo lavoro mentale tipico dell'attenzione, i contenuti restano nella memoria di lavoro per un breve periodo e poi lasciano nella mente poche o nessuna traccia.

Come già evidenziato sopra, tuttavia, la rete con il suo potenziale di distrazione o, se vogliamo, di attrazione verso altro, allena il cervello a trattare l'informazione in modo rapido senza particolare attenzione, a scapito della capacità di concentrazione e a favore di spunti dissociativi.

Il passaggio dalla memoria di lavoro a quella a lungo termine avviene tramite ripetizione o creazione di nessi associativi che consentono all'informazione, gestita temporaneamente dalla memoria di lavoro, di entrare a far parte di schemi presenti nella memoria a lungo termine. Questo processo richiede ovviamente tempo: non basta, per esempio, recepire un dato per fissarlo nella propria mente, abbiamo bisogno di mantenerlo per un po' nella memoria di lavoro e di trovare poi dei modi per farlo passare nella memoria a lungo termine. Se contemporaneamente intervengono altri stimoli, questo passaggio viene impedito e l'incessante iperstimolazione di internet rappresenta in questo senso l'ambiente ideale per incrementare le richieste cognitive.

Il sovraccarico cognitivo in rete può avere molte cause: esso è rappresentato dalla richiesta costante di risoluzione di problemi estranei e di decisioni da prendere (a che cosa rispondere, quale link cliccare, quale informazione preferire) e dall'attenzione divisa.

Sovraccaricare la memoria di lavoro rischia di inibire il passaggio alla memoria a lungo termine e per questo motivo nell'uomo essa ha una capienza limitata (Foerde et al., 2006).

Il cervello connette le informazioni e le ri-crea e non si limita a fornire l'accesso a una memoria depositata in bit informatici. Il processo di connessione è ciò che costituisce i ricordi e affidare questa funzione a un fattore esterno significa compromettere qualcosa che è parte del nostro pensiero perché ciò che la rete connette non può sostituire ciò che ciascun individuo può mettere insieme. Nessuno può ricordare una poesia come la ricorda un'altra persona, anche se può ricordare la stessa poesia.

Il web è in grado di ostacolare la formazione dei ricordi e diventare paradossalmente una *tecnologia della dimenticanza*, perché "grava la memoria di lavoro di una maggiore pressione, non soltanto distraendo risorse dalle nostre facoltà di pensiero più elevate, ma ostacolando il consolidamento dei ricordi a lungo termine e lo sviluppo di schemi" (Carr, 2011, p 229).

5.5 Pensiero

Il pensiero è l'attività operativa della psiche che permette di valutare la realtà e formulare giudizi (Monaco e Torta, 2002). Nella formazione del pensiero concorrono percezioni, immagini, linguaggio, tono dell'umore, substrati affettivi, percezioni, intelligenza, ricordi, culture, ambiente (Reda, 1996). Intelligenza e memoria sono attività indispensabili al processo del pensiero: l'intelligenza lo imposta e lo elabora in modo valido ed economico, mentre la memoria richiama i contenuti di coscienza sui quali si esplicano i processi ideativi (Sarteschi e Maggini, 1982).

La strutturazione del pensiero (o ideazione) è la funzione che relaziona tra loro le singole idee. Questa funzione è soggetta al ragionamento che pone in relazione le idee attraverso processi logici e alla critica che permette di discriminare al termine del ragionamento il vero dal falso. Il pensiero non si sviluppa soltanto secondo la logica, ma anche seguendo fattori soggettivi di ordine sia pratico sia affettivo.

Immaginazione e fantasia sono modalità particolari di pensiero in cui non vengono rispettate le consuete sequenze logiche. L'immaginazione è abitualmente finalizzata alla soluzione creativa di specifici problemi, la fantasia è una libera e afinalistica attività di pensiero separata dalla realtà e al di fuori del controllo della coscienza. I disturbi del pensiero possono essere disturbi della forma (accelerazione o rallentamento delle idee, perseverazione, dissociazione, pensiero ossessivo ecc.) e disturbi del contenuto (delirio).

5.5.1 Internet e quoziente intellettivo

Sembra che negli ultimi cento anni il quoziente intellettivo generale della popolazione sia progressivamente aumentato. Ciò ha fatto erroneamente pensare che le giovani generazioni fossero automaticamente più intelligenti rispetto a quelle che le hanno precedute. Una lettura meno superficiale evidenzia invece che se vi è stato un incremento di alcune abilità, altre invece sono andate incontro a un processo inverso: le performance non verbali, per esempio, sono notevolmente aumentate e le capacità verbali hanno raggiunto la maggioranza della popolazione, mentre le capacità di utilizzare un vocabolario astratto si sono ridotte.

Il fenomeno per cui i punteggi di QI sono cresciuti costantemente nel corso degli anni è stato anche chiamato "effetto Flynn". Pur essendo un fenomeno reale, esso non dimostra, come sottolinea Carr (2011, p 178), che gli esseri umani siano diventati più intelligenti e che i media e le tecnologie, internet compreso, abbiano contribuito a innalzare il potenziale intellettivo. L'aumento costante dei punteggi QI, infatti, è da attribuire al miglioramento dei soggetti nelle prove che implicano la rotazione mentale delle forme geometriche, l'identificazione di somiglianze tra oggetti disparati e la sistemazione di forme in sequenze logiche. La spiegazione più plausibile di questo effetto è che per motivi economici, tecnologici ed educativi, il ragionamento astratto si è diffuso a scapito dell'intelligenza pratica e concreta che caratterizzava i nostri avi, abituati più a lavorare la terra e meno a studiare concetti e teorie. Siamo semplicemente più allenati a inserire le cose in categorie, risolvere problemi e pensare in termini di simboli nello spazio.

5.5.2 Verso un nuovo profilo cognitivo

Gli ambienti dell'educazione informale, come la televisione, i videogiochi e internet, stanno creando persone con un *nuovo profilo cognitivo* (Greenfield, 2009).

Un primo aspetto di questo fenomeno ha a che fare con l'effetto che l'uso di internet sembra avere rispetto al cosiddetto pensiero *lineare*, cioè quel modo di procedere del nostro ragionamento, in cui le argomentazioni si susseguono secondo una logica consequenziale partendo da un punto "A" per arrivare a un punto "Z". Sembra evidente a chi si occupa di studiare il funzionamento della mente online che tale modo di procedere sarà forse sostituito da un tipo di pensiero che si muove rapidamente da un testo a un altro, costruendo collegamenti e *ipertesti* in continuo movimento.

Uno dei motivi per cui internet non sembra favorire il pensiero lineare è da attribuire alla funzione delle *interruzioni*: quando ci troviamo davanti allo schermo del PC siamo continuamente stimolati da messaggi, link, immagini e altro ancora e questa continua distrazione sembra interferire con il pensare in modo lineare. Le interruzioni disperdono i pensieri e, soprattutto quando l'attività mentale è complessa e richiede una successione logica e coerente di riflessioni, possono essere dannose.

Nel linguaggio quotidiano l'espressione che rende chiaro questo processo è "mi hai fatto perdere il filo", per indicare l'effetto che un'interruzione ha sul procedere del pensiero: il risultato è un blocco cognitivo che si viene a creare dopo una distrazione che allontana dal proprio percorso logico.

A questo si aggiunge un fenomeno di sovraccarico e di riempimento della memoria di lavoro, che rende difficile la riflessione lunga e l'elaborazione dei pensieri.

5.5.3 Internet e pensiero inconscio

Un fenomeno correlabile a quanto appena detto riguarda il rapporto tra internet e pensiero inconscio. È stato dimostrato che il pensiero inconscio può essere altamente adattivo e, di contro, è stato dimostrato come la consapevolezza sia un cattivo mezzo per prendere decisioni (Wilson e Schooler, 1991).

La capacità di analisi consapevole delle informazioni tipica dello stato conscio è limitata e sappiamo che le persone non sono in grado di concentrarsi su due compiti contemporaneamente per lungo tempo. Comparata con un sistema computerizzato, la coscienza può analizzare e codificare circa 40-60 bit al secondo, mentre l'abilità di codifica e di analisi dell'intero sistema umano, conscio e inconscio, è enorme, circa 11 milioni di bit, poiché l'inconscio non ha problemi di saturazione delle proprie capacità (Dijksterhuis, 2004).

Oggi i ricercatori riconoscono l'importanza di questo *periodo di incubazione*, processo per cui un problema dimenticato temporaneamente dalla coscienza viene analizzato dall'inconscio e risolto.

Le ricerche di Dijksterhuis svolte in Olanda hanno evidenziato che gli stacchi dell'attenzione dai problemi danno al nostro inconscio il tempo per cercare di risolverli. In altre parole, molti problemi che non trovano subito una soluzione cosciente si giovano del tempo e di un'elaborazione delle informazioni di tipo non consapevole, permettendo a volte di prendere decisioni migliori grazie a un processo che distoglie l'attenzione dal problema. Le nostre nonne avrebbero detto "dormici su e vedrai che la cosa si risolverà". Quando non riescono a risolvere un problema o a rispondere a un quesito, le persone traggono beneficio da un periodo di distrazione, da uno spostamento dell'attenzione, che favorisce l'attività del pensiero inconscio, conducendo a una migliore organizzazione delle informazioni nella memoria e a una più chiara valutazione delle alternative.

Dijksterhuis ha messo a confronto il pensiero conscio e inconscio per capire quale dei due fosse il migliore nel prendere decisioni. Il *decision making* è un'attività del pensiero che necessita dell'integrazione di grandi quantità di informazioni con impressioni e opinioni e, in seguito, della comparazione delle diverse alternative per arrivare a una scelta definitiva. Nel decision making trovano spazio sia la capacità di analizzare una grande quantità di informazioni, sia l'abilità di integrarle in modo coerente e accurato.

L'integrazione delle informazioni in un insieme coerente riguarda ovviamente sia il pensiero conscio sia quello inconscio; entrambi, infatti, sono in grado di fare associazioni, integrazioni, elaborazioni e valutazioni. Tuttavia, la consapevolezza, per le sue limitate capacità, rischia più facilmente di veder compromessa questa capacità integrativa.

Il pensiero inconscio può migliorare la qualità delle decisioni, soprattutto quelle che richiedono una valutazione complessa: in questo caso qualche minuto di distrazione porta a decisioni di livello superiore. La relativa minore qualità delle decisioni del pensiero consapevole è la conseguenza della scarsa quantità di informazioni che possono essere analizzate dalla coscienza. Il pensiero inconscio permette di creare giudizi più globali, basati su tutto l'insieme delle variabili, e conduce le persone a sviluppare rappresentazioni nella memoria più chiare e integrate.

Ovviamente non basta distrarsi per trovare delle soluzioni, ma, perché ciò possa avvenire, il pensiero inconscio deve essere finalizzato a un obiettivo preciso. In altri termini, non è sufficiente staccare la spina perché il processo di codifica e di elaborazione delle informazioni prosegua inconsapevolmente, piuttosto il pensiero inconscio ha luogo solo quando abbiamo il preciso obiettivo di analizzare maggiormente le informazioni che acquisiamo (Bos et al., 2008)

Sappiamo che essere online sovraccarica l'apparato cognitivo perché la funzione di distogliere l'attenzione è impedita dal continuo flusso di stimoli, che necessitano di essere rilevati senza interruzioni.

La rete favorisce un tipo di decision making che utilizza prevalentemente il pensiero consapevole che, a sua volta, impone un'attenzione costante.

La psicoanalisi ci ha insegnato che serve tempo per pensare (Bion, 1962) e che il pensiero creativo ha origine da esperienze di *assenza* e di *mancanza*, intese come capacità di *contenere il vuoto*. Un eccesso di stimoli e informazioni può essere nocivo, perché il pensiero non è nei contenuti, ma nella capacità di contenerli e di creare contenitori.

Oggi sappiamo che questo tempo è fatto di interruzioni.

5.5.4 Sviluppo differenziale delle abilità cognitive

Le riflessioni riguardanti il pensiero lineare e il pensiero inconscio ci portano al tema più ampio delle abilità cognitive che internet sembra, allo stesso modo, incrementare o diminuire.

Tutti gli ambienti dell'apprendimento, internet incluso, aiutano a sviluppare alcune abilità a scapito di qualcos'altro, proprio come accade per una disciplina sportiva particolare che consente di sviluppare alcuni distretti muscolari e schemi motori maggiormente rispetto ad altri.

In generale, la necessità di comprendere le figure e le icone tipiche dei media digitali rende possibile lo sviluppo dell'abilità di leggere a età inferiori rispetto al passato, aumentando alcune capacità di base come la rappresentazione, l'orientamento e la visualizzazione nello spazio.

Internet sembra rafforzare abilità cognitive, come quelle di coordinazione oculo-manuale, soprattutto in chi, per esempio, utilizza con frequenza i videogiochi, che sembrano in grado di migliorare l'elaborazione visiva e la capacità di risposta motoria.

Il riconoscimento di schemi tra la molteplicità di dati potrebbe essere un'altra abilità cognitiva potenziata dalla navigazione in rete.

Come abbiamo accennato, alcuni tipi di training basati sulla tecnologia sono in grado di migliorare la memoria di lavoro e altri sono in grado di fornire la stimolazione mentale che aiuta a rallentare il declino cognitivo.

L'utilizzo di internet come strumento di apprendimento è supportato anche dalla capacità di stimolare fortemente il sistema di ricompensa del giocatore. I modelli utilizzati per valutare le variazioni di dopamina nel mesencefalo nel corso di un gioco educativo possono prevedere quanto, durante il gioco, un giocatore può richiamare alla memoria contenuti appena appresi (Shohamy e Adcock, 2010).

Al contrario, lo sviluppo dei nuovi metodi di comunicazione e intrattenimento e il contemporaneo declino, almeno nei giovani, della lettura sembrano produrre una mancanza di pensiero critico e sono molti a ritenere che l'era digitale abbia impoverito le capacità autoriflessive degli individui.

Sembra, inoltre, che i videogiochi possano influenzare lo sviluppo di competenze di base di tipo visivo, percettivo e motorio (movimento), ma non le capacità di risposta o le capacità di ragionamento di ordine superiore e neppure le capacità di pensiero tipicamente insegnate nelle scuole.

Uno dei motivi per cui l'analisi e i processi cognitivi diventano più automatici e meno ponderati deriva anche dall'attenzione condivisa collegata al "multitasking" e dalla riduzione del tempo a disposizione per poter rispondere, tipica dei videogiochi. Molti giochi al computer sono costruiti in modo tale da penalizzare chi si ferma a pensare e da non consentire di avere tempo per riflettere.

5.5.5 Internet, apprendimento e immaginazione

In termini generali la tecnologia digitale sta cambiando il modo di apprendere.

In passato l'apprendimento era basato prevalentemente sulla lettura di libri e testi scritti e questo modo di apprendere ha reso gli individui abili nel pensare e forse meno abili nel prendere decisioni in tempi brevi.

In realtà, la storia della carta stampata è molto più recente della storia dell'apprendimento, che in passato ha utilizzato il canale della tradizione orale. Lanham

(1993) ha sostenuto che la carta stampata ha soppresso le immagini e le icone, impoverendo la nostra comprensione delle cose e ha sottolineato che la scrittura e la lettura in ambienti digitali potrebbero riportarle al posto che spetta loro. Il predominio della parola scritta sulle immagini è attestato nella cultura occidentale dal fatto che i testi fatti di immagini sono associati alla non alfabetizzazione: i bambini possono leggere libri composti da sole immagini, mentre questo comportamento non è tollerato negli adulti. L'ambiente digitale e gli ipertesti potrebbero, quindi, tornare ad arricchire molto il campo percettivo del lettore.

Tuttavia, i dati raccolti dalla ricerca dimostrano il contrario: l'ipertesto sembra degradare la qualità del coinvolgimento nella lettura. Pare, infatti, che la carta stampata, richiedendo un impegno maggiore, stimoli la fantasia, la creatività e l'autoriflessione degli individui; leggere un libro o un racconto stimola nel lettore processi costruttivi, tipici della capacità di riflettere criticamente. In questo modo il lettore è stimolato a raffigurare nella sua mente personaggi e scene del libro, utilizzando le sue precedenti rappresentazioni e integrandole in modo creativo con le parole stampate e con i propri valori profondi.

L'ambiente digitale e l'ipertesto saltano questo passaggio, fornendo al lettore immagini, video e suoni predeterminati per cui, al contrario di quanto ci si potrebbe aspettare, sottraggono la possibilità di immaginare cose differenti. Inoltre, è stato dimostrato che le attività specifiche relative all'ipertesto sono responsabili di un aumento del carico cognitivo e, di conseguenza, di difficoltà nell'apprendimento (De Stefano e LeFevre, 2007).

Operazioni legate all'ipertesto non necessarie nella lettura di testi lineari, come seguire i link, possono influenzare negativamente il carico cognitivo sia in modo diretto, quando agli utenti che incontrano un link è richiesta la decisione di connettersi o meno, sia indiretto, quando connettersi a un link porta nuove informazioni non integrate con l'insieme precedente. Leggere e navigare negli ipertesti richiede un carico importante alla memoria di lavoro che si traduce nell'impedimento di leggere e apprendere.

Sappiamo che i testi lineari sono di più facile comprensione rispetto agli ipertesti e che, in generale, l'apprendimento è migliore quando i link che si incontrano sono il minor numero possibile: restringere le scelte di navigazione di un lettore riduce, infatti, le richieste in termini di decision making. La diminuzione della libertà in termini di link disponibili negli ipertesti per gli studenti delle scuole superiori è correlata positivamente a una performance migliore (Shin et al., 1994).

Come osserva Liu (2005) "i link distraggono dal leggere e dal pensare in modo approfondito" e anche se l'ambiente digitale incoraggia le persone ad affrontare una più ampia gamma di argomenti, lo fa a un livello tendenzialmente più superficiale.

> Decifrare ipertesti, in sostanza, aumenta il carico cognitivo dei lettori e quindi indebolisce la loro capacità di comprendere e assimilare ciò che leggono (Carr, 2001, p 155).

5.5.6 Internet e pensiero paranoide

La riflessione sul rapporto tra internet e pensiero ha risvolti di natura più clinica. Ci riferiamo in questo caso alla possibilità di incrementare una modalità di pensiero orientata in senso paranoide e generata, nello specifico, dall'interazione tra uomo e strumento.

Poiché il linguaggio e la comunicazione su internet risentono della mancanza di tutti quei segnali paraverbali e non verbali che veicolano perlopiù la comunicazione emotiva e le intenzioni/motivazioni di colui che parla, e nonostante gli sforzi sempre più sistematici di creare icone, acronimi e altri segni che possano indicare stati d'animo, emozioni e intenzioni, è ragionevole pensare che i limiti della comunicazione che avviene attraverso la rete possano stimolare un incremento delle idee paranoidi. Ciò accade nel modo di pensare tipico di chi, non avendo tutte le informazioni necessarie a contestualizzare e dare senso a un certo messaggio, più facilmente è portato a proiettare intenzioni e motivazioni in modi non realistici. Quando mancano elementi comunicativi rilevanti ai fini della comunicazione interpersonale, per esempio quando manca il tono della voce, la nostra mente è portata in automatico a sopperire a tale mancanza leggendo le parole scritte con un tono creato dall'interno che, non necessariamente, corrisponde al tono con cui il nostro interlocutore ha scritto il messaggio. Anche per questo internet promuove la comunicazione aggressiva (Wallace, 2000) e favorisce i processi decisionali rapidi a scapito di quelli interpretativi.

5.6 Istintualità

L'istinto, o pulsione, è uno schema comportamentale ereditato, caratteristico di una data specie, che si articola finalisticamente secondo sequenze temporali pressoché immodificabili; per raggiungere il suo scopo l'istinto tende sempre verso un oggetto. I moduli di comportamento istintivi sono tanto più rigidi e stereotipati quanto più si scende nella scala biologica: nell'uomo, come negli animali superiori, affinché gli istinti vengano attivati sono necessari stimoli ambientali che presuppongono un certo grado di apprendimento (Sarteschi e Maggini, 1982).

Jaspers (1965) distingue fra pulsioni istintive sensoriali-corporee (fame, sete, bisogno di dormire, sessualità), pulsioni vitali dell'esistenza (coraggio-timore, amore-odio ecc.), pulsioni psichiche (curiosità, istinto di possesso), pulsioni creative (spinte alla realizzazione della creatività umana) e pulsioni spirituali (spinte a dedicarsi a valori etici, culturali, estetici).

Similmente Schneider (1959) distingue tra tendenze istintuali somatiche e spinte istintive psichiche.

La più nota teoria degli istinti è quella formulata da Freud (1920), che contrappose due categorie di istinti: gli istinti di vita (*Eros*), tesi a garantire la continuazione della vita, e gli istinti di morte (*Thanatos*), che si manifestano come aggressività e che spingono invece verso la distruzione.

5.6.1 Internet, sessualità e aggressività

Internet offre un nuovo contesto per gli aspetti legati ad aggressività e sessualità, odio e amore. Non sorprende quindi che in rete siano frequenti le esperienze di attrazione o di rifiuto.

Aggressività e sessualità sono pulsioni vitali che, come sostengono gli etologi, hanno una forte componente biologica innata e sono essenziali sia ai fini della sopravvivenza della specie, in termini di controllo del territorio e delle sue risorse, sia ai fini della riproduzione, in termini di procreazione e trasmissione del proprio patrimonio genetico. L'espressione di queste pulsioni varia anche in base alle circostanze ambientali ed è ragionevole supporre che il mondo del web possa rappresentare un contesto specifico tale da creare alcune variazioni della loro espressività.

Una delle scoperte emerse dallo studio dei comportamenti online è che le persone possono mostrarsi meno inibite che nella vita reale e possono esprimere in modo più aperto la propria aggressività e la propria sessualità (Wallace, 2000).

La minore inibizione rispetto all'espressione dei propri impulsi e istinti è stata correlata a caratteristiche specifiche.

5.6.2 Distanza fisica e assenza di feedback sensoriale

Come fa notare Wallace (2000, p 163), "internet permette una grande disinibizione comportamentale a causa della *distanza fisica* tra gli interlocutori e della mancanza di conseguenze dirette; sentendosi più liberi e meno responsabili, alcuni si spingono molto oltre ciò che farebbero in situazioni analoghe della vita reale".

Ogni interazione in rete avviene a distanza, anzi il potere da tutti riconosciuto alla tecnologia di internet è proprio quello di poter mettere in relazione persone fisicamente distanti, costruendo delle reti di persone non più necessariamente legate da vincoli territoriali e geografici.

La disinibizione comportamentale legata alla distanza fisica che intercorre tra le persone online sembra sostenersi sulla consapevolezza di *non essere a portata di contatto fisico* e di avere in qualche modo il dominio dello spazio dell'altro, la cui presenza è *appesa* alla tastiera del PC. Nel web le persone possono conoscersi e interagire facilmente e altrettanto facilmente *sparire*.

Alla distanza fisica si aggiunge la mancanza del feedback sensoriale veicolato da spunti emotivi ed espressioni del corpo, che si attivano solo quando qualcuno è *concretamente davanti a noi*. Ciò da una parte compromette la possibilità di rispondere empaticamente, dall'altra favorisce un sentimento di immunità alle emozioni che più facilmente rende una relazione perversa.

Anche lo status di *anonimato* può influire sul comportamento delle persone e allentare i vincoli comportamentali convenzionali, disinibendone le manifestazioni di amore e odio.

L'anonimato può avere valenze positive, soprattutto se consente di affrontare argomenti sensibili in condizioni di relativa sicurezza; per esempio, esistono gruppi di sostegno online nei quali è possibile parlare dei propri problemi e ricevere consigli e aiuto da persone che presentano difficoltà simili, entrando a far parte di quelle che sono vere e proprie comunità solidali.

Tuttavia, la possibilità di nascondere la propria identità o di presentarsi con identità alternative può rendere più facile mettere in atto comportamenti "al limite" e dare la sensazione di non essere responsabili delle proprie azioni.

Uno studio effettuato attraverso la registrazione del numero di osservazioni ostili ha evidenziato, per esempio, che lavorare in condizioni di anonimato porta a un comportamento sei volte più disinibito rispetto a quello dei gruppi non anonimi (Siegel et al., 1986).

La *disinibizione* comportamentale appare legata alla generale sensazione di freddezza che caratterizza la comunicazione online. "Online chiunque sembra più freddo, più determinato e più irascibile di quanto sia in realtà" (Wallace, 2000): questa caratteristica sembra dipendere dal primato che le parole scritte hanno sul comportamento non verbale, primato che rende più facili gli errori nei giudizi di calore o di freddezza.

Il *linguaggio* utilizzabile in rete manca di un sufficiente livello emotivo; il testo scritto sul computer perde la sua coloritura e può diventare più difficile distinguere messaggi neutri da messaggi lievemente sarcastici o ironici.

Non è un caso che il linguaggio in internet sia in continua ridefinizione alla ricerca di modi per esprimere emozioni e stati d'animo attraverso un processo che Wallace (2000) definisce di "disgelo emotivo" tramite l'utilizzo di emoticon (combinazioni di segni di interpunzione usate per esprimere la mimica facciale), di diversi segni grafici sostitutivi del linguaggio non verbale e di acronimi utilizzati per diluire la percezione di perentorietà delle proprie affermazioni (per es. FWIW, abbreviazione di "For What It's Worth", traducibile in italiano con "per quel che conta").

La possibilità di percepire l'altro come più freddo è incrementata dalla velocità irregolare di trasmissione delle informazioni che, soprattutto se lo scambio avviene in modo sincrono, può dare la sensazione che l'altro sia distante, poco interessato e reattivo.

Alcune ricerche (Fuller, 1996; Hiltz e Turoff, 1978) hanno evidenziato che le persone online non solo sembrano mediamente più distaccate e irascibili, ma che più facilmente esprimono dissenso e possono comportarsi in modo meno civile e convenzionale.

In generale, "la ricerca suggerisce che internet possiede caratteristiche tali da spingere qualsiasi individuo a manifestare aggressività" (Wallace, 2000, p 183) e sembra che online le espressioni di aggressività siano più numerose.

Scontri verbali e manifestazioni di aggressività verbale aperta sembrano più comuni nei forum (Thompsen e Ahn, 1992) e su internet può capitare con relativa facilità di assistere a un'accesa *flame war*, una discussione online che può trasformarsi in un conflitto vero e proprio.

Qualsiasi frustrazione può scatenare una reazione di rabbia, soprattutto quando si frappone tra un individuo e il raggiungimento di un obiettivo ritenuto importante. In internet tutto ciò che può essere compreso nella dicotomia "lentezza/latenza" può essere vissuto come frustrante.

Il tempo di latenza, per esempio, rappresenta una delle principali cause di frustrazione per chi frequenta le chat sincrone e il ritardo può essere legato sia ai tempi di reazione della persona sia a quelli legati al mezzo. A differenza delle normali conversazioni dal vivo, in cui il non verbale può riempire i tempi morti della comunicazione convenzionale rendendo il silenzio più tollerabile, in internet il silenzio, il ritardo nella risposta o l'interruzione della connessione possono essere esperienze sgradevoli, perché prive di significato. Anche il *framing* (possibilità di riprendere le parole del contendente e di citarle, magari estrapolandole dal loro contesto d'insieme) sembra essere un altro elemento che favorisce le escalation aggressive e simmetriche.

Nella vita reale ciò che avvicina due persone è tendenzialmente l'attrazione fisica, da un punto di vista sia estetico sia sensoriale. Nel processo di conoscenza dell'altro la vicinanza concreta pone tempi e limiti invalicabili. Internet favorisce una vicinanza tra le persone che non si basa in primo luogo sull'attrazione interpersonale, cioè priva dell'interferenza degli stereotipi che accompagnano la bellezza fisica. In rete anche un solo contatto con un'altra persona può generare un effetto di vicinanza e familiarità che non rispetta i limiti che la sensorialità del corpo impone e questo rende la relazione più seduttiva, oltre a offrire una migliore percezione di se stessi.

La comunicazione tra i partecipanti ai social network si basa in larga misura sul testo scritto e questa caratteristica porta chi usa tali reti sociali a concentrarsi su quello che vuole dire, trasmettere e rivelare di sé, potendo eludere le proprie reazioni fisiche e non verbali, che sono quelle che sfuggono al nostro controllo e che forse direbbero altro. Non a caso è stato evidenziato che, usando la rete, le persone possono comportarsi in modo meno inibito nelle relazioni interpersonali e, per esempio, aprirsi troppo o troppo presto, incrementando la possibilità di incorrere in processi di idealizzazione e di sostenere aspettative irrealistiche (Wallace, 2000).

La gestione dei profili sembra soggetta agli stessi rischi perché favorisce negli individui la tendenza a presentare *aspetti ideali* di se stessi, che rappresentano solo un'immagine parziale alla quale, nel caso di un successivo incontro *dal vivo*, è necessario attenersi.

Nell'ambito di istinti e *bisogni sensoriali-corporei*, alcuni studi hanno esplorato la relazione tra internet e sonno, partendo dalla constatazione di un'evidente correlazione in ambito clinico tra disturbi del sonno e uso patologico della rete. Questa correlazione sembra legata a come e quando tale tecnologia viene utilizzata.

In particolare, l'uso di internet in tarda notte appare legato alla riduzione del sonno e della sua qualità, con conseguente comparsa di disturbi del sonno; la presenza di un televisore o di un computer in camera da letto è collegata alla posticipazione dell'orario di andare a dormire, ritardando il momento dell'addormentamento e alcune prove sembrano poter disturbare il sonno e l'apprendimento dei bambini anche quando giocano nel tardo pomeriggio o nella prima serata (Howard-Jones, 2011).

Inoltre, *navigare* su internet significa fissare per lungo tempo una fonte di luce artificiale e l'esposizione a una luce d'intensità relativamente bassa può influire sui ritmi circadiani, interferendo con i processi attraverso i quali i nostri corpi riconoscono biologicamente il momento di andare a dormire. L'utilizzo di un display luminoso può sopprimere la secrezione notturna di melatonina misurata nella saliva, suggerendo che tali display abbiano il potenziale di alterare fortemente il sonno (Higuchi et al., 2003).

In aggiunta alla luminosità del display, anche il tipo di attività intrapresa sullo schermo può essere un fattore nel determinare la qualità del sonno: in uno studio successivo (Higuchi et al., 2005) sono state variate sia la luminosità dello schermo sia il compito dei partecipanti impegnati sul computer a tarda notte, mettendo a confronto alcune semplici attività con un basso carico mentale durante l'esecuzione di videogiochi. Misure oggettive della qualità del sonno (per es. il tempo necessario per addormentarsi) hanno mostrato che il gioco al computer rispetto alla luminosità del display ha avuto un effetto più dirompente.

Esistono altre evidenze che correlano l'attività online, lo stress e l'insonnia. Una ricerca specifica ha cercato di comprendere le differenze individuali nella percezione della pressione a dover controllare costantemente le e-mail e rispondere tempestivamente. Sono emersi tre tipi di stress e-mail-relati: una prima categoria di persone (definite rilassate) non subisce alcuna pressione dalle e-mail, le percepisce come un mezzo di comunicazione asincrono e decide quando e se rispondere, anche alle e-mail extralavorative; la seconda categoria di persone (definite condizionate) cerca di rispondere immediatamente e si aspetta che anche gli altri lo facciano: l'e-mail è percepita come un mezzo di comunicazione sincrono; la terza categoria di persone (definite stressate) prova un senso di vero e proprio stress quando sono presenti e-mail non lette, non le percepisce come un mezzo di comunicazione valido e la pressione nel rispondere è tale che diviene un fattore di disabilità (Hair et al., 2007).

5.6.3 Attrattiva dei giochi e dopamina

L'*assorbimento* in rete può accompagnarsi a un accantonamento di alcuni bisogni di base (sonno, sete, fame ecc.). Dati interessanti in tal senso provengono dallo studio dei giochi al computer.

La ricerca nell'ambito delle neuroscienze ha fornito alcune informazioni sul motivo per cui i giochi sono così coinvolgenti e sul perché un loro uso eccessivo può trasformarsi in un vero e proprio problema. È stato suggerito che, come avviene in presenza di molti altri piaceri gratificanti, come il cibo, le droghe, il gioco d'azzardo e la musica, quando giochiamo ai videogame il mesencefalo rilascia dopamina (Koepp et al., 1998). L'uso di videogiochi può rilasciare quantità di dopamina comparabile agli effetti dei farmaci psicostimolanti (Weinstein, 2010) e i videogiochi offrono molti esempi di reward per unità di tempo rispetto alla maggior parte delle esperienze del mondo reale.

Altri studi hanno cercato di confrontare le risposte neurali ai videogiochi con quelle ai farmaci che possono indurre dipendenza. Quando i giocatori di videogiochi vedono le immagini del loro gioco preferito, la risposta del cervello è simile a quella osservata quando i tossicodipendenti incontrano stimoli che riattivano la memoria della sostanza, e i cambiamenti nel cervello successivi a un periodo di sei settimane di gioco sono paragonabili a quelli osservati nelle prime fasi di addiction da stupefacenti (Egerton et al., 2009).

Il gaming può stimolare il sistema di reward del cervello e questo può aiutare a spiegare la sua forte attrattiva.

5.6.4 Videogiochi, aggressività e prosocialità

Una parte consistente della ricerca si è, infine, concentrata sullo studio dei videogiochi violenti e prosociali, esplorando se tali tipologie di giochi possano spostare le tendenze comportamentali rispettivamente verso l'aggressività e l'empatia.

Molti studi hanno indagato il possibile legame tra videogiochi violenti e apprendimento del comportamento aggressivo e una recente meta-analisi di 136 studi ha concluso che la letteratura scientifica ha dimostrato in modo efficace e chiaramente visibile che i videogiochi sono un fattore di rischio causale per lo sviluppo di comportamenti aggressivi (Howard-Jones, 2011). Per questo la desensibilizzazione legata alla ripetuta esposizione a giochi violenti mostra come le scene di violenza reale suscitino segnali ridotti tra i videogiocatori di giochi violenti rispetto ai videogiocatori di giochi non-violenti (Bartholew et al., 2006; Carnagey et al., 2007).

L'utilizzo della risonanza magnetica funzionale per generare immagini di attività cerebrale in occasione di un compito che richiede ai partecipanti di premere un pulsante in risposta a uno stimolo target e di trattenere la loro risposta a uno stimolo non-target ha dimostrato nei partecipanti una ridotta attivazione della corteccia prefrontale dorso-laterale nel compito di inibizione della risposta dopo un videogioco violento rispetto a uno non violento (Hummer et al., 2010).

Al contrario, è stato osservato un effetto inverso in risposta a giochi che incoraggiano empatia e sensibilità, mostrando che i videogiochi possono insegnare ai giocatori a fornire risposte affettive anche in tal senso. In soggetti che hanno giocato per dieci minuti con un videogioco prosociale (rispetto a uno neutro), i ricercatori hanno notato la crescente preoccupazione empatica verso le sofferenze degli altri e la diminuzione del piacere per l'altrui disgrazia subito dopo il gioco (Greitemeyer et al., 2010). Anche in studi su giocatori giapponesi, i ricercatori sono stati in grado di segnalare un legame tra videogiochi prosociali e comportamento prosociale (Gentile et al., 2009).

La complessità del comportamento umano e dei contesti in cui la violenza reale si verifica, tuttavia, rende difficile provare o confutare l'ipotesi che i giochi violenti o prosociali ne siano importanti fattori causali. Il contenuto di un videogioco può influenzare la successiva reazione emotiva, ma questo non può essere considerato una prova determinante del fatto che un videogioco violento o prosociale porti un individuo a comportarsi in modo più violento o empatico.

È ragionevole ipotizzare che il contenuto emotivo dei videogiochi possa influenzare la risposta affettiva, cioè che giocare con un videogioco violento o prosociale sposti generalmente la tendenza comportamentale rispettivamente verso l'aggressività e l'empatia.

> Le caratteristiche del mondo online offrono un grandissimo assortimento di giochi di ruolo, personaggi, simulazioni, mezze verità, eccessi, resi possibili dalle caratteristiche di anonimato e assenza di connotazione visiva e uditiva che mettono al riparo da qualsiasi conseguenza. Anche quando l'anonimato non è totale, la distanza fisica e la mancanza di partecipazione sociale... permettono di essere meno inibiti, meno controllati e di sottrarsi un poco al giudizio di rigide istanze superegoiche (Wallace, 2000, p 54).

Bibliografia

Acevedo-Polakovich ID, Lorch EP, Milich R (2007) Comparing television use and reading in children with ADHD and nonreferred children across two age groups. Media Psychol 9:447-472

Bartholew BD, Bushman BJ, Sestir MA (2006) Chronic violent video game exposure and desensitization to violence: behavioural and event-related brain potential data. J Exp Soc Psychol 42:532-539

Bergen L, Grimes T, Potter D (2005) How attention partitions itself during simultaneous message presentations. Hum Commun Res 31:311-336

Bion W (1962) Apprendere dall'esperienza. Armando Editore, Roma

Bioulac S, Arfi L, Bouvard MP (2008) Attention deficit/hyperactivity disorder and video games: a comparative study of hyperactive and control children. Eur Psychiat 23:134-141

Boot WR, Kramer AF, Simons et al (2008) The effects of video game playing on attention, memory, and executive control. Acta Psychol 129:387-398

Bos MW, Dijksterhuis A, van Baaren RB (2008) On the goal-dependency of unconscious thought. J Exp Soc Psychol 44:1114-1120

Caplovitz GP, Kastner S (2009) Carrot sticks or joysticks: video games improve vision. Nat Neurosci 12:527-528

Carnagey NL, Anderson CA, Bushman BJ (2007) The effect of video game violence on physiological desensitization to real-life violence. J Exp Soc Psychol 43:489-496

Carr N (2011) Internet ci rende stupidi? Come la rete sta cambiando il nostro cervello. Raffaello Cortina Editore, Milano

Christakis DA, Zimmerman FJ, DiGiuseppe DL, McCarty C (2004) A Early television exposure and subsequent attentional problems in children. Pediatrics 113:708-713

Courage ML, Howe ML (2010) To watch or not to watch: infants and toddlers in a brave new electronic world. Dev Review 30:101-115

De Stefano D, LeFevre JA (2007) Cognitive load in hypertext reading: a review. Comput Hum Behav 23:1616-1641

Dijksterhuis A (2004) Think different: the merits of unconscious thought in preference development and decision making. J Pers Soc Psychol 87:586-598

Doidge N (2007) Il cervello infinito. Alle frontiere della neuroscienza: storie di uomini che hanno cambiato il proprio cervello. Ponte alle Grazie, Milano

Dye MWG, Green CS, Bavelier D (2009) The development of attention skills in action video game players. Neuropsychologia 47:1780-1789

Egerton A, Mehta MA, Montgomery AJ et al (2009) The dopaminergic basis of human behaviors: a review of molecular imaging studies. Neurosci Biobehav Rev 33:1109-1132

Erickson KI, Boot WR, Basak C et al (2010) Striatal volume predicts level of video game skill acquisition. Cerebral Cortex 20:2522-2530

Foerde K, Knowlton BJ, Poldrack RA (2006) Modulation of competing memory system by distraction. Proc Natl Acad Sci 103:11778-11783

Fonagy P, Target M (1991) Attaccamento e funzione riflessiva. Raffaello Cortina Editore, Milano

Freud S (1920) Al di là del principio del piacere. In: Opere, vol. 9, pp 189-249. Bollati Boringhieri, Torino

Fuller R (1996) Human-computer interaction: how computers affect interpersonal communication. In: Day DL, Kovacs DK (eds) Computer, communication and mental models. Taylor & Francis, London

Gentile DA, Anderson CA, Yukawa S et al (2009) The effects of prosocial video games on prosocial behaviors: international evidence from correlational, longitudinal, and experimental studies. Pers Soc Psychol Bull 35:752-763

Grace-Martin M, Gay G (2001) Web browsing, mobile computing, and academic performance. Educ Technol Soc 4:95-107

Green S, Bavelier D (2003) Action video game modifies visual selective attention. Nature 423:534-537

Green CS, Bavelier D (2006) Enumeration versus multiple object tracking: the case of action video game players. Cognition 101:217-245
Greenfield PM (2009) Technology and informal education: what is taught, what is learned? Science 323:69-71
Greitemeyer T, Osswald S, Brauer M (2010) Playing prosocial video games increases empathy and decreases schadenfreude. Emotion 10:796-802
Hair M, Renaud KV, Ramsay J (2007) The influence of self-esteem and locus of control on perceived email-related stress. Comput Hum Behav 23:2791-2803
Hembrooke H, Gay G (2003) The laptop and the lecture: the effects of multitasking in learning environments. J Comput High Educ 15:46-64
Higuchi S, Motohashi Y, Liu Y, Ahara M, Kaneko Y (2003) Effects of VDT tasks with a bright display at night on melatonin, core temperature, heart rate, and sleepiness. J Appl Physiol 94:1773-1776
Higuchi S, Motohashi Y, Liu Y, Maeda A (2005) Effects of playing a computer game using a bright display on presleep physiological variables, sleep latency, slow wave sleep and REM sleep. J Sleep Res 14:267-273
Hiltz SR, Turoff M (1978) Network nations: human communications via computer. Addison-Wesley, New York
Howard-Jones P (2011) The impact of digital technologies on human wellbeing. www.nominettrust.org.uk. Accessed 12 December 2012
Hummer TA, Wang Y, Kronenberger WG et al (2010) Short-term violent video game play by adolescents alters prefrontal activity during cognitive inhibition. Media Psychol 13:136-154
Jaeggi SM, Buschkuehl M, Jonides J, Perrig WJ (2008) Improving fluid intelligence with training on working memory. Proc Natl Acad Sci USA 105:6829-6833
James W (2003) Discorsi agli insegnanti e agli studenti sulla psicologia e su alcuni ideali di vita. Armando Editore, Roma
Jaspers K (1965) Psicopatologia generale. Il Pensiero Scientifico Editore, Roma
Johnson JG, Cohen P, Kasen S, Brook JS (2007) Extensive television viewing and the development of attention and learning difficulties during adolescence. Arch Pediatr Adolesc Med 161:480-486
Kandel ER (2010) Alla ricerca della memoria. La storia di una nuova scienza della mente. Codice Edizioni, Torino
Koepp MJ, Gunn RN, Lawrence AD et al (1998) Evidence for striatal dopamine release during a video game. Nature 393:266-268
Lang A (2000) The limited capacity model of mediated message processing. J Commun 50:46-70
Lanham R (1993) The electronic word: democracy, technology and the arts. University of Chicago Press, Chicago, London
Le Doux J (2002) Il sé sinaptico. Come il nostro cervello ci fa diventare quello che siamo. Raffaello Cortina Editore, Milano
Liu Z (2005) Reading behavior in the digital environment. J Doc 61:700-712
McCarley JS, Kramer AF, Wickens CD et al (2004) Visual skills in airport-security screening. Psychol Science 15:302-306
McLuhan M (1986) Gli strumenti del comunicare. Garzanti, Milano
McNab F, Varrone A, Farde L et al (2009) Changes in cortical dopamine D1 receptor binding associated with cognitive training. Science 323:800-802
Monaco F, Torta T (2002) Neurolexicon. Dizionario integrato di neurologia, neuroscienze, psichiatria e psicologia. Centro Scientifico Editore, Torino
Nielsen J (1997) How users read on the web? Alertbox, 1 ottobre. http://www.useit.com/alertbox/9710a.html. Accessed 16 September 2011
Nielsen J (2006) F-shaped pattern for reading web content. Alertbox, 17 aprile. http://www.useit.com/alertbox/reading_pattern.html Accessed 16 September 2011
Nielsen J (2008) How little do users read? Alertbox, 6 maggio. http://www.useit.com/alertbox/percent-text-read.html. Accessed 16 September 2011
Ophir E, Nass C, Wagner AD (2009) Cognitive control in media multitaskers. Proc Natl Acad Sci

USA, 24 agosto. http://www.pnas.org/content/early/2009/08/21/0903620106.full.pdf. Accessed 10 December 2012

Pitman R (1990) We're talking the wrong language to "TV Babies". New York Times, A15, January 24

Ramirez E (2003) The impact of the internet on the reading practices of a university community: the case of UNAM. Proceeding of the 69th IFLA General Conference and Council. www.ifla.org/IV/ifla69/papers/019e-Ramirez.pdf. Accessed 14 December 2012

Ravizza L, Torta R (1996) Sindromi organiche e disturbi di coscienza. In: Biondi M, Pancheri P (eds) La coscienza e i suoi disturbi. Il Pensiero Scientifico Editore, Roma

Reda G (1996) L'indefinibile in psichiatria e la funzione della coscienza. In: Biondi M, Pancheri P (eds) La coscienza e i suoi disturbi. Il Pensiero Scientifico Editore, Roma

Richardson AE, Powers ME, Bousquet LG (2011) Video game experience predicts virtual, but not real navigation performance. Comput Hum Behav 27:552-560

Sarteschi P, Maggini C (1982) Manuale di psichiatria. Monduzzi Editore, Milano

Schneider K (1959) Clinical psychopathology. Grune and Stratton, New York

Shohamy D, Adcock RA (2010) Dopamine and adaptive memory. Trends Cognit Sci 14:464-472

Shrestha S, Lenz K (2007) Eye gaze patterns while searching vs browsing a website. Usability News. 9, 1, gennaio. http://www.surl.org/usabilitynews/91/eyegaze.asp. Accessed 14 December 2012

Shin E, Schallert D, Savenye C (1994) Effects of learner control, advisement, and prior knowledge on young students' learning in a hypertext environment. Educ Tec Res Dev 42:33-46

Siegel J, Dubrovsky V, Kiesler S, Mcguire TW (1986) Group processes in computer-mediated communication. Organizational Behavior and Human Decision Processes 37:157-186

Sims A (2004) Introduzione alla psicopatologia descrittiva. Raffaello Cortina Editore, Milano

Small GW, Moody TD, Siddarth P, Bookheimer SY (2009) Your brain on Google: patterns of cerebral activation during internet searching. Am J Geriatr Psychiatry 17:116-126

Sullivan HS (1965) Studi clinici. Feltrinelli, Milano

Swing EL, Gentile DA, Anderson CA, Walsh DA (2010) Television and video game exposure and the development of attention problems. Pediatrics 126:214-221

Tapscott D (2008) How to teach and manage generation net. Business Week Online. http://www.businessweek.com/stories/2008-11-30/how-to-teach-and-manage-generation-net-businessweek-business-news-stock-market-and-financial-advice. Accessed 14 December 2012

Thompsen PA, Ahn D (1992) To be or not to be: an exploration of E-prime, copula deletion and flaming in electronic mail. ETC: A Review of General Semantics 49:146-164

Treisman A (1982) Perceptual grouping and attention in visual search for features and for objects. J Exp Psychol Hum Percept Perform 8:194-214

Wallace P (2000) La psicologia di internet. Raffaello Cortina Editore, Milano

Weinreich H, Obendorf H, Herder E, Mayer M (2008) Not quite the average: an empirical study of web use. ACM Transactions on the Web 2, 1

Weinstein AM (2010) Computer and video game addiction: a comparison between game users and non-game users. Am J Drug Alcohol Abuse 36:268-276

Wilson TD, Schooler JW (1991) Thinking too much: introspection can reduce the quality of preferences and decisions. J Pers Soc Psychol 60:181-192

Zimmerman FJ, Christakis DA (2007) Associations between content types of early media exposure and subsequent attentional problems. Pediatrics 120:986-992

Riepilogo e conclusioni 6

6.1 Riepilogo

Pensiamo sia utile evidenziare il percorso concettuale che ha articolato la stesura di questo testo in cinque punti fondamentali e avvicinarci in questo modo a riflessioni conclusive.
1. La dipendenza rappresenta un insieme di condizioni naturali che, fin dall'origine, stanno alla base della vita di ogni individuo e si rendono necessarie per correlarsi con la realtà, creare legami con gli altri e promuovere lo sviluppo armonico del corpo e della mente. La capacità di vivere sane dipendenze è una risorsa che può subire distorsioni e diventare fonte di sofferenza. Per questo motivo esistono dipendenze patologiche fondate sulla compulsività dei comportamenti e la pervasività dei pensieri.
La psicopatologia attuale ha definito questo fenomeno **craving** e lo ha descritto come un'inarrestabile e improcrastinabile spinta a compiere un'azione o ad assumere una sostanza, che spesso travalica la forza di volontà. Il craving, descritto in passato da studiosi come Jaspers (1913), Binswanger (1957) e Schneider (1959), si configura come alternativa disfunzionale alla capacità di desiderare, rimanendo ancorato alla necessità di soddisfare un bisogno, vissuto come *vuoto da riempire*. La dipendenza patologica diventa così un'alternativa al dolore intollerabile e non esprime la volontà di soffrire per forza, ma il bisogno di soffrire di meno.
La **teoria dei fenomeni transizionali** (Winnicott, 1971), che fa riferimento alle *capacità di attendere*, di riuscire a *stare da soli* e di sopravvivere creativamente alle separazioni, rappresenta un modello funzionale a comprendere le radici della compulsività.
La **teoria della coazione a ripetere** (Freud, 1920), invece, è la cornice ideale per cogliere il significato dei ritmi fisiologici, nella strutturazione di corpo e mente, e il senso delle ripetizioni patologiche, trasversali a disturbi psichici diversi. La biologia sottolinea il ruolo fondamentale della **dopamina** (Di Chiara, 2002) nel mantenimento e nel rinforzo delle condotte compulsive, evidenziando come mente e cervello

siano parti dello stesso insieme, integrate entrambe nella funzione di apprendere dalla realtà e dall'esperienza (Bion, 1962). La genesi delle malattie legate alla dipendenza è multifattoriale e si correla a un modello biopsicosociale, che costituisce la base della maggior parte delle risposte terapeutiche (Marlatt e VandenBos, 1997).

2. L'introduzione del concetto di **dipendenza comportamentale** è avvenuta progressivamente e pone la perdita di controllo come elemento cardine caratteristico di tutte le dipendenze patologiche, al di là del ruolo importante, ma variabile, che i sintomi astinenziali hanno nel favorire le ricadute.

La **dipendenza da internet** fu concepita in riferimento a internet come strumento concreto, piuttosto che a internet come funzione mentale. Per questo è stata divisa in base ai contenuti di fruizione in *dipendenza da giochi di ruolo online, dipendenza da gioco d'azzardo online, dipendenza da social network, dipendenza da sesso online* e *dipendenza da informazioni* (Young, 2004). Sono stati presi in considerazione criteri diagnostici comuni ad altre forme di dipendenza, ma un numero elevato di ore trascorse in rete, insieme con la tendenza manifesta al ritiro sociale, ne evidenziano la comparsa e ne definiscono il decorso.

Riteniamo, dopo una significativa esperienza sul campo, di dover pensare la dipendenza da internet in base alla funzione mentale che svolge e, quindi, di separare le manifestazioni cliniche, riscontrate nei pazienti adulti, da quelle, strutturalmente diverse, riscontrate negli adolescenti. Nei primi sono più evidenti i caratteri di dipendenza patologica fondati sull'assenza di investimento nella relazione con l'altro; nei secondi, al contrario, la relazione con l'altro sembra essere il vero scopo di tante ore passate online.

In questo senso il **gioco d'azzardo** e le **dipendenze sessuali** patologiche sono state intese come classiche forme di dipendenza, che trovano nella dimensione online un'esacerbazione degli aspetti clinici, dovuta al maggiore potenziale dissociativo che internet, come generatore di relazioni virtuali, comporta. Al contrario, l'uso più interattivo che i giovani, *nativi digitali*, fanno della rete interviene nella formazione di identità e personalità, alternando *processi di acquisizione*, tipici delle fasi di crescita, a *nuovi fenomeni dissociativi*.

3. L'era digitale rappresenta un'evoluzione del modo di pensare, prima ancora di essere una rivoluzione nel modo di comunicare.

La **portabilità** della comunicazione e il forte incremento dell'**interattività** nel nostro vivere quotidiano hanno rapidamente trasformato il modo di essere in relazione con la realtà e di stare con gli altri. Il tempo è vissuto con più intensità e gli eventi sembrano sovrapporsi relativamente alla possibilità di essere contemporaneamente in posti diversi. Questo rende la rete un *luogo senza luogo*.

Il gap generazionale tra gli adulti *immigrati digitali* e i giovani *nativi digitali* non è un concetto ma un dato concreto, che ha risvolti patologici, correlati a un impedimento nella comunicazione emotiva.

Le relazioni web-mediate presentano aspetti peculiari che le rendono relazioni *emotivamente protette*. L'assenza del corpo concreto sembra consentire un controllo sulla manifestazione delle emozioni che può diventare, in casi estremi, incapacità a riconoscerle. Gli adolescenti ne sono maggiormente coinvolti perché l'emotività gioca un ruolo chiave nei pensieri e nei comportamenti integrati nella formazione

dell'identità, all'interno del proprio gruppo di pari. Questa tendenza sembra essere radicata fin dall'infanzia, nel rapporto sempre più stretto che lega i bambini agli *screen digitali* e che interviene nei naturali processi di rispecchiamento emotivo.
La disponibilità alla condivisione delle esperienze sembra essere venuta meno e all'interno delle famiglie le *relazioni triangolari* si dissolvono di fronte alla possibilità di essere online.
I **giochi di ruolo** e i **social network** sono i nuovi spazi di aggregazione dove i giovani interagiscono attraverso la presentazione e il confronto di aspetti parziali idealizzati che non li rappresentano interamente. I livelli di interazione sono molteplici, tutti però vissuti *a distanza di sicurezza*.
L'**hikikomori**, a nostro parere, rappresenta la massima espressione di difesa, che a volte si configura come unico livello di relazione possibile.

4. Il concetto di dissociazione nasce nell'ambito della psicopatologia francese all'inizio del Novecento grazie a Sigmund Freud (1893) che ne descrive una forma sovrapponibile alla rimozione (*petite* isteria) e un'altra (*grande* isteria) tendente a forme di disgregazione più profonde, che in seguito furono incluse da Eugen Bleuler (1911) nel Gruppo delle Schizofrenie.
La **dissociazione** rimane un fenomeno complesso che interviene in modo multiforme su strutture mentali diverse. I comportamenti compulsivi e i pensieri annessi correlati alle dipendenze patologiche possono pervadere lo spazio mentale di un individuo dissociando ciò che il pensiero sente come intollerabile, configurandosi come stato di follia transitoria. In questo senso la dissociazione, usata come **difesa** (Ferro e Riefolo, 2006), è sostenuta dalla tendenza alla ripetizione scandita dalle ricadute, che mantengono serrato il ruolo della sua funzione.
In adolescenza fasi di abuso comportamentale o tossicomanico non rappresentano una dipendenza patologica, ma un tentativo disfunzionale di crescere, mantenendo in questo modo l'unico livello di coesione possibile. La dissociazione in questo caso sembra funzionare come dispositivo organizzatore (Ferro e Riefolo, 2006) dell'esperienza, separando aspetti della personalità e parti della mente che ancora non possono essere integrati. Questo accade nei contesti più interattivi della rete, come chat, social network e giochi di ruolo, dove i giovani possono moltiplicare le relazioni nel proprio gruppo di pari.
Al contrario, negli adulti la connessione compulsiva fa riferimento alla dipendenza da gioco d'azzardo e alla frequentazione di siti per adulti, contesti dove la relazione con l'altro non è investita di significato.
I trattamenti integrati di processi morbosi diversi devono tenere conto di specifiche differenze nell'approccio psicoterapeutico individuale e di gruppo, nell'interazione con i familiari e nell'eventuale somministrazione di farmaci.

5. La costituzione di un **nuovo profilo cognitivo** (Carr, 2011) rappresenta l'esito evidente della progressiva interazione tra mente, cervello e tecnologia digitale. Le operazioni dissociative che caratterizzano le relazioni web-mediate intervengono a livello fisiologico, grazie alla funzione della neuroplasticità. Un incremento della coordinazione delle capacità visuomotorie, strutturata con l'utilizzo costante dei videogame, è un dato incontrovertibile che si integra con una maggiore rapidità nel valutare in modo automatico un ambiente sensoriale. A questo non segue una mi-

gliore capacità di comprensione e apprendimento, perché in rete la distraibilità aumenta a scapito del mantenimento della concentrazione.

L'attenzione è frammentata dalle modalità di comunicazione **multitasking** e il pensiero è più agito e meno riflesso. La tendenza è quella verso un modo automatico di pensare strutturato sull'incremento dell'intensità del tempo e sulla sovrapposizione degli spazi, che stravolgono, fino a rielaborarne il significato, le esperienze di distanza e vicinanza, cruciali per una crescita armonica. Da qui la pervasione dei comportamenti compulsivi e dei relativi automatismi mentali, nella psicopatologia e nella clinica attuali, sostenuta dalla riduzione della capacità di attesa. Manca il tempo per ricordare e si inverte il rapporto tra memoria biologica e memoria di lavoro, necessariamente complementari. L'immaginazione lascia il posto alla paranoia e l'istintualità, vissuta a distanza di sicurezza, non diventa esperienza. In modo particolare l'espressione dell'aggressività sembra soggetta, online, a manifestarsi in modo eclatante, pur essendo lontana dall'essere usata costruttivamente nella vita reale. Al contrario, la rete incrementa la tendenza alla prosocialità e le correlazioni tra esseri umani, che dovrebbero in futuro orientare l'interesse della ricerca verso la valutazione di un conseguente **nuovo profilo affettivo**.

6.2 Conclusioni

Mai come in questo caso concludere significa mantenersi protesi verso ciò che non conosciamo.

Se prendiamo in considerazione gli adolescenti immersi nelle relazioni digitali, la predisposizione ideale è l'assenza di pregiudizio, che però rappresenta, rispetto all'attività di pensare, una difesa di cui peraltro abbiamo diritto. Il pregiudizio, quando non è applicato rigidamente, permette di avvicinarci a qualcosa di ignoto e potenzialmente persecutorio, rispettando i tempi individuali necessari per generare pensieri nuovi. Il pregiudizio è patologico se rimane tale, perché inevitabilmente vira verso la paranoia; al contrario, se attraverso l'esperienza evolve in giudizio, prende parte alla formazione del pensiero.

Qui il pregiudizio fondamentale è la tentazione di rimanere ancorati alla dicotomia offline-online, separando così due dimensioni, il reale e il virtuale, che sono parti dello stesso insieme. Confrontarle e farne due polarità opposte può essere fuorviante, perché **virtuale** significa letteralmente "in potenza" e il suo senso contrario è il concetto di **concreto**, mentre reale non vuol dire concreto.

Il **reale** è frutto della percezione individuale che ognuno di noi ha della propria esistenza, integrando il mondo interno (virtuale) con quello esterno (concreto), e solo in parte può essere oggettivizzato e condiviso. Un'allucinazione sensoriale, per esempio, non ha i caratteri della concretezza ma è reale per chi la prova; allo stesso modo possiamo *guardare senza vedere* cose concrete intorno a noi, senza averne mai la consapevolezza.

Le relazioni online sono relazioni reali *al di là* della fisicità, ma proprio per questo non possono essere relazioni intere, nonostante essere online significhi sempre di più esserci realmente, oppure *non essere tagliato fuori*.

La nostra esistenza online procede in parallelo con la costituzione dell'**identità digitale** che rappresenta un insieme di aspetti parziali ma potenzialmente reali, perché vissuti da noi e riconosciuti dagli altri come veri, proprio come succede nella vita offline. Nell'ambito delle relazioni con gli altri presentiamo, anche inconsapevolmente, aspetti ideali di noi che in quel momento sentiamo veramente essere noi e dei quali *facciamo esperienza* (Bion, 1962). Del resto *sentirsi interi* davanti agli altri non è sempre possibile. Accade nel corso della nostra vita in momenti di particolare autenticità, quando per esempio riusciamo a *essere spontanei*, ma questa libertà, o meglio questo diritto alla spontaneità, non è sotto il nostro controllo perché dipende dal contesto in cui siamo, che a sua volta necessita di essere condiviso.

Il rapporto tra gli adolescenti e l'identità digitale, o meglio la funzione che questa ha nel favorire o complicare la crescita integrata di mente e corpo, è il punto cruciale delle nostre riflessioni, che si spingono oltre l'idea che il tempo speso online sia necessariamente sottratto a quello offline. Al contrario, reale e digitale sempre più rappresentano dimensioni complementari, che da una parte possono integrarsi armoniosamente diventando una **realtà aumentata** (Jurgenson, 2011) e dall'altra possono sovrapporsi e confondersi, fino a generare sintomi di alienazione.

L'adolescenza dei nativi digitali sembra presentare allo stesso modo la possibilità di vivere in un'identità aumentata o di non riuscire a costruire alcuna identità, ma questo non si discosta molto dall'adolescenza così come l'abbiamo sempre concepita. Il dato nuovo sta nella distanza-assenza che percepiamo come maggiore rispetto al passato e che rende incomprensibile più che conflittuale il vivere costantemente connessi. Nella pratica clinica procedere verso la concezione di una realtà digitale, come realtà aumentata, significa spesso dover *navigare a vista*, ma al contempo la possibilità di apprendere qualcosa che non conosciamo garantisce il reale abbandono di qualsiasi pregiudizio.

Don Tapscott, professore all'Università di Toronto e figura autorevole tra i cybernauti, ha scritto *Net Generation* (Tapscott, 2011), un libro dove sono descritti i nativi digitali e le loro vite nella cornice sociale trasformata da internet. Il profilo dei *net gener* è fondato su sentimenti di libertà e autonomia, tendenza a personalizzare oggetti che diventano veicolo di identità, tendenza alla valutazione, collaborazione e trasparenza nei processi di co-creazione di servizi, irrinunciabile bisogno di divertimento e novità, velocità nelle risposte e incapacità di attesa. In questo senso l'inclinazione alla prosocialità della rete è destinata a promuovere livelli di interazione nuovi e globali, che hanno già rivoluzionato i canali comunicativi tra esseri umani e promosso un diverso modo di pensare e di vivere affettivamente. Del resto la globalizzazione delle relazioni sembra essere inversamente correlata al valore che da sempre siamo abituati a conferire agli incontri *dal vivo*.

In una prospettiva diversa, le relazioni digitali, sacrificando la fisicità, favoriscono l'astrazione dei pensieri dal loro contenitore e possono intervenire negativamente sui processi di integrazione mente-corpo, fino a diventare il fulcro di nuove forme di psicopatologia su base dissociativa e a superare il concetto di *spettro bipolare*, tanto presente nella psicopatologia attuale. Sappiamo invece che la concezione del corpo nella speculazione filosofica classica (Husserl, 1931) si muove tra due fondamentali polarità: *essere un corpo (Leib) e avere un corpo (Korper)*, e il rapporto tra queste dimensioni incide trasversalmente su qualsiasi forma di patologia psichiatrica. Nelle relazioni digitali che in adolescenza entrano in gioco nella formazione dell'identità, il sentimento di essere un corpo e quello di possederne una rappresentazione ideale sono variabili che possono rimanere distanti e avere delle conseguenze più nella clinica del pensiero che in quella dell'umore.

La psicopatologia legata al corpo, dalle psicosomatosi nelle sindromi depressive, alle esperienze di ansia e ipocondria, dalla metamorfosi corporea dei disturbi somatoformi, fino alle dismorfofobie e al *corpo oggetto* nelle psicosi schizofreniche (Martinotti, 2009), necessita di essere valutata nel tempo, anche se l'esclusione della fisicità può già generare considerazioni ambivalenti in relazione al significato profondo delle dinamiche di ritiro.

Mi riferisco, per esempio, ai pazienti più gravi, quelli dove il ritiro sociale è diventato un'urgenza e che rappresentano un fenomeno sovrapponibile agli hikikomori giapponesi. La diagnosi di hikikomori viene fatta in assenza di diagnosi di psicosi, ma l'osservazione di numerosi casi di giovani pazienti che manifestano un progressivo ritiro sociale e la tendenza a trascorrere online tutto il tempo disponibile può essere immaginata come un segno predittivo per lo sviluppo di un esordio. Sappiamo che gli esordi psicotici e le successive costruzioni deliranti rappresentano un tentativo di guarigione rispetto alla perdita del senso dell'esistenza, proporzionale all'intensità del ritiro autistico che li ha preceduti. Grazie alla funzione di *barriera contro gli stimoli* (Laplanche e Pontalis, 1995), attivata da qualsiasi screen digitale e determinata dall'impossibilità di *essere a portata di contatto fisico*, il vissuto di un adolescente candidato a sviluppare una psicosi, può contare sul mantenimento di un certo livello di interattività. In questo caso le relazioni online, realizzando l'unica forma di interazione possibile, ridurrebbero l'intensità del vissuto di ritiro e di conseguenza le manifestazioni cliniche dell'esordio, rendendolo quasi subacuto. Al di là di qualsiasi pregiudizio.

Bibliografia

Binswanger L (1957) Il caso Ellen West e altri saggi. Bompiani, Milano (1973)
Bion W R (1962) Learning fom experience. Heinemann, London
Bleuler E (1911) Dementia praecox oder gruppe der schizophrenien. In: Aschaffenburg G Handbuch der psychiatrie, Deuticke, Leipzig und Wien. (ed. ingl. International Universities Press, New York. 1950; ed.it. La Nuova Italia, Firenze, 1985)
Carr N (2011) Internet ci rende stupidi? Come la rete sta cambiando il nostro cervello. Raffaello Cortina Editore, Milano
Di Chiara G (2002) Nucleus accumbens shell and core dopamine: differential role in behavior and addiction. Behav Brain Res. 137:75-114
Ferro FM, Riefolo G (2006) Isteria e campo della dissociazione. Edizioni Borla, Roma
Freud S (1893) Meccanismo psichico dei fenomeni isterici. In: Opere, vol. 2. Bollati Boringhieri, Torino (1966)
Freud S (1920) Al di là del principio di piacere. In: Opere, vol. 10. Bollati Boringhieri, Torino (1966)
Husserl E (1931) Meditazioni cartesiane. Bompiani, Milano (1970)
Jaspers K (1913) Trattato di psicopatologia generale. Il Pensiero Scientifico, Roma (1964)
Jurgenson N (2009) Towards-theorizing-an-augmented-reality. Nathanjurgeson.wordpress.com/2009/10/05

Laplanche J e Pontalis JB (1995) Enciclopedia della psicoanalisi. Economica Laterza, Bari
Marlatt GA, VandenBos GR (1997) Addictive behaviors: readings on etiology, prevention and treatment. American Psychological Association, Washington
Martinotti G (2009) Fenomenologia della corporeità. Edizioni Universitarie Romane, Roma
Schneider K (1959) Clinical psychopatology. Grune and Stratton, New York
Tapscott D (2011) Net generation. Come la generazione digitale sta cambiando il mondo. Franco Angeli, Roma
Young K S (2004) Internet addiction: a new clinical phenomenon and its consequences. Am Behav Scie 48:402-415
Winnicot D (1971) Playing and Reality. Tavistock Publications, London. (trad. it. Gioco e realtà. Armando Editore, Roma, 2005)

Indice analitico

A
Abbandono scolastico 81
Addiction
  natura dissociativa 16
  punto di vista motivazionale 16
  termine 20
"Adesso globalizzato" 73
Adolescenza e corpo virtuale 83
ADSL 60
Aggressività 27, 85, 118, 163
Aggressività coartata 136
Alessitimia 49
"Altro virtuale" 29
Angoscia 7
Anonimato 35
Apprendimento 149, 159
ARPAnet 59
Assenza della corporeità 110
Attenzione 146
Attività internet-correlate 27
Atto masturbatorio 129
Autopoietica 12
Autoriflessione 160

B-C
Bisogni di attaccamento 78
Bisogni sensoriali-corporei 164
Blog 61
Brain training 154
Bullismo 114
Capacità attentive 144
Capacità visuomotorie 145
Cascata emotiva 92
Causalità neurofisiologica 143
Chat erotica 37
Chatsex addiction 36
Circuiti neurali 143

Coazione a ripetere 11
Comorbidità delle tossicodipendenze 21
Compensazione sociale 107
Competenze emotive 82
Comportamento antisociale 138
Compulsività 8, 13
Computer-mediated communication (CMC) 110
Comunicazione web-mediata 90
Comunicazioni anatomo-funzionali 125
Concetto di spazio 63
Concetto di tempo 69
Conflitto 79
Confucianesimo 114
Consolle 95
Contesto autistico 128
Conversione 10
Coordinazione oculomanuale 159
Craving 9, 171
Creatività 8
Credenze irrazionali (superstiziose) 48, 50
Crisi di astinenza 10
Cross-dipendenza 21
Cyber addiction 23
Cyberbullismo 108
Cyberharassment 110
CyberHex 36
Cybersesso 33
  consapevolezza delle conseguenze reali 40
  consumatori di cybersesso 34
    problematici 34
    ricreativi 34
  cyberporn 33
  cybersex addiction 25, 36
  porno-dipendente 39
Cyberspazio 68

D

Deficit di attenzione-iperattività (ADHD) 149
Dementia praecox 125
Depersonalizzazione 27
Depressione 49
Destrutturazione 127
Diario digitale 103
Difese 11
Digital divide 60
Dipendenza 7
   comportamentale 19, 172
   comportamentale o senza sostanza 43
   da internet 172
   patologica 126
   sessuale 42
   dipendenze comportamentali, criteri diagnostici 22
Disfunzioni sessuali 41
Disgregazione 138
Disinibizione 163
Disinvestimento del corpo 137
Dislessia 98
Dislivello digitale 108
Distorsioni cognitive del GAP 47
Distraibilità 146
Distrazione costante vs. Concentrazione continua 147
Disturbi dell'umore 30
Disturbo del Controllo degli Impulsi 23
Disturbo del Controllo degli Impulsi non Classificati Altrove 43
Disturbo Sessuale Non Altrimenti Specificato 41
Dopamina 16, 165, 171
"Doppia vita" 40
Drug dependence (nomenclatura OMS e APA) 19

E-F

Effetto disinibente di internet 35
Empatia 166
Eremita 112
Esperienza cronomitica 71
Esplosioni di rabbia 98
Facebook 62
Fallacia del giocatore 48
Fame di stimoli 13
Feedback sensoriale 162
Fenomeni dissociativi 123, 127, 135

Fibra ottica 60
Flame war 163
Flaming 110
Flessibilità cognitiva 145
Follower 105
Framing 164
Frammentazione diagnostica 22
Frustrazione 72
Fuga 35
Fuga illusoria 29

G

Gambling online 25
Gaming online 25
Gaming patologico 98
Generazione iperstimolata 82, 117
Giocatore sociale 44
Giochi online 45
Giochi sparatutto 97
Gioco d'azzardo 42, 172
   online 45
   patologico (GAP) 23, 42
Google 74
Google+ 105
Gruppo di pari 92

H-I

Hikikomori 111
Holding materno-ambientale 8
Hopping 21
Idealizzazione di se stessi 87
Identità digitale 69
Identità ideale 87
Illusione di controllo 48
Illusioni della memoria 152
Immaginazione 159
Immigrati digitali 58
Impulsività 99
Inadeguatezza 116
Internet addiction 117
Internet Addiction Disorder 22
Internet Addiction Disorder come patologia 23
Internet Addiction Test 28
Interruzioni 157
Io 12
Ipersessualizzare 86
Ipocondria 10
Isolamento 36, 86
Istanze superegoiche 166

L-M

Libro Verde 44
Ludopatico 48
Massively Multiplayer Online Role-Playing Game (MMORPG) 96
Memoria
   a breve termine 154
   a lungo termine 152
   biologica 153
   di lavoro 154
   percettiva 128
   primaria 152
Mentalizzare 118
Microblogging 105
Modalità relazionali 88
Modelli operativi interni 17
Multifattorialità delle dipendenze 15
Multitasking 74, 149

N-O

Nativi digitali 58, 75
Negazione 50
Neuroni specchio 11
Neuroplasticità 143
Normalizzazione 36
Oggetti transizionali 14
Ore di connessione 132

P-Q

Parafilie 41
Partecipazione emotiva 100
Pensiero lineare 158
Pensiero paranoide 161
Pensiero psicopatologico 124
Percezione del tempo 71
Percezioni erronee 48
Perdita del controllo 20, 41
Perfezione fantasticata 85
Persecutorietà 77
Personalità alternativa 69
Poliabuso 11
Posizione depressiva 14
Preoccupazione 14
Problem solving 153
Procrastinare 32
Psicosi 125
Psicosomatica 9
Psicoterapia 134
Pulsazione cardiaca 71
Quoziente intellettivo 156

R

Realtà aumentata 175
Realtà multimediale 58
Realtà parallela 119
Realtà virtuale 63
Reclusione volontaria 113
Regole e limiti 81
Relazioni web-mediate 88, 90
Relazioni terapeutiche 134
Resistenza 125
Riabilitazione di gruppo 133, 137
Ricadute 10
Rimosso 58
Rimozione 125
Rinforzo 16
Riparazione 12
Ripetizione dei bisogni 12
"Riscatto" dalle frustrazioni della vita 46
Rispecchiamento emotivo 77, 118
Rispecchiamento primario 126
Ritiro sociale 26

S

Salienza 101
Schema di lettura F 148
Scommesse perse 47
Seno materno 14
Senso di colpa 23
Senso di impotenza 83
Sentimento di non esistenza 7
Sfiducia nelle relazioni di coppia 38
Sindrome di dipendenza 20
Sindrome di dipendenza, fenomenologia 20
Sintomi dissociativi 30
Sintomi fisici 28
Sito per adulti 37
Skinner box 142
Slot machine 46
Smart-phone 30
Social Network Site (SNS) 101
Solitudine 113
Sostanze psicotrope 100
Sovraccarico cognitivo 155
Spazio mentale occupato 132
Spazio sociale 67
Spazio transizionale 13
Spazio vivo 63
Spinte istintive psichiche 161
Stati del sé 129, 130

Stati psichici 129
Stato alterato di coscienza 40
Stato dissociativo 42
Suicidi 115
    tentativo di suicidio 44

T
Tagging 102
Tamaki Saito 114
Tasto "mi piace" 104
Tecniche di neuroimaging 142
"Tecnologia della dimenticanza" 155
Tecnologia touch-screen 58
Tempesta sensoriale 144
Tempi di apprendimento 73
Tempi di lettura 148
Tempo cariologico 75
Tempo circolare 73
Tempo interno 72
Tempo lineare 73
Tempo nella rete 73
Teoria dei 12 passi 21
Teoria dei fenomeni transizionali 171
Teoria della coazione a ripetere 171

Tolleranza 26, 32
Tratti narcisistici 85
Twitter 104

U-V
Uso eccessivo di internet 26
Uso eccessivo di internet, tassi di prevalenza 28
Uso feticizzato 15
Videogiochi 94
Videogiochi online 97
Videopoker 46
Villaggio globale 61
Visione periferica 148
Vita solitaria 112
Vulnerabilità 16

W-Y
Web 1.0 59
Web 1.5 101
Web 2.0 60
Web surfing 25
Wireless 60
YouTube 104

Finito di stampare nel mese di luglio 2013

GPSR Compliance

The European Union's (EU) General Product Safety Regulation (GPSR) is a set of rules that requires consumer products to be safe and our obligations to ensure this.

If you have any concerns about our products, you can contact us on

ProductSafety@springernature.com

In case Publisher is established outside the EU, the EU authorized representative is:

Springer Nature Customer Service Center GmbH
Europaplatz 3
69115 Heidelberg, Germany

www.ingramcontent.com/pod-product-compliance
Lightning Source LLC
LaVergne TN
LVHW020412070526
838199LV00054B/3586